THE PUBLIC LAW/PRIVATE LAW DIVIDE

The contributions brought together in this book derive from joint seminars, held between colleagues from the University of Oxford and the University of Paris II. Their starting point is the original divergence between the two jurisdictions, with the initial rejection of the public/private divide in English Law, but on the other hand its total acceptance as natural in French Law. Then they go on to demonstrate that the two systems have converged, the British one towards a certain degree of acceptance of the division, the French one towards a growing questioning of it. However, this is not the only part of the story, since both visions are now commonly coloured and affected by European Law and by globalisation, which introduces new tensions into our legal understanding of what is "public" and what is "private".

Volume 2 in the Series: Studies of the Oxford Institute of European and Comparative Law

Studies of the Oxford Institute of European and Comparative Law

Volume 1: The Harmonisation of European Contract Law: Implications for European Private Laws, Business and Legal Practice
Edited by Stefan Vogenauer and Stephen Weatherill

Volume 2: The Public Law/Private Law Divide
Edited by Mark Freedland and Jean-Bernard Auby

Volume 3: Constitutionalism and the Role of Parliaments
Edited by Katja Ziegler, Denis Baranger and A W Bradley

The Public Law/ Private Law Divide

Une entente assez cordiale?

La distinction du droit public et du droit privé: regards français et britanniques

Edited by
Mark Freedland and Jean-Bernard Auby

·HART·
PUBLISHING
OXFORD AND PORTLAND, OREGON
2006

Published in North America (US and Canada) by
Hart Publishing
c/o International Specialized Book Services
920 NE 58th Avenue, Suite 300
Portland, OR 97213-3786
USA
Tel: +1 503 287 3093 or toll-free: (1) 800 944 6190
Fax: +1 503 280 8832
E-mail: orders@isbs.com
Web Site: www.isbs.com

Hart Publishing, Salter's Boatyard, Folly Bridge, Abingdon Rd, Oxford, OX1 4LB
Telephone: +44 (0)1865 245533 Fax: +44 (0) 1865 794882
email: mail@hartpub.co.uk
WEBSITE: http//:www.hartpub.co.uk

British Library Cataloguing in Publication Data
Data Available

ISBN-13: 978-1-84113-635-6 (hardback)
ISBN-10: 1-84113-635-2 (hardback)

Printed and bound in Great Britain by
Biddles Ltd, King's Lynn

SERIES EDITOR'S FOREWORD

Every legal system has to rationalise the enormous amount of legal material to a greater or lesser extent. Lawyers are therefore prone to categorise and systematise the rules and principles they work with. An early classificatory attempt at a most basic distinction is the classical formulation of Ulpian (D. 1.1.1.2), later codified by Justinian (I. 1.1.4), that 'the study of law is divided into two branches; that of public and that of private law. Public law is that which regards the government of the Roman State; private law that which concerns the interests of the individuals'.

That the most fundamental distinction in the law has to be that between private law and public law has been an article of faith in continental legal systems ever since. It is ingrained in every lawyer's perception of the legal order as a whole from the very first day of his or her legal education. This is particularly the case in France. By making a choice as to which side of the divide they position themselves upon at an early stage of their training, French lawyers are invariably driven into one or the other hemisphere of the legal globe. As a consequence of the specialisation required in a complex, modern legal system, communication between French private and public lawyers has become difficult to such an extent that John Bell has convincingly argued that it is futile to speak of 'the French legal culture', but that there are, indeed, at least two rather distinct 'French legal cultures'.

English law, on the contrary, has traditionally pursued a unitary approach, avoiding a strict separation of private and public law. As John Allison has shown in his impressive historical and comparative study almost a decade ago, the emergence of English public law as a distinct branch of law to govern the state has been slow and is far from complete. As with so many other fundamental questions, the long shadow of Albert Venn Dicey's analysis has haunted English lawyers until very recently. Dicey had argued that one of the features of the divide, the existence of a dual court structure with specialist administrative courts, subjected public officials to rules different from those applying to ordinary citizens. This was, in Dicey's opinion, contrary to the principle of equality before the law, and thus, ultimately, violated the Rule of Law. English lawyers therefore strongly advocated an undivided legal globe, subjecting everyone to the jurisdiction of the common law courts.

The contributors to the present volume take this traditional dichotomy of approaches between English law on the one hand and French law on the other as their starting point. They show that the picture has become less clear in recent decades. English law has seen the development of a vibrant and dynamic administrative law, and the days when constitutional law was rather dealt with by political scientists than by lawyers are just coming to an end. French lawyers, on the other hand, realised long ago that the modern state, its emanations and the actions of officials cannot always be characterised in terms of superiority and subordination. These developments, furthered by the common experience of influences from the outside world – the European Union and a global economy – result in what the editors of this volume call a 'soft or porous public/private law divide' in both countries. In their own contributions, the editors set out the larger framework of the debate in their respective legal systems. The other contributors, all of them members of the two leading law faculties of France and the UK, approach the topic *en detail*, focussing on areas as different as contract, procedure, competition, employment and even tax law. The emerging picture is a complex one, but it has the advantage of avoiding comparative stereotypes and enabling us to gain deeper insight into two major European legal cultures.

The papers which form the chapters of this symposium work are the product of a series of joint seminars between colleagues from the University of Paris II (Panthéon-Assas) and the Oxford University Law Faculty, held partly in Paris and partly in Oxford. Most of them were published early in 2005, in a book essentially the same as the present one, in Paris under the imprint of *Editions Panthéon Assas,* with LGDJ as the distributing publisher. With the gracious permission of the University of Paris II, for which we are extremely grateful, we have been able to arrange for that work to be re-published in Oxford, by Hart Publishing, in a slightly extended and re-ordered version, with the inclusion of a paper by Dr Anne Davies not included in the earlier publication.

Both its wide comparative ambit and its collaborative bi-national approach commended this book for publication in the new series 'Studies of the Oxford Institute of European and Comparative Law'. I am delighted that the editors, one a former Deputy Director of the Institute on secondment from Paris II, the other a former Director of the Institute, have chosen to publish it there.

In conclusion, the Editors of this work have asked me to point out, on behalf of all the contributors, that the effective reference date for this re-published version remains that which was applicable to its original publication, namely 15 September 2003; it was decided that a general revision to take account of subsequent legal developments was not practicable. This is true of all the chapters, but is specially to be noted in relation to chapters 2 and 5 of Part Two on competition law and revenue law respectively.

Stefan Vogenauer
Oxford
January 2006

CONTENTS/TABLE DES MATIÈRES

PART TWO/DEUXIEME PARTIE

THE BRITISH VISION / APPROCHES BRITANNIQUES

CONTRIBUTORS/CONTRIBUTEURS

Jean-Bernard AUBY, professeur de droit public à l'Université Panthéon-Assas (Paris II)

Olivier BEAUD, professeur de droit public à l'Université Panthéon-Assas (Paris II)

Anne C L DAVIES, Fellow and Tutor in Law, Brasenose College, Oxford

Elizabeth FISHER, Tutorial Fellow in Law, Corpus Christi College, Oxford

Mark FREEDLAND, FBA, Professor of Employment Law and Tutorial Fellow, St John's College, Oxford

Martine LOMBARD, professeur de droit public à l'Université Panthéon-Assas (Paris II)

Ewan MCKENDRICK, Professor of English Private Law, University of Oxford; Fellow of Lady Margaret Hall.

Jean-Michel OLIVIER, professeur de droit privé à l'Université Panthéon-Assas (Paris II)

Edwin SIMPSON, Barclays Bank Lecturer and Tutor in Law, Christ Church, Oxford

Philippe THÉRY, professeur de droit privé à l'Université Panthéon-Assas (Paris II)

Didier TRUCHET, professeur de droit public à l'Université Panthéon-Assas (Paris II)

Simon WHITTAKER, Reader in European and Comparative Law and Tutorial Fellow, St John's College, Oxford

Karen YEUNG, Fellow and Tutor in Law, St Anne's College, Oxford

SUMMARY/SOMMAIRE

GENERAL INTRODUCTION

Jean-Bernard Auby and Mark Freedland

I. – AN ORIGINAL DIVERGENCE

The purpose of this Introduction is briefly to present the ensuing papers, to explain their origins in a process of dialogue between legal scholars in the Universities of Paris II and Oxford, and to suggest the lines upon which a set of comparative conclusions might be drawn from the work which we have done together during the past three years. So we should begin by identifying the beginnings of this symposium in an initiative devised by the two of us during Jean-Bernard Auby's period of secondment to Oxford from 1999 to 2001, and put into effect in two colloquia, the first in Oxford in July 2000, and the second in Paris in July 2001. The subject was chosen because it seemed likely to be a fruitful source of comparative Franco-British dialogue – and so it turned out to be – which would combine the interests of a wide range of colleagues from different legal specialisations – which also turned out to be the case.

Why did this subject seem and turn out to be such an interesting and pervasive one? Perhaps because it has been assumed to represent one of the most fundamental divergences between English Law and French Law – one might almost say between the English and French legal traditions; and because it quickly appeared that the reality was much more complex than that assumption suggests. We realised that it was quite true that there was an original, and indeed very important, divergence between the two systems. The division between public law and private law has indeed been deeply embedded in French jurisdictional arrangements, and in French legal education and culture; and the enforcement of the distinction as both a jurisdictional and a juridical one has been mutually self-reinforcing. On the other hand, we realised equally that the English tradition of regarding the common law as a single jurisprudential source, which, according to Dicey, derived its constitutional and libertarian vigour from that very unity, had been an extremely powerful one. So the original divergence was a marked one.

II. – A SUBSEQUENT CONVERGENCE

However, our discussions, and the papers in this volume, reveal how much convergence there has been from those originally diverse starting points. French *publicistes* have perhaps come to recognise the extent to which the strength of the public/private divide in French is rooted in a jurisdictional dualism which is ultimately contingent rather than inevitable. Some at least of them can accept that if and to the extent that administrative litigation were transferred to ordinary courts, it is not at all certain that the divide would keep the practical function that it currently has, as regards the determination of the scope of judicial review, and as regards the determination of the substantive rules applicable to public activities.

On the other hand, both in terms of judicial process and of academic theory, in English law the idea of distinctive public law was the subject of great advances from the mid-1970s onwards. If it suffered a certain retrenchment during the generally neo-liberal 1980s and early 1990s, it experienced a reinforcement with the enactment of the Human Rights Act in 1998, and, even more obviously, following the coming into effect of that legislation from 2000 onwards, after which it became clear that the Human Rights Act would operate as, in effect, an aspect of public law both in a theoretical and a practical sense. Ironically enough, human rights law has been seen as a matter of public law more obviously in England than in France. So the convergence has been quite considerable towards a sort of median position in which the private law/ private law divide is neither obsessively maintained nor stridently denounced, but simply regarded as significant in a moderately exact form.

III. – MERGER INTO EUROPEAN LAW

Nevertheless, we have to admit, and the papers in this volume remind us, that if there is a Franco-British convergence upon a soft or porous public/private law divide, that convergence is upon a state of affairs which is far from static or stable. One very significant factor which, according to one's point of view, could be seen as dynamising or de-stabilising, is the impact of European law, mainly in the form of European Union or Community law, but also in the sense of the law of the European Convention on Human Rights. Those two bodies or systems of law have it in common that they are not formulated according to an internal division between public and private law. The norms of European law are almost entirely equivocal with regard to that particular kind of classification. How might the increasing penetration of such systems affect the rather fragile status quo which we have identified; and in particular might it drive French and English law further together or further apart so far as the public private divide is concerned?

On the whole, our hypothesis is – and it is supported by the various writings in this volume in which EU law becomes implicated – that there is a weak but nevertheless real tendency for norms derived directly or indirectly from European law to figure as public law in the national systems, and so to align themselves with the public law aspect of those national systems. This tends in the context of English law to reinforce the public law/ private law divide, since it helps to foster the sense of public law as a robust part of the legal system, rather than, as the common law tradition suggests, a rather small and beleaguered island in a sea of private law. Ironically, French lawyers may be less ready to take such an approach to European law, because they are fully accustomed to having a strong well-established distinct body of public law, so much so as to make them somewhat suspicious of adding to its possessive capacities. On the other hand, there is much in the French legal tradition and political culture which is sympathetic to the increasing constitutionalisation of the European Union and its legal system; much more obviously than the English legal tradition and political culture, still largely favouring an unwritten, informal constitutionalism.

IV. – THE PUBLIC LAW / PRIVATE LAW DIVIDE IN A GLOBALISED POLITICAL ECONOMY

There are thus tangential tensions which start to pull on the private law/ private law distinction, introduced to both systems by the processes of Europeanisation, both in a political and a legal sense. Coming from just over the horizon, already starting to be discernible in the distance, as some of the papers in this volume indicate, are harbingers of a state of affairs in which the public law/ private law divide will become still more complex and contested. This is almost bound to be the result of the quite rapid development which is taking place towards an internationalised market, not just in goods, nor just in trans-border services (such as transport, or financial services), but also in the provision, on a commercial basis, of public utilities and public services within nation states. As patterns of supranational co-ordination of such activity start to evolve – patterns, that is to say, partly of *facilitation* of such market activity, and partly of *regulation* of it – the question will increasingly arise, as it already does, for instance, at EU level, whether those normative developments are to be regarded as falling more within the realm of market freedom and private law, or whether, on the other hand, they constitute part of the public realm within which the law concerns itself with issues of constitutionality and citizenship.

Such evolutions ultimately tend towards the most difficult and searching of questions for those concerned with the shaping of a legal system for polities such as those of France or the United Kingdom; how far may the securing of market freedom become an objective which will reduce to vanishing point the sphere of public law, and produce an abandonment of the commitment to the vitality of the nation-state as a public entity? These are enormous questions; but, although most of the discussion in the ensuing chapters of this colloquium takes place at a far more microscopic level, we nevertheless suggest that those chapters may make a small contribution to answering them from an authentically comparative Franco-British perspective.

INTRODUCTION GÉNÉRALE

Jean-Bernard Auby and Mark Freedland

I. – UNE DIVERGENCE ORIGINELLE

L'objet de cette introduction est de présenter brièvement les contributions qui vont suivre, d'expliquer l'origine qu'elle trouve dans un processus de dialogue entre collègues des Universités de Paris II et d'Oxford, et de suggérer quelques orientations autour desquelles un certain nombre de conclusions comparatives pourraient être tirées du travail que nous avons fait ensemble pendant ces trois dernières années.

L'idée du séminaire dont les travaux constituent le présent ouvrage est née de discussions entre nous pendant la période (1999-2001) où le signataire français de ces lignes était en délégation à l'Université d'Oxford. Elle a été mise en œuvre lors de deux rencontres, qui ont eu lieu, l'une en juillet 2000 à Oxford, l'autre à Paris en juillet 2001. Le sujet avait été choisi parce qu'il semblait de nature à faire naître un fructueux débat comparatif franco- britannique – ce qu'il a bien confirmé être –, de nature en outre à attirer l'intérêt de collègues ayant des spécialités assez variées – cette prévision s'est elle aussi révélée exacte-.

Pourquoi la question de la distinction du droit public et du droit privé a-t-elle semblé et s'est elle confirmée être un sujet de comparaison si riche et intéressant ? Peut-être parce qu'alors qu'il semble classiquement receler l'une des divergences les plus fondamentales entre le droit anglais et le droit français – on pourrait dire : entre les traditions juridiques anglaises et françaises –, il nous semblait, et il s'est confirmé dans la discussion que la réalité était beaucoup plus complexe que cette image traditionnelle ne le laisse penser.

Certes, à l'origine, il y a bien une forte divergence entre les deux systèmes sur la question de la distinction. Celle-ci se trouve depuis longtemps fortement enracinée dans l'organisation juridictionnelle française, dans l'éducation juridique française, dans la culture juridique française ; par la liaison de la compétence et du fond, la dynamique de la juridiction administrative et celle du droit public se renforcent mutuellement. De son côté, la tradition anglaise, dans laquelle le cœur du droit, la *common law*, a une source jurisprudentielle unique, et qui, selon Dicey, tire précisément de cette unité même sa vigueur constitutionnelle et protectrice des libertés, est restée longtemps extrêmement puissante.

II. – UNE CONVERGENCE RÉCENTE

Pourtant, nos débats ont révélé, et les contributions réunies dans ce volume confirment que les deux systèmes se sont beaucoup rapprochés.

Les publicistes français ont pris conscience de tout ce que la distinction doit au dualisme juridictionnel, qui est une réalité contingente, non une vérité de nature. Certains d'entre eux au moins admettront que, si le contentieux administratif était confié aux juridictions ordinaires, rien ne dit que la distinction conserverait la fonction pratique qui est actuellement la sienne, dans la détermination du champ des procédures spéciales du contentieux administratif comme dans la détermination du contenu des règles applicables aux activités publiques.

De l'autre côté de la Manche, à la fois dans les procédures juridictionnelles et dans la doctrine, l'idée d'un droit public séparé a fortement progressé depuis les années 1970. Si elle a marqué le pas dans la période fortement libérale des années 1980 et du début des années 1990, elle s'est trouvée relancée avec l'adoption du *Human Rights Act* de 1998, et son entrée en vigueur en 2000. Il est apparu en effet que ce texte allait opérer comme un élément de droit public à la fois sur le plan théorique et sur le plan pratique. A cause de lui, de manière paradoxale, le droit des libertés fondamentales en est venu à être considéré comme une question de droit public de façon plus évidente encore en Grande-Bretagne qu'en France.

En fin de compte, il apparaît qu'une vraie convergence est en train de s'établir, les deux droits tendant vers une position médiane dans laquelle la division du droit public et du droit privé n'est ni fanatiquement défendue, ni agressivement dénoncée, mais simplement considérée comme pertinente et moyennement riche de substance à la fois.

III. – L'EFFET DE BRASSAGE PROVOQUÉ PAR LE DROIT EUROPÉEN

Cela étant, nous devons admettre, et les contributions réunies dans ce volume nous rappellent, que, s'il existe une convergence franco-britannique vers une vision « soft » et relative de la distinction, cette convergence est fondée sur un équilibre des choses qui n'est ni statique ni stable. Il se trouve en effet exposé à l'influence à la fois dynamisante et déstabilisante du droit européen, principalement du droit communautaire et de l'Union européenne, mais aussi du droit de la Convention européenne. Ces deux corps ou systèmes de droit ont en commun de ne pas être construits sur une division interne entre droit public et droit privé. Les normes de droit européen sont presque entièrement dans une position neutre à l'égard de la distinction. Dès lors, il fallait se demander jusqu'à quel point la pénétration du droit européen pouvait influencer le fragile statu quo qu'il nous semblait avoir repéré : se demander en particulier si son impact allait contribuer à rapprocher ou faire s'éloigner à nouveau le droit anglais et le droit français dans leurs approches de la distinction.

Dans l'ensemble, notre sentiment – confirmé par les différentes contributions dans lesquelles le droit européen est abordé – est que les normes issues directement ou indirectement du droit européen ont une tendance légèrement dominante à se ranger dans le versant du droit public au sein des systèmes nationaux, et à s'aligner sur les caractéristiques du droit public au sein des systèmes nationaux. Dans le système anglais, cela a pour effet de renforcer la distinction du droit public et du droit privé, dans la mesure où cela renforce l'idée selon laquelle le droit public constitue une part robuste du système juridique plutôt que, comme le suggère la tradition de la common law, un petit îlot sans cesse menacé dans un océan de droit privé. Paradoxalement, les juristes français pourront ne pas partager cette impression quant aux effets du droit européen, tant ils sont accoutumés à posséder un puissant corpus juridique de droit public, qui ne leur semble pas avoir besoin d'être renforcé. En même temps, la tradition juridique française comme la culture politique française considèrent avec une sympathie naturelle la constitutionnalisation croissante de l'Union Européenne et de son système juridique, alors que la tradition juridique et la culture politique anglaises continuent à préférer nettement le constitutionnalisme informel et non écrit.

IV. – LA DISTINCTION DU DROIT PUBLIC ET DU DROIT PRIVÉ DANS LA GLOBALISATION

Dans les deux systèmes juridiques, donc, le processus d'européanisation soumet la distinction du droit public et du droit privé à des tensions, sur le plan politique comme sur le plan juridique. Mais, juste au-dessus de l'horizon, commençant déjà à être perceptibles dans le lointain, comme certaines des contributions le mentionnent, viennent les signes avant-coureurs d'autres évolutions dans le cadre desquelles la distinction pourrait devenir encore plus complexe et discutée. Ces évolutions découlent de la globalisation économique, du développement de marchés internationaux, concernant non seulement les biens, et les services transfrontaliers (comme les transports, ou les services financiers), mais aussi la fourniture des services publics dans les frontières nationales. Dans la mesure où des éléments de coordination supranationale de ces activités commencent à se développer – dans un sens de facilitation, mais aussi de régulation –, la question se posera de plus en plus, comme elle commence d'ailleurs à se poser dans le cadre communautaire, de savoir si les développements juridiques correspondants doivent être considérés comme appartenant à l'univers de la libre concurrence et du droit privé, ou à celui au sein duquel se déploient les préoccupations de constitutionnalité et de citoyenneté.

Il y a là de grandes questions pour ceux qui sont préoccupés de savoir comment, dans l'avenir, les préoccupations de libération des marchés se combineront avec celles du droit public, et de savoir quelle sera dans le futur la place de cet espace public traditionnellement primordial qu'est l'État-nation. Bien que les débats que l'on trouvera relatés dans les chapitres qui suivent se soient situés à un niveau plus microscopique, nous avons la faiblesse de penser qu'ils peuvent apporter, à l'analyse de ces questions, une petite contribution.

juristes – de droit privé – ont dénoncé un phénomène d'« invasion du droit public » : ce fut le cas, notamment, de René Savatier, dans un livre célèbre[3] auquel réagissait l'article de Charles Eisenmann évoqué plus haut. Inversement, dans le passé récent, les privatisations d'entreprises publiques, les réformes de déréglementation, comme le développement de la pénalisation de la vie publique ont suscité chez certains auteurs des interrogations sur la possible « fin du droit public »[4]. L'examen des différentes hypothèses dans lesquelles le juge administratif applique maintenant les règles du droit de la concurrence et celle du droit de la consommation conduit un autre auteur à parler d'« immixtion du droit privé dans les contrats administratifs »[5].

Ce qu'il y a de frappant est que ces débats sur la « fin du droit public », ou au contraire sur la « fin du droit privé » ont pour résultat de conforter la distinction : ils la confirment, montrent que son besoin est plus fort que jamais, comme l'a noté un auteur suisse[6].

S'il en va ainsi, si tout ce qui paraît la menacer suscite d'importantes forces de rappel, c'est sans doute parce que la distinction a pour rôle d'habiller intellectuellement certaines polarités que les juristes français trouveraient difficiles de qualifier autrement, et qui sont très importantes dans leur vision des rapports entre l'État et la société. Du côté du droit public, il y a l'État, du côté du droit privé le marché. Le droit public est le monde de l'intérêt général, le droit privé celui de l'intérêt particulier. Le droit public est le droit du pouvoir, le droit privé celui de la société. Le droit public est l'affaire des gouvernants, le droit privé celle des gouvernés. Le droit public régit les services publics, le droit privé les activités privées. Etc…

En somme, la distinction reflète un partage politique et moral du monde, entre la sphère de l'intérêt public et la sphère de l'intérêt privé.

Lorsque le droit révèle des réalités à cheval entre les deux sphères, la distinction est déstabilisée, et doit se ressaisir. Ainsi, par exemple, lorsqu'il s'avère que, dans un domaine donné, l'État cumule des intérêts conflictuels en ayant des activités économiques dans des domaines qu'il est chargé de contrôler. Pour rétablir la distinction, il faut alors, comme le montre Didier Truchet, admettre que le droit de l'opérateur est droit privé, cependant que le droit du régulateur est droit public.

La distinction est déplacée, sans pour autant perdre sa pertinence.

---

[3] *Du droit civil au droit public à travers les personnes, les biens et la responsabilité civile*, LGDJ, 1945, 2e éd., 1950. V. J. Ghestin, « Droit public – droit privé. Institutions publiques – institutions privées. Le point de vue d'un privatiste », *in* P. Amselek (dir.), *La pensée de Charles Eisenmann*, Economica, 1986, p. 157.

[4] Par ex., J. Caillosse, « Droit public – droit privé : sens et portée d'un partage académique », *AJDA*, 1996, p. 955.

[5] M. Dreifuss, *AJDA*, 2002, p. 1373.

[6] P. Moor, *Droit administratif*, Editions Staempli + Cie SA Berne, 2e éd., 1994, p. 153.

B. – La distinction donne un nom au particularisme du droit applicable à l'État et à l'administration, et elle légitime ce particularisme

Dans la contribution d'Olivier Beaud, se trouve rappelée cette formule de Montesquieu dans *l'Esprit des Lois* : « *Il est ridicule de prétendre décider des droits des royaumes, des nations et de l'univers, par les mêmes maximes sur lesquelles on décide entre particuliers d'un droit pour une gouttière, pour me servir de l'expression de Cicéron* ».

Pour les juristes français, en effet, il a toujours été évident que les relations juridiques impliquant l'État, et les autres institutions participant de la même nature juridique que lui, appelaient, au moins en partie, et même au moins en principe, l'application de règles spécifiques. Et ceci même en ce qui concerne les aspects de l'activité juridique publique qui ont leur équivalent dans le monde privé : des règles spécifiques s'appliquent non seulement à l'organisation particulière de l'administration – il peut difficilement en aller autrement –, mais aussi aux contrats de l'administration, aux biens de l'administration, etc…

Cela ne veut pas dire, cela n'a jamais voulu dire que l'ensemble du droit applicable à l'État et à l'administration serait spécial, différent du droit commun. En vérité, l'État et l'administration ne sont qu'en partie soumis à des règles spéciales : ils sont régis en partie par le droit commun, et en partie par des règles spécifiques[7]. Il existe même des domaines de l'activité administrative dans lesquels l'application des règles spéciales est minoritaire, dans lesquels, donc, l'application du droit commun domine : c'est ce à quoi correspondent la théorie et la réalité du service public industriel et commercial.

Il n'empêche que les activités administratives sont tout de même conçues comme relevant naturellement plutôt d'un droit spécial. La notion de service public industriel et commercial a toujours été très discutée, beaucoup considérant l'idée qu'elle recèle d'une activité publique normalement soumise au droit commun, comme une contradiction dans les termes.

Cela ne veut pas dire non plus que les règles spéciales qui s'appliquent à l'État et à l'administration soient nécessairement très différentes dans leur contenu de celles du droit commun. Parfois, l'on découvre qu'elles s'en éloignent moins qu'elles n'en ont l'air : la démonstration a été faite dans deux ouvrages classiques à propos des règles qui régissent la responsabilité administrative[8] et à propos de celles qui gouvernent les marchés publics de travaux[9].

Elles n'en sont pas moins nominalement distinctes de celles du droit commun. Elles en sont structurellement séparées, même lorsqu'elles ont un contenu très voisin.

---

[7] Cette idée d'une mixité du droit administratif est commune aux systèmes romano-germaniques : sur le cas du droit allemand, v. H. Maurer, *Droit administratif allemand*, LGDJ, 1994, n° 28 et s.

[8] R. Chapus, *Responsabilité publique et responsabilité privée. Les influences réciproques des jurisprudences administratives et judiciaires*, LGDJ, 1954.

[9] Fr. Llorens, *Contrat d'entreprise et marché de travaux publics*, LGDJ, 1981.

A ce particularisme des règles applicables aux activités publiques, à cette séparation d'avec le droit commun, la distinction du droit public et du droit privé vient donner un nom. Elle rassemble dans une formule simple une réalité en vérité multiforme – les règles spéciales applicables aux activités publiques sont en vérité diverses dans leurs orientations, comme on le rappellera plus loin –, qu'il serait difficile de synthétiser autrement.

En même temps qu'elle donne un nom à ce particularisme, à cette séparation, elle le légitime parce qu'elle le met en rapport avec les polarités qui ont été évoquées plus haut – l'État et le marché, l'intérêt public et l'intérêt particulier, etc... –, avec les valeurs positives qui se situent du côté « public » de ces polarités.

Par là, l'existence de règles spéciales applicables aux activités publiques n'est pas seulement – loin de là – justifiée par la présence d'une autorité publique dans la relation juridique, ni même par ce qui fait la spécificité de l'État comme réalité juridique : la souveraineté, la puissance publique, l'équivalence avec l'ordre juridique, etc... Elle se trouve aussi – et surtout – expliquée par le fait que ces règles spéciales sont accordées aux différentes valeurs propres de la sphère publique : l'intérêt général, le service public...

II. – LE RÔLE PRATIQUE DE LA DISTINCTION

La distinction du droit public et du droit privé joue, comme on l'a signalé, un rôle concret dans le monde académique des juristes, qu'elle divise en deux clans ; elle divise également la formation des étudiants en droit en deux catégories de filières, « privatistes » ou « publicistes ». Mais le plus important n'est évidemment pas là.

Fondamentalement, son rôle pratique se déroule autour de deux axes. La distinction contribue à délimiter la compétence de certains juges, et par là même occasion le champ d'application de certaines voies de droit, de certaines procédures : c'est son rôle procédural (A). Elle contribue à déterminer des régimes juridiques, des règles de fond : c'est son rôle substantiel (B)[10].

A. – RÔLE PROCÉDURAL : LE LIEN AVEC LA DUALITÉ DE JURIDICTION

La fonction que remplit ici notre distinction peut être résumée simplement dans l'idée suivante. En présence d'une situation litigieuse impliquant une administration, ou une institution para-administrative, c'est normalement en déterminant la position de cette situation vis-à-vis de la distinction du droit public que l'on va déterminer si elle relève des juridictions administratives ou des juridictions judiciaires.

Cela veut dire que, si le litige a trait à un contrat, on va se demander si ce contrat est administratif (de droit public) ou de droit privé. Si est en cause un

---

[10] Dans d'autres systèmes juridiques, elle peut remplir d'autres fonctions. Par ex., Pierre Moor signale (*Droit administratif*, *op. cit.*, p. 148) que, dans le système helvétique, elle joue un rôle dans la délimitation des compétences normatives entre les différents niveaux de collectivités.

acte unilatéral, on va se demander s'il est un acte administratif ou un acte unilatéral de droit privé. Si le litige concerne un employé, on va se demander s'il est un agent public ou un salarié de droit privé. Etc…

Ce schéma comporte, il est vrai, des limites, qui sont loin d'être négligeables.

D'abord, caractériser comme étant « de droit public » ou « de droit privé » est une opération plus facile à réaliser quand on a affaire à des actes juridiques que quand on est en présence d'opérations matérielles, comme c'est le cas souvent dans le domaine de la responsabilité administrative. Dans ce dernier cas, on est conduit à user d'une méthode indirecte, synthétique : c'est le service public dans le cadre duquel le dommage est survenu que l'on va considérer comme étant soumis au droit public (service public administratif) ou au droit privé (service public industriel et commercial).

Ensuite, il existe un nombre non négligeable de cas dans lesquels c'est directement la loi qui décide que telle ou telle catégorie de litiges relève des juridictions administratives ou des juridictions judiciaires. Dans ces cas-là, il n'est plus nécessaire, pour déterminer la juridiction compétente, de se demander si on est du côté du droit public ou du côté du droit privé, si l'acte litigieux est administratif ou non, si le service est administratif ou industriel et commercial.

Enfin, il se trouve qu'il arrive parfois au juge administratif de faire application de règles de droit privé – certaines dispositions du code civil, par exemple –, cependant qu'il arrive parfois au juge judiciaire de faire application de règles du droit public – en matière de responsabilité de la police judiciaire par exemple[11]. Le principe selon lequel chaque juge applique les règles qui lui sont propres – dit principe de la liaison de la compétence et du fond – n'est pas absolu.

A cela il faut ajouter que, lorsque le Conseil constitutionnel, dans sa grande décision *Conseil de la concurrence* du 23 janvier 1987, a indiqué quelles sont les questions qui sont constitutionnellement réservées au juge administratif, il ne s'est pas référé à la distinction du droit public et du droit privé : il a indiqué qu'étaient en principe réservés à ce juge « *l'annulation ou la réformation des décisions prises, dans l'exercice des prérogatives de puissance publique, par les autorités exerçant le pouvoir exécutif, leurs agents, les collectivités territoriales de la République ou les organismes publics placés sous leur autorité ou leur contrôle* ».

Tout cela n'enlève rien à la fonction d'aiguillage que joue la distinction. Même si le rattachement au droit public est plus ou moins simple à opérer, même si, parfois, il n'est pas nécessaire parce que la loi a elle-même déterminé la juridiction compétente, même si le principe de liaison de la compétence et du fond n'est pas absolu, il reste vrai que c'est en général en rattachant l'acte, le contrat, les travaux, l'agent, le bien… au droit public que l'on va décider que le contentieux engendré par cet acte, ce contrat, ces travaux, cet agent, relève des juridictions administratives. Et la notion de puissance publique, à laquelle se réfère le Conseil constitutionnel, est un critère – l'un des critères en vérité – dont

---

[11] V. par ex. F. Raynaud, « Monisme(s) ou dualisme (s). France », *RED publ.*, vol. 12, été 2000, p. 562.

se sert la jurisprudence pour déterminer si une situation relève du droit public et donc du juge administratif.

Or, naturellement ceci confère à la distinction des conséquences procédurales (au sens large) extrêmement importantes. Cela signifie en effet que le rattachement d'un litige au droit public déclenchera l'intervention d'un certain juge (le juge administratif, avec ses caractéristiques propres, ses liens historiques avec l'administration, etc...), appliquant un certain type de procédure (plus inquisitoriale que celle du juge civil, traditionnellement peu efficace en matière d'urgence... : encore que, comme l'explique Philippe Théry dans sa contribution, un rapprochement se soit produit), et possédant certains types de pouvoirs (le pouvoir d'annuler, et quelquefois simplement celui-là...).

Le litige attribué à la juridiction administrative parce que posant une question de droit public va relever d'un univers juridictionnel propre, avec sa mécanique et ses traditions propres. Au point que les avocats sont eux-mêmes spécialisés. Il y a des avocats « publicistes », qui ne traitent à peu près jamais des dossiers de droit privé. Cela contribue à perpétuer la distinction dans un registre pratique.

B. – RÔLE SUBSTANTIEL :
LA DÉTERMINATION DU FOND DU DROIT

1. – Si l'on peut dire que la distinction du droit public et du droit privé joue un rôle pratique substantiel, c'est en raison du fait que la caractérisation d'un acte, d'une situation comme relevant du droit public entraîne l'application à cet acte, à cette situation, d'un régime différent de celui qui s'applique à elle si elle se trouve caractérisée comme relevant du droit privé.

Le fait qu'un contrat de l'administration soit un contrat administratif (de droit public) et non un contrat de droit privé soumet ce contrat à diverses règles spéciales concernant les prérogatives de l'administration (pouvoir de modification unilatérale, pouvoir de résiliation unilatérale...) comme les droits du cocontractant (indemnisation en cas d'événement imprévu bouleversant l'économie du contrat sur la base de la théorie de l'imprévision, etc...).

Le fait que la responsabilité d'une collectivité publique – ou d'un organisme para-administratif – relève du droit public, et non du droit privé, la fait entrer dans un champ de règles spéciales différentes de celles qui régissent la responsabilité civile : avec, notamment, un volet étendu de responsabilité sans faute.

D'autres exemples pourraient être donnés, concernant les biens, les personnels... Les objets juridiques administratifs sont traversés par la ligne qui sépare le droit public du droit privé. S'ils sont placés du côté du droit public, ils sont immergés dans un régime juridique distinct de celui qui régit leurs équivalents situés de l'autre côté de la frontière.

2. – Ce schéma, il est vrai, ne s'applique que dans certaines limites.
Le régime des actes, des situations administratifs est souvent largement déterminé par des textes (loi ou règlement). Lorsque c'est le cas, la qualification comme acte ou situation de droit public ou de droit privé ne joue qu'un rôle complémentaire, ajoutant ici et là des règles générales à celle que la loi ou le règlement a prévues. Par exemple, la situation d'un agent public est en général

bien plus largement déterminée par les textes (tout particulièrement lorsqu'il s'agit d'un agent titulaire, donc soumis aux statuts de la fonction publique) que par les règles générales dont l'application découle de la qualité d'agent public, distingué du salarié de droit privé, soumis au code du travail.

Il arrive d'ailleurs que les mêmes textes viennent régir les situations relevant du droit public et celles relevant du droit privé : c'est le cas par exemple des textes de droit de la concurrence. Dans une telle hypothèse, le fait que la situation à laquelle ils s'appliquent relève du droit public ou du droit privé n'aura de conséquences qu'au-delà de ce que prévoient ces textes : le fait qu'une situation soumise au droit de la concurrence soit de droit public n'est pas sans incidence – par exemple, les effets anticoncurrentiels d'un contrat administratif ne peuvent être évalués qu'en tenant compte de ce que sont les effets juridiques propres des contrats administratifs –, mais cette incidence n'est que secondaire.

Il s'ajoute à cela que les règles du droit public applicables à une question donnée ne sont pas toujours réellement très différentes de celles que prévoit le droit privé pour la même question. Parfois, derrière les différences apparentes se cachent en fait de grandes analogies : comme on l'a indiqué plus haut, la démonstration en a été faite dans certains domaines. En outre, comme on l'a vu également, il arrive aux juges administratifs ou judiciaires d'appliquer aux situations dont ils sont saisis des règles relevant de l'autre sphère.

Il s'y ajoute encore que, parfois, comme l'explique Jean-Michel Olivier dans sa contribution, il arrive au juge administratif de considérer des règles issues du droit privé, et par exemple du code civil ou du code du travail, comme recélant des principes généraux du droit, applicables comme tels dans la sphère du droit public. Il a ainsi, à plusieurs reprises, considéré des règles du code du travail (concernant l'interdiction de licencier les femmes enceintes, par exemple) comme reflétant un principe général du droit, et donc comme applicables par ce biais aux agents publics. Dans une telle hypothèse, la différence substantielle entre le droit public et le droit privé, si elle ne disparaît pas totalement (en tenant la règle pour un principe général du droit, le juge administratif en conserve la maîtrise, et il peut donc lui conférer une portée originale), devient plus tenue.

3. – Ces constatations, relatives aux limites de la portée substantielle de la distinction doivent être complétées par une autre observation générale.

Elle concerne la question de savoir si, prises dans leur ensemble, les règles de droit public qui s'appliquent dans les différents cas où un acte, un bien, un travail, un agent, un contrat, etc... se rattachent au droit public, ont des caractéristiques générales de fond, que l'on pourrait regrouper sous quelques formules simples qui les caractérisaient synthétiquement.

A cette question, la réponse est plutôt négative. Certes, on peut dire que ces règles obéissent à une inspiration générale que l'on peut relier aux valeurs qui ont été évoquées plus haut comme caractérisant conceptuellement la sphère du droit public : l'intérêt général, le service public, la puissance publique, la volonté générale, etc... Mais il est clair qu'affirmer cela, ce n'est pas dire grand-chose sur le plan pratique car il s'agit d'orientations très générales qui ne débouchent sur des conséquences pratiques que par le relais de toutes sortes de considérations intermédiaires.

Dans un article célèbre[12], Jean Rivero a fait progresser l'analyse en mettant en évidence un point capital : c'est que les règles spéciales du droit public n'ont pas du tout systématiquement pour effet d'avantager l'administration. Elles sont au contraire, une fois sur deux, génératrices de contraintes particulières pesant sur les collectivités publiques : l'égal accès aux emplois publics restreint grandement la liberté de l'administration dans ses recrutements, le droit de la domanialité publique limite fortement la possibilité pour l'administration de disposer de ses biens, le droit de la responsabilité administrative impose aux autorités publiques des obligations de prudence particulièrement fortes, etc...

Pour autant, même cette analyse intéressante n'apporte qu'un éclairage limité. A la question : qu'est-ce qui réunit substantiellement les règles de droit public ?, il n'y a que ces réponses partielles ou assez métaphoriques.

*

Cette dernière observation ne condamne pourtant pas la distinction. Lorsqu'on oppose le droit civil et le droit commercial, par exemple, la frontière que l'on trace n'oppose pas non plus des réalités qui soient toutes opposées dans leurs caractères juridiques. Mais le clivage est de grande importance, à la fois conceptuelle et pratique. La distinction du droit public et du droit privé est un outil dichotomique du même genre.

On ne peut même pas dire qu'elle soit totalement liée au dualisme juridictionnel, et ne trouve sens que par lui. Apparemment, elle lui est fortement attachée, à la fois en ce qu'elle le sert, et en ce qu'elle s'alimente à sa source. Et pourtant, elle pourrait parfaitement exister sans lui. La preuve ? Le fait qu'elle est parfaitement reconnue et pratiquée dans certains systèmes juridiques étrangers qui ne connaissent pas la dualité de juridiction : c'est le cas du système espagnol[13].

---

[12] « Droit public et droit privé ».

[13] V. Eduardo Garcia de Enterria y Tomas-Ramon Fernandez, *Curso de derecho administrivo*, tome 1, 12e edition, (Civitas, 2004), pp 50 et seq.

2

LA DISTINCTION ENTRE DROIT PUBLIC ET DROIT PRIVÉ: UN DUALISME QUI RÉSISTE AUX CRITIQUES

Olivier Beaud

Partons d'une présentation courante de la distinction droit public et droit privé que l'on empruntera au manuel de Jean Carbonnier : « Tout le droit se divise en deux parties : droit public et droit privé. Le *droit public* a pour objet l'organisation de l'État et des personnes morales qui en dépendent, ainsi que leurs rapports avec les particuliers. Il comprend plusieurs subdivisions : droit constitutionnel, droit administratif, droit financier (finances publiques). Le *droit privé* a pour objet des personnes privées entre elles, des personnes privées comprenant à la fois des personnes physiques (les individus, les particuliers) et les personnes morales) »[1].

Une telle définition contient plusieurs leçons qui aident à mieux comprendre la signification d'une telle distinction. La première, c'est qu'une telle distinction structure l'ordre juridique dans son entier. On pourrait même dire qu'elle la sature. La seconde leçon réside dans l'incroyable continuité doctrinale que recèle une telle définition qui, *via* la médiation de Planiol, rappelle la définition proposée par Domat dans son *Traité des Lois* : « La police universelle de la Société ... règle chaque nation par deux sortes de lois. La première est de celles qui regardent l'ordre public du Gouvernement, comme sont ces lois qu'on appelle les lois de l'État, qui règlent les manières dont les princes souverains sont appelés au Gouvernement ... ; celles qui règlent les distinctions et les fonctions des charges publiques pour l'administration de la Justice, pour la milice, pour les finances. La seconde est de ces lois qu'on appelle le droit privé, qui comprend les lois qui règlent, entre les particuliers, les conventions, les contrats de toute nature, les tutelles, les prescriptions, les hypothèques, les successions, les testaments et les autres matières semblables. Ce sont ces lois qui règlent ces matières entre particuliers et les différends qui en peuvent naître, qu'il semble que la plupart entendent communément par le Droit civil ». Ainsi, la

---

[1] *Introduction au Droit civil*, 23e éd., Paris, PUF, 1995, n° 64, p. 95.

distinction répartit des domaines, des sphères du droit selon des objets différents (le critère pouvant varier, comme on le sait). Dans son acception courante, la conception de la distinction entre droit public et droit privé est une distinction matérielle qui « oppose les règles applicables entre particuliers et celles qui ont directement leurs personnes pour objets – d'une part ; aux règles qui gouvernent les rapports des pouvoirs publics avec les particuliers et celles qui organisent lesdits pouvoirs publics – d'autre part »[2]. Les premières sont dites « matériellement de droit privé », les secondes « matériellement de droit public »[3].

La troisième et dernière leçon contenue dans cette définition du Doyen Carbonnier porte moins sur l'objet que sur la *nature* de cette distinction du droit public et du droit privé. Aux yeux d'un juriste français, elle est une « division scientifique du droit »[4]. Autrement dit, c'est un moyen intellectuel dont disposent les juristes pour mieux décrire leur objet. Planiol enseigne que la distinction entre droit public et droit privé est une question de « classification du droit »[5], dont elle constitue le premier des « embranchements principaux » du droit. De même, un juriste publiciste, comme Charles Eisenmann, envisage également la division comme une classification du droit. Il considère qu'au-delà de toute dispute doctrinale, le premier fait, élémentaire, est celui selon lequel, « la classification du droit en droit public et droit privé porte immédiatement, non pas sur les règles de droit prises individuellement, mais sur des ensembles que l'on appelle 'branches du droit' ou 'matières', auxquelles correspondent des disciplines considérées comme distinctes. Droit public et droit privé désignent d'abord des ensembles de 'branches, systèmes de règles et disciplines' »[6].

Il convient d'ajouter que si la distinction droit public/droit privé est une division scientifique du droit, elle est aussi, de surcroît, devenue « un *partage académique* » du savoir. Ceci signifie qu'elle est, en France, largement institutionnalisée dans nos facultés de droit, dans la répartition des enseignements et dans les modes de recrutement des juristes-universitaires. « Le partage de la communauté des juristes entre publicistes et privatistes n'est sûrement pas étranger à l'invariance ou presque du discours juridique sur la coexistence des deux droits. Le découpage des programmes universitaires comme celui des concours d'agrégation habituent à toujours penser dans les termes du dualisme juridique »[7]. Cette division académique du savoir a inévitablement pour effet de « naturaliser » l'inscription de certaines divisions de telle ou telle branche – par exemple le droit pénal – dans tel ou tel groupe, et surtout de « naturaliser » l'existence de cette distinction, de faire croire aux juristes qu'elle est dans la nature des choses. Il est en tout cas évident que la

---

[2] Géraud. de la Pradelle, « La distinction entre droit public et droit privé en matière de nationalité », *in* C.U.R.A.P.P., *Public/privé*, PUF, 1995, p. 87.
[3] *Ibid.*, pp. 87-88.
[4] G. Chevrier, « Remarques sur l'introduction et les vicissitudes de la distinction du *jus privatum* et du *jus publicum* dans les œuvres des anciens juristes française », *APD*, 1952, p. 49.
[5] M. Planiol, G. Ripert, *Traité de droit civil*, t. I, 12e éd., p. 9.
[6] Ch. Eisenmann, « Droit public et droit privé (en marge d'un livre sur l'évolution du droit civil français du XIXe siècle et du XXe siècle) », *RD publ.* 1952, p. 923.
[7] J. Caillosse, « Droit public – droit privé. Sens et portée d'un partage académique », *AJDA*, 1996, p. 960.

division académique vient redoubler, renforcer la division scientifique, comme on le montrera à propos du concours d'agrégation. Pour finir cette présentation liminaire, on empruntera à Jean Carbonnier une notation sociologique qui n'est pas inutile pour comprendre l'esprit de cette distinction dans le public français. « Le débat droit public/droit privé s'est quelquefois pimenté d'une opposition gauche/droite, le droit public ayant la réputation d'être plus 'à gauche' (ce qui est psychologiquement important où personne ne se dit conservateur). »[8]

Mais, quoique classique, cette distinction entre le droit public et le droit privé est fortement contestée. On lui reproche, notamment, de ne pas être scientifique ou, pire encore, d'être idéologique. Mais au rebours de ces présentations critiques, nous voudrions ici esquisser une défense, plutôt modeste, et qu'on pourrait nommer *pragmatique*, de cette distinction qui résiste depuis si longtemps à tant de critiques. Le fait qu'elle n'existe pas dans la science du droit anglais laisse deviner qu'elle est intimement liée à l'histoire du droit, propre aux pays de droit romain, et en particulier à l'histoire particulière de la France Distinction donc non pas nécessaire, mais contingente.

I. – UNE DISTINCTION CONTESTÉE

Une distinction contingente et conflictuelle. – Ce double constat d'une division scientifique et académique de la distinction droit public/droit privé ne doit pas dissimuler la relative contingence de cette distinction. En effet, quoique connue des Romains, comme l'indique la citation d'Ulpien toujours mentionnée, cette distinction n'avait pas l'importance qu'elle a acquise aujourd'hui. En effet, le « dyptique *jus privatum, jus publicum* ne deviendra classique qu'à une époque récente », c'est-à-dire aux environs du milieu du XVIIe siècle »[9].

Distinction contingente, la division droit public/droit privé est également *conflictuelle*. Elle fait l'objet de disputes récurrentes entre les tenants des deux disciplines qui, à tort ou à raison, revendiquent une prééminence ou à tout le moins, une position égale à d'autres. Parmi les moments marquants de cette guerre de tranchée figure la passe d'armes, au lendemain de la seconde guerre mondiale, entre René Savatier et Charles Eisenmann. Le premier, dans son ouvrage, *Du droit civil au droit public* (1945, 2e éd., 1952), s'inquiète du mouvement de publicisation du droit privé, qu'il interprète comme un empiétement du droit public sur le droit privé. Et cet empiétement serait grave parce que « l'influence progressivement affirmée, du droit public, se traduit par une restriction de cette liberté »[10]. En réponse à Jacques Flour, qui se montre sceptique à l'égard de sa thèse, René Savatier rappelle le fondement de sa thèse : l'équation droit privé = liberté individuelle. Selon lui, « toute la distinction du droit privé et du droit public repose sur un postulat, celui qu'il existe des 'particuliers'. Et dans cette notion de 'particuliers' réside une sorte de mystique qui n'est autre que celle de la liberté des personnes privées. (...) le particulier est

---

[8] J. Carnonnier, *Droit civil*, 23e éd., n° 67, p. 99.

[9] G. Chevrier, *op. cit.*, p. 7.

[10] J. Flour, « L'influence du droit public sur le droit privé », *Travaux de l'Association Henri Capitant*, 1946, p. 40.

celui dont l'État ne s'occupe qu'en respectant son quant-à-soi »[11]. Or, la critique qu'il adresse à l'interventionnisme étatique de la Libération, c'est qu'il substitue à la relation duale entre particuliers – qui était le propre du droit privé – un autre acteur, l'État, non plus en tant que ce tiers impartial, mais « une partie directrice »[12].

C'est à l'occasion de la publication de la seconde édition de l'ouvrage de René Savatier que Charles Eisenmann, éminent professeur de droit public, va se livrer à un exercice qu'il affectionne : une très longue et minutieuse mise au point critique dans laquelle il démonte, un par un, tous les arguments du civiliste sur la prétendue « publicisation du droit privé » avant de proposer une analyse des « vraies bases de la distinction du droit public et du droit privé »[13]. Selon lui, la définition traditionnelle et simple d'ordre matériel avait été altérée par les auteurs qui avaient tenté de démonter une différence de nature entre les deux droits, alors qu'en réalité, « la division du contenu total de l'ordre juridique en deux grands ensembles, appelés, l'un droit public, l'autre droit privé, a un caractère essentiellement pratique : c'est une division d'objets d'étude ou d'enseignement. Droit public et droit privé sont chacun un groupement de deux séries de disciplines juridiques, correspondant à deux séries de systèmes de règles de droit qui en constituent l'objet : droit constitutionnel, droit administratif, etc.. ; droit civil, droit commercial, etc. »[14]. Mais sous couvert de neutralité scientifique, sa thèse revient à revendiquer pour le droit public une égalité de principe avec le droit privé. Il n'y a pas, d'un côté, un droit impératif, autoritaire (le droit public) et de l'autre, un droit d'autonomie, de liberté (le droit privé).

Mais si naguère, les privatistes s'inquiétaient du mouvement de « publicisation » du droit privé, les publicistes sont aujourd'hui préoccupés par ce qu'ils analysent comme un mouvement de « recul du droit public » particulièrement manifeste dans la discipline reine – le droit administratif – qui se concrétise notamment par l'affaissement du droit administratif, ou la progressive soumission du droit des personnes publiques à un régime de droit privé (l'exemple le plus manifeste étant évidemment la soumission de l'administration au droit de la concurrence). On peut également interpréter le mouvement de criminalisation de la responsabilité des gouvernants et des fonctionnaires comme une victoire du droit commun – le droit pénal étant considéré comme du droit privé – sur le droit public. « Une autre logique de partage tend désormais à les séparer, opposant ce qui ne serait qu'un faux droit – ce que l'on dénomme 'droit public' relèverait moins du juridique que de la persuasion politique – au vrai droit, entendez le droit privé, le seul dont la société civile aurait la maîtrise et la manœuvre, c'est-à-dire le libre usage en vue de sa propre défense et organisation »[15]. La signification politico-idéologique de ce mouvement ne ferait aucun doute pour André-Jean Arnaud qui met en parallèle le « regain de faveur » de la distinction « avec l'attaque du néo-libéralisme, sur le

---

[11] R. Savatier, « Droit privé et droit public », *D.* 1946, Chron. p. 25.
[12] *Ibid.*, p. 27.
[13] Ch. Eisenmann, *op. cit.*, p. 959.
[14] *Ibid.*, pp. 959-960.
[15] J. Caillosse, *op. cit.*, p. 964.

fondement des libertés individuelles et de la sécurité des personnes contre les notions jugées trop envahissantes de service public, de nationalisation, de sécurité sociale, et autres concepts liés au développement de l'État-providence »[16].

Le premier paradoxe tient au constat suivant : les frontières de la distinction bougent, mais le principe de la distinction perdure, presque indiscuté, comme si cette distinction était en quelque sorte devenue immuable. Au contraire, les débats sur les contours de la frontière prouvent, d'une certaine manière, que « la division n'a pas cessé d'être d'actualité »[17].

Une distinction fortement critiquée. – On lui reproche d'abord de ne pas dessiner un tableau cohérent des branches ou des disciplines du droit. Selon certains, il existe une « grossière contradiction entre les prétentions didactiques de la *summa divisio* et l'impossibilité de répartir raisonnablement les disciplines juridiques »[18]. Il suffit de citer l'exemple du droit pénal – véritable talon d'Achille de cette construction doctrinale – ou encore du droit du travail. Les arguments les plus rationnels font pencher le droit pénal vers le droit public, dans la mesure où il concerne le droit de punir qui relève de l'État. Mais, de façon illogique, il est rattaché en France au droit privé car il est appliqué par les tribunaux judiciaires.

On tombe ici comme en passant sur un second facteur de complexité supplémentaire qui est l'existence de la dualité de juridictions en France, ou ce qu'on pourrait appeler le poids du dualisme juridictionnel. L'importance de ce facteur est relevée par Jean Carbonnier lorsqu'il observe que si la « division du droit en droit public et droit privé n'exclut pas les influences réciproques ni les compénétrations », en revanche, « ce qui contribue toutefois à lui maintenir en France une certaine rigidité, c'est la distinction de deux ordres de tribunaux : l'ordre administratif et l'ordre judiciaire avec deux espèces correspondantes de procès, le contentieux administratif et les procès civils »[19]. On en déduit quelquefois que ce critère procédural signale une acception formelle de la distinction qui dépend donc de la nature des juridictions. « L'aspect 'formel' dérive de la séparation des juridictions administratives et judiciaires qui a été maintenue par la loi des 16 et 24 août 1790, mais dont l'origine remonte à l'édit de Saint-Germain de février 1641 : sont 'formellement' de droit public les règles mises en œuvre par les juridictions administratives et 'formellement' de droit privé celles qu'appliquent les tribunaux judiciaires »[20]. Il y a d'ailleurs aujourd'hui un débat en doctrine pour savoir si les deux divisions (la distinction

---

[16] *Dictionnaire encyclopédique de théorie du droit*, Paris, LGDJ-Storya, 2e éd., 1993, p. 205.

[17] J. Caillosse, *op. cit.*, p. 960.

[18] F.-X. Testu, « La distinction du droit public et du droit privé est-elle idéologique ? », *D.* Chron. 1998, p. 348. De son côté, André-Jean Arnaud note : « aujourd'hui, cette dichotomie, dans la mesure où elle fait référence à des champs disciplinaires, ne présente guère d'intérêt », (*Dictionnaire. encyclopédique de théorie du droit*, *op. cit.*, p. 205).

[19] J. Carbonnier, *op. cit.*, p. 96.

[20] Géraud de la Pradelle, *op. cit.*, p. 87. Pour un plaidoyer en faveur de l'unité des ordres de juridiction, v. D. Truchet, « Fusionner les juridictions administrative et judiciaire ? », *Études offertes à J.-M. Auby*, Dalloz, 1992, p. 335.

doctrinale et la dualité de juridiction) sont homologues. André-Jean Arnaud considère par exemple que la distinction « demeure (…) importante, lorsqu'il s'agit de déterminer, dans chaque système de droit positif, l'ordre judiciaire compétent en cas de contentieux »[21]. Elle aurait donc une valeur pratique dans la mesure où elle permettrait de régler un problème de répartition des compétences. Toutefois, cette dernière affirmation est cependant contestée par des juristes qui contestent la « valeur instrumentale »[22] de la distinction. Il faudrait cesser de confondre la question pratique de la dualité des deux ordres de juridiction avec la question théorique de la distinction.

Toutefois, la critique la plus radicale jamais adressée à cette distinction doctrinale émane des partisans de l'École normativiste – l'École de Vienne – représentée en France par Charles Eisenmann. Comme son maître Kelsen, il considère finalement que « l'opposition du droit public et du droit privé n'a guère de signification parce qu'il n'existe pas de différence essentielle, c'est-à-dire pas de différence de fond entre les deux droits »[23]. En effet, dans son article précité, il se pose la question suivante qu'il estime décisive : « Est-ce la même règle ou deux règles différentes qui s'appliquent selon que la situation envisagée intéresse des rapports entre des particuliers ou des rapports entre personnes publiques et particuliers ? ». Et il répond dans le sens de « la même règle » parce que, d'une part, des nombreuses activités publiques sont soumises aux mêmes règles que les activités privées (d'où la compénétration des deux droits), et d'autre part, parce que les différences entre les deux droits se sont atténuées en raison de la tendance politique uniforme du législateur. Cette doctrine normativiste entend donc faire prévaloir l'unité du droit sur la dualité droit public/droit privé, ce qui est une autre manière de défendre le monisme juridique. On verra même que Kelsen considère cette distinction comme de nature purement idéologique (v. *infra*).

Arrêtons-nous un court moment sur le paradoxe qui est en train d'apparaître. Une telle distinction droit public/droit privé n'aurait ni de valeur instrumentale pour la compréhension du droit positif, ni de valeur didactique. Bref, elle serait une distinction artificielle, qui n'est donc pas du tout inscrite dans la « nature des choses » comme le croient ses défenseurs[24]. Mais, en même temps que la doctrine juridique française soutient cette thèse, elle estime – paradoxalement selon nous – que l'existence d'une telle distinction ne doit pas être remise en cause. Tel est ce constat paradoxal qu'est amené à faire, avec lucidité, Michel Troper : « on se trouve donc dans une situation bizarre : d'un côté, l'opposition droit public-droit privé est contestée sur le plan théorique, mais de l'autre elle sert toujours à structurer le discours des juristes »[25].

Ainsi, ses auteurs qui ne cessent de pourfendre cette distinction, concluent leurs développements sur la nécessité de la reconnaître. L'œuvre de Léon Duguit

---

[21] *Dictionnaire encyclopédique de théorie du droit*, *op. cit.*, p. 205.
[22] J.-B. Auby, cité par Testu, *op. cit.*, p. 345.
[23] M. Troper, « La distinction entre droit public et droit privé et la structure de l'ordre juridique », *in* M. Troper, *Pour une théorie juridique de l'État*, PUF, coll. Léviathan, 1995, p. 187.
[24] F.-X. Testu, *op. cit.*, p. 348.
[25] M. Troper, *op. cit.*, p. 184.

illustre parfaitement cette position un peu schizophrénique, comme il ressort notamment du témoignage d'un de ses anciens élèves, devenu professeur, Robert Guillien qui évoque rétrospectivement le doute qui saisissait ces étudiants bordelais de droit administratif (2e année) lorsqu'ils entendaient le Maître pourfendre, de sa chaire, ce dualisme juridique. « Souvent, il nous a dit : 'Il n'y a pas le droit public et le droit privé, il y a le droit' ». Et le témoin de renvoyer à un passage du *Traité de droit constitutionnel* (le § 59 dans la seconde édition, et le § 64 dans la troisième édition) dans lequel on peut lire une virulente critique de « la séparation *absolue* entre droit public et droit privé » – conception qu'il condamne parce qu'elle « est 'contraire à la vérité des faits' et surtout parce qu'elle 'conduit à donner, au moins en apparence, une base juridique à la toute puissance de l'État' (*Traité*, 2e éd., t. 1, p. 525 ; *Traité*, 3e éd. t. 1, § 64, p. 685) ». Ce même témoin ajoute cependant « mais parfois aussi – il m'en souvient – nous l'entendons, au nom du droit particulariste administrativiste, faire des réserves sur tel ou tel raisonnement, tel ou tel argument, qu'il jugeait trop directement puisé dans le droit privé. (...) Cette contradiction et cette hésitation apparentes, à l'instant citées, ne sont pas douteuses dans mes souvenirs »[26]. Ce qui confirme la véracité de ses souvenirs, c'est la lecture de son fameux *Traité de droit constitutionnel*. Il commence par y soutenir que cette distinction ne pouvait être justifiée ni par la théorie de la souveraineté, ni par celle de la personnalité juridique de l'État, ni par l'existence de droits subjectifs publics distincts de droits privés.

Néanmoins, après ses critiques dévastatrices, il reconnaît la validité de la distinction, parce les modes de sanction sont différents dans ces deux droits, ce qui le conduit à postuler une différence de nature entre les deux droits. En effet, spécialiste du droit administratif, il est bien obligé de rendre compte du droit positif, et il ne peut que constater l'existence de profondes différences entre le droit public et le droit privé car « la sanction du droit public et la sanction du droit privé ne peuvent exister dans les mêmes conditions ; la réalisation d'une situation de droit privé ne peut être obtenue de la même manière que celle d'une situation juridique de droit public. En cela consiste la différence entre le droit public et le droit privé »[27]. Ainsi, la preuve manifeste de cette différence tient au fait que « nul n'a de voie d'exécution forcée contre l'État »[28]. Par voie de conséquence, il est bien obligé de constater que le droit public a une autonomie conceptuelle, comme en témoigne la définition spécifique qu'il en donne : « le droit public est le droit de l'État, le droit des gouvernants ; par conséquent, on ne peut concevoir un mode de sanction direct du droit public s'exerçant contre l'État »[29]. Duguit apparaît ainsi partagé entre deux aspirations contraires, difficiles à concilier. En tant que théoricien du droit, il veut fonder et démontrer l'unité du droit. Partisan d'une sorte de monisme juridique, il entend montrer que le droit est fondé sur une certaine conception objectiviste de la règle de droit.

---

[26] R. Guillien, « Le droit public et le droit privé », *Mélanges en l'honneur de Brèthe de la Gressaye*, Bordeaux, Brière, 1965.
[27] L. Duguit, *Traité de droit constitutionnel*, 3e éd., Paris, de Boccard, t. I, p. 713.
[28] *Ibid.*, p. 712.
[29] *Ibid.*, p. 710.

Mais, juriste-praticien, il doit admettre que le droit positif reconnaît et organise cette distinction entre droit privé et droit public.

De même, dans la doctrine contemporaine, on trouve un accord troublant sur ce point entre un civiliste et un publiciste. Le premier, F.-X. Testu constate qu'en dépit de tous les reproches qu'on peut lui adresser, cette *summa divisio iuris*, cette « distinction du droit public et du droit privé (...) subsiste pourtant avec une fermeté affirmative qui n'est pas moins apparente aujourd'hui que naguère »[30]. De son côté, le publiciste, Michel Troper n'est pas loin d'adopter la même conclusion : « la distinction du droit public et du droit privé n'est pas simplement, à notre époque, une distinction conceptuelle. C'est une distinction opérée par le droit positif, soit parce qu'il résulte du caractère public ou privé d'une situation l'application d'une règle de fond, soit parce que les organes créateurs de droit entendent justifier ainsi certaines de leurs décisions »[31].

Le problème : une distinction purement idéologique ? – Il reste à expliquer ce paradoxe d'une distinction (scientifique ou pédagogique) que l'on conteste, mais en même temps que l'on conserve, comme si elle était indestructible ou capitale pour décrire la structuration de l'ordre juridique français. N'y a-t-il pas ici une contradiction manifeste ?

L'explication que l'on peut donner à cet état de choses est également une autre manière de critiquer cette distinction. Si les juristes se contredisent aussi gravement, c'est qu'ils seraient pris dans les rets de l'idéologie. Le propre d'une idéologie est de s'imposer aux individus, presque malgré eux. « Ce qui est idéologique trahit la vérité, mais fonctionne de manière rationnelle, faisant ainsi oublier le caractère de simple postulat des principes »[32]. L'idéologie travestit la vérité, mais elle s'impose à celui qu'elle saisit. Il existe au moins plusieurs variantes théoriques de cette explication idéologique. L'une est d'ordre psychanalytique, et explique l'attachement des juristes à cette distinction par le fait qu'ils sont inconsciemment saisis par la représentation du monde suivante : le droit public serait le droit de l'État, c'est-à-dire le droit sans Sexe ni Argent, (le droit de la pureté) alors que le droit privé serait le droit du Sexe et de l'Argent[33]. La variante marxiste revient à considérer la duplication droit public/droit privé comme une duplication de l'opposition entre État et société civile, et l'imposition d'un voile idéologique (la prétendue supériorité de État sur la société civile) pour mieux dissimuler la hideuse réalité de la domination des puissances privées (le capitalisme) sur un État devenu leur simple valet.

On s'arrêtera cependant sur une troisième variante, celle de Kelsen, dans la mesure où elle a eu, *via* Eisenmann et Troper, un large écho en France. Dans la première édition de la *Théorie pure du droit* (1934), le fondateur de l'École de Vienne présente cette distinction comme établissant une hiérarchie indue entre le droit public et le droit privé, et en faveur de ce dernier : « on aurait en droit privé – écrit-il – une relation entre deux sujets égaux et en droit public une relation

[30] F.-X. Testu, *op. cit.*, p. 345.
[31] M Troper, *op. cit.*, p. 192.
[32] F.-X. Testu, *op. cit.*, p. 348.
[33] V. sur ce point, P. Legendre, *Jouir du pouvoir*, Paris, Minuit, 1976.

entre deux sujets l'un serait subordonné à l'autre et aurait ainsi une valeur juridique moindre. Seuls les rapports de droit privé seraient véritablement 'juridiques' au sens étroit du mot, tandis qu'en droit public, on aurait des rapports de 'puissance' ou de 'domination' dont le type est la relation entre l'État et ses sujets. La distinction entre droit public et droit privé tend ainsi à opposer le droit à l'État conçu comme une force qui n'aurait pas ou n'aurait que partiellement un caractère juridique »[34]. En réalité, sa critique du dualisme droit public/droit privé prolonge sa critique du dualisme droit/État qu'il analyse comme idéologique. Cette dimension idéologique réside dans « l'opposition absolue du droit et de la force, ou du moins du droit et de la puissance étatique » qui conduit à l'idée erronée que dans le domaine du droit public et en particulier dans les branches importantes au point de vue politique, du doit constitutionnel et du droit administratif, la validité de la norme juridique n'aurait pas le même sens ni la même intensité que dans le domaine du droit privé[35]. Par voie de conséquence, la distinction droit public/droit privé serait une illustration de plus de la « menace séculaire de la subordination de la science à la politique »[36].

Plus récemment, une version atténuée a été proposée selon laquelle cette distinction du droit public et du droit privé n'a pas précisément de fonction idéologique, mais « en a le caractère parce qu'elle reflète une conception idéologique du droit »[37]. Par là, cet auteur entend simplement dénoncer l'existence même du droit public qui vient masquer la réalité de l'unité du droit, réalité historiquement déformée depuis Jean Bodin. Mais si l'on adopte cette position, tout concept juridique, toute classification des choses juridiques a un aspect idéologique, et peut donc être dénoncé comme tel. Surtout, il nous semble que Michel Troper a fait justice de ce type d'interprétation lorsqu'il met le créateur de la *Théorie pure du droit* en contradiction avec lui-même. En effet, « pour la science du droit, (...) la démonstration de ce caractère idéologique ne prive pas nécessairement la thèse ainsi visée de sa pertinence, parce qu'il est possible qu'elle se borne à reproduire une idéologie inscrite dans le droit positif. (...) L'affirmation que la distinction droit public-droit privé, telle que le droit positif la conçoit, est idéologique, ne la prive en rien de sa pertinence »[38].

A propos de cette question, on aurait envie de paraphraser la formule de Maurice Hauriou relativement à l'existence de la juridiction administrative et de la transposer à la distinction droit public/droit privé : « c'est peine perdue de la discuter ; au contraire, il faut en accepter la donnée et en observer le jeu »[39]. Et si cette distinction entre droit public et droit privé résiste à toutes les attaques, à toutes les critiques, c'est parce qu'elle appartient à « l'univers mental »[40] des juristes français – à tel point d'ailleurs que la principale difficulté à laquelle on se

[34] Kelsen, *Théorie pure du droit*, trad. fr. Thévenaz, Neuchâtel, La Baconnière, 1950, p. 149.
[35] *Ibid*, p. 151.
[36] *Ibid.*, Préface, p. 8.
[37] F.-X. Testu, *op. cit.*, p. 345. Ce point de vue est d'autant plus critiquable qu'on peut interpréter l'œuvre de Bodin comme redonnant une certaine vigueur à la distinction entre le droit public et le droit privé, grâce notamment à son invention de la souveraineté.
[38] M. Troper, *op. cit.*, p. 192.
[39] M. Hauriou, *Précis de droit administratif*, 7e éd., Paris, Sirey, Préface, p. VII.
[40] J. Caillosse, *op. cit.*, p. 101.

heurte lorsqu'on veut la présenter tient à oublier sa province intellectuelle d'origine (droit public ou droit privé) et à éviter ce tropisme disciplinaire qui conduit à juger cette distinction du point de vue particulier d'une seule discipline (le droit privé, le droit public).

Parce qu'elle reflète une manière de percevoir l'État ou la société, cette *summa divisio* est un legs de l'histoire politique et juridique de notre pays. Ainsi, si l'on saisit la distinction comme une *donnée historique* – et donc inévitablement contingente – on doit alors tenter d'abord de l'expliquer. Le détour par l'histoire est commode et permet de mieux comprendre l'actuelle situation. Il permet aussi de se mettre à distance des deux « camps ». C'est chemin faisant que l'on pourra indiquer la *portée théorique* du sujet. On peut déjà citer quelques-unes des implications théoriques du débat engendré par la distinction droit public/droit privé : l'existence de ces deux branches du droits est-elle compatible avec l'unité du droit (débat sur le monisme ou pluralisme juridique) ? L'analyse du critère de classification des branches du droit implique de prendre parti sur l'unité élémentaire de chaque branche : est-ce la règle de droit ou sont-ce aussi les institutions juridiques et aussi les universitaires ? Doit-on ou non pour admettre cette distinction, reconnaître une quelconque validité à la théorie de la souveraineté et de l'État ?

II. – QUELQUES ASPECTS DE L'HISTOIRE DOCTRINALE DE LA DISTINCTION DROIT PUBLIC – DROIT PRIVÉ AU XIXe SIÈCLE

Sur ce terrain de l'histoire, notre terrain a été fortement balisé par la magistrale étude de Georges Chevrier[41] qui couvre l'histoire de ce couple conceptuel de l'Antiquité romaine jusqu'à nos jours. Un des nombreux apports de cette étude pionnière est de montrer la fonction historique remplie par cette distinction : elle a permis à la science du droit de s'émanciper du monde seigneurial qui confond les deux domaines du public et du privé. Selon l'éminent historien du droit, les anciens juristes du droit français ont eu l'habileté de sauvegarder l'unité profonde du droit en recourant à des principes communs supérieurs à l'un et à l'autre, « la loi et le contrat » qui, en tant que sources du droit, ont conservé au droit cette unité que la *summa divisio* aurait pu menacer. Par là même, ces anciens juristes évitèrent les deux extrêmes : « ils se refusèrent à exalter la valeur dogmatique de notre division comme à la dénigrer pour la réduire au rang d'un simple artifice pédagogique »[42]. De ce point de vue, les analyses de Chevrier, prolongées par les travaux de Pierre Legendre, éclairent la manière dont, en France, le droit public a été conçu comme celui qui déroge au Droit commun « dans le sens général des règles applicables aux relations privées, disqualifiées lorsqu'il s'agit de déterminer le statut juridique de l'Administration »[43]. La leçon de l'histoire est claire : « la distinction doctrinale du Droit privé et du Droit public a

---

[41] G Chevrier, *op. cit.*, pp. 5-77.
[42] *Ibid.*, p. 77.
[43] P. Legendre, *Histoire de l'Administration de 1750 à nos jours*, PUF, 1967, p. 472.

répandu chez les juristes l'idée de ce Droit nouveau spécifique, issu des décisions suprêmes de l'État, entièrement séparé des élaborations traditionnelles (romaines coutumières) »[44]. Ce legs absolutiste a été pieusement conservé par la Révolution française qui a proclamé le principe fondamental de la séparation des autorités administratives et judiciaires.

D'une certaine manière, le droit public français est le résultat d'une opération formidable : l'alliance de la Souveraineté et de la Police, qui se traduit par deux traits « la spécialité des règles en Droit public et leurs possibilités indéfinies d'extension » (Legendre, p. 476). Ici, le concept de police s'avère central pour comprendre comment la souveraineté se démultiplie et surtout s'applique au cas concret[45]. Quoi qu'il en soit, les efforts des juristes ont débouché au XVIIIe siècle sur la situation suivante :

> « Constituées en disciplines scientifiques, indépendantes, droit privé et droit public n'apparaissent plus comme les pôle extrêmes du droit entre lesquels s'intercalerait le *no man's land* seigneurial. Ils forment désormais deux domaines distincts, aux contours fuyants, mais dont les bords se sont rapprochés sans cesse. A la conception d'une zone mixte, impartageable, prise entre deux secteurs éloignés, s'est substituée celle d'une frontière commune, séparant deux sciences réputées voisines. Celles-ci sont dorénavant en contact. Bientôt, elles seront aux prises. »[46]

La question qui se pose est de savoir comment depuis la fin du XVIIIe siècle, la doctrine française a compris et perçu cette distinction du droit public et du droit privé, sans prétendre proposer pour les XIXe et XXe siècles, une enquête équivalente à celle menée par Chevrier pour les siècles précédents. On a prétendu qu'en « ce qui concerne la distinction entre le droit public et le droit privé, ce qu'il y a peut-être de plus étonnant est que ce thème était très largement négligé par les publicistes avant que Charles Eisenmann y consacre sa réflexion »[47]. Ainsi formulée, une telle assertion est inexacte dans la mesure où non seulement, comme on l'a vu, Léon Duguit avait inauguré une tradition critique, mais aussi où il a existé à la fin du XIXe siècle, un moment décisif qui a renforcé l'institutionnalisation de la coupure entre les deux groupements de disciplines et qui a suscité une véritable discussion sur cette distinction doctrinale. Il s'agit du débat provoqué par le sectionnement du concours d'agrégation (sectionnement qui eut lieu en 1897) et à la tentative des juristes de droit public de fonder une science autonome du droit public, comme en témoigne la fondation de la *Revue du droit public et de la science politique* (1894).

---

[44] *Ibid.*, p. 473.

[45] V. ici les travaux de P. Napoli, not. son article, « Police : la conceptualisation d'un modèle juridico-politique sous l'Ancien régime », *Droits*, n° 20, 1994, pp. 183-196 et *Droits*, n° 21, 1995, pp. 151-160.

[46] G. Chevrier, *op. cit.*, p. 75.

[47] J. Waline, « Droit public – droit privé. Institution publiques – institutions privées. Le point de vue d'un publiciste », *in* P. Amselek (dir.), *La Pensée de Charles Eisenmann*, Paris, Economica, p. 148.

Le sectionnement de l'agrégation ou les leçons d'un redécoupage académique des disciplines. – En 1897, après une longue bataille, le ministère de l'Instruction publique a décidé de sectionner le concours d'agrégation en quatre branches (droit privé, droit public, histoire du droit et économie politique) et de rompre ainsi avec le concours unique des professeurs de facultés de droit par le concours d'agrégation. Cette création couronne une évolution antérieure. « Dès le début des années 1880, des décrets accroissent l'importance des cours de droit public et introduisent des enseignements d'économie politique. Depuis 1882, les licenciés disposent du droit rédiger une thèse de droit public ; le droit administratif trouve alors sa place dans les études de doctorat. Depuis 1889, son enseignement n'est plus confiné à la seule seconde année de licence, mais est offert en troisième année. Avec la réorganisation du doctorat en 1895, la spécialisation de la recherche en droit public progresse »[48]. En 1897, naissent les deux concours d'agrégation de droit public et de droit privé. Deux rapports, rédigés à quinze ans d'intervalle par d'éminents juristes, exposent parfaitement les enjeux du problème et les arguments échangés par les adversaires ou partisans de ce nouveau système qui institutionnalisait la séparation académique du droit public et du droit privé[49].

Dans le premier rapport en date de 1881, le civiliste Bufnoir, s'exprimant au nom de la Faculté de droit de Paris, témoignait de son hostilité à l'égard d'une telle mesure envisagée comme une hypothèse par une circulaire ministérielle. Parmi les divers arguments invoqués pour défendre l'unité de recrutement et donc l'unité de l'enseignement, il avançait l'unicité de la science du droit. « Dans les Facultés de droit, il n'y a à vrai dire qu'un objet unique d'enseignement : le droit. De quelque chaire qu'il s'agisse, c'est toujours la même science, prise sans doute sous des aspects divers et appliquée au combinaisons diverses des relations sociales, mais c'est toujours le droit ; et l'idéal serait que cette science, dans sa majestueuse unité, pût être embrassée dans un seul cours, enseignée dans une seule chaire par un seul professeur qui suivant un plan d'ensemble, l'étudierait dans toutes ses ramifications »[50]. Il évoque le projet de certains collègues de scinder les enseignements. Les uns proposent de distinguer des sciences historiques (dont le droit romain) et des sciences actuelles. Mais d'autres proposent de rattacher certains enseignements « au droit public et ceux qui se rattachent au droit privé ». Et il ajoute le commentaire suivant : « C'est là sans doute une division prise dans la nature des choses, elle est aussi ancienne que le droit et Justinien disait déjà, au début de ses *Institutes* : *Hujus studi duæ sunt positiones, publicum et privatum*. Il n'est pas impossible de classer la plupart de nos enseignements, non pas tous cependant, sous l'une ou l'autre de ces deux rubriques. Mais, au point de vue qui nous occupe, il ne suffit pas que le classement soit possible, scientifiquement pour que nous puissions l'admettre et le recommander ; il faut encore qu'il conduise au but cherché qui consiste, ne l'oublions pas à assurer pour tout enseignement une préparation spéciale

[48] F. Burdeau, *Histoire du droit administratif*, PUF, 1995, p. 324.
[49] Source : *Annales d'histoire de la faculté de droit*, n° 1, 984, pour le rapport Bufnoir, p. 99 et s. et pour le rapport Esmein, p. 119 et s.
[50] *Ibid.*, p. 99.

correspondante »[51]. Bufnoir entend montrer qu'à la différence du droit privé, les branches constituant le droit public, droit constitutionnel, droit des gens, droit administratif, droit pénal et procédure criminelle – manquent d'homogénéité. Ces enseignements « ne présentent (...) aucune affinité particulière ». C'est le cas du droit pénal ; de même, le droit constitutionnel et le droit des gens ne peuvent être réunis ensemble que si « l'on prend l'expression droit public en deux significations bien différentes »[52]. Ainsi, le sectionnement de l'agrégation suivant la *summa divisio* droit public/droit privé est perçu comme arbitraire par Bufnoir.

En revanche, quinze ans plus tard, en 1896, Adhémar Esmein, historien du droit qui fonde la science moderne du droit constiutionnel, défend, avec succès, la thèse du sectionnement de l'agrégation dans son rapport au Conseil supérieur de l'Instruction publique. Il part d'un constat alarmant : « il n'y a plus aujourd'hui une correspondance exacte, ni même suffisante entre l'enseignement donné par les Facultés de droit et l'agrégation »[53]. Il évoque le profond mouvement de transformation de l'Université de l'époque. Comme les autres facultés, les facultés de droit « sont entrées en plein courant scientifique » au moment même où de nouvelles disciplines arrivaient à maturation scientifique. Il cite le droit administratif et le droit constitutionnel, « dont l'enseignement autrefois se bornait presque à l'exégèse des textes, sont devenues des sciences véritables, riches en théorie, fécondées par l'histoire et par le droit comparé »[54]. Mais le plus intéressant dans son propos touche à la manière dont il justifie la différenciation des concours de droit public et droit privé, qu'il présente comme incontestable : « Ce n'est point qu'il y ait au fond une méthode différente pour l'étude du droit privé et pour celle du droit public ; elle est la même de part et d'autre, mais les objets auxquels elles s'appliquent sont profondément différents. Le droit privé est dominé par la notion de la famille et par celle de la propriété ; le droit public repose sur la notion de souveraineté et sur celle de l'État. Enfin, l'un et l'autre droit se subdivisent en tant de branches que l'on ne peut raisonnablement demander au même homme d'avoir approfondi à la fois l'ensemble du droit privé et l'ensemble du droit public »[55].

Ainsi, la justification donnée par Adhémar Esmein repose sur l'équation droit public = État sur laquelle on reviendra bientôt. Elle n'élimine cependant pas une difficulté, sérieuse et récurrente, qui est celle de savoir dans quel groupe il convient de ranger le droit pénal : droit public ou droit privé ? En effet, explique Esmein, « logiquement, scientifiquement, il [le droit criminel] appartient au droit public, car dans sa conception moderne, tout délit est une atteinte à l'ordre public, une attaque contre l'État. En outre, le droit pénal contient les théories pénitentiaires qui n'ont aucun rapport avec le droit privé, et la procédure criminelle, en tant qu'elle organise la liberté individuelle et règle l'institution du

---

[51] *Ibid.*, p. 112.
[52] *Ibid.*, p. 113
[53] *Ibid.*, p. 119.
[54] *Ibid.*, p. 120.
[55] *Ibid.*, p. 124.

jury, rentre incontestablement dans le droit privé »[56]. On voit par ces arguments que le droit public concerne tout ce qui touche à l'État, aussi bien en lui-même que dans ses rapports avec les individus. Mais, c'est un critère organique qui va prévaloir : « le droit criminel est appliqué par les tribunaux judiciaires, tout comme le droit civil ; il est interprété par les même jurisconsultes dans la pratique et par les mêmes méthodes »[57]. Ainsi, c'est ici encore le principe de séparation des autorités administratives et judiciaires – la dualité de juridictions – qui fonde la solution la plus commode. C'est ce principe qui est la toile de fond de cette discussion sur la division des deux disciplines. Une telle notation devrait conduire aujourd'hui à s'interroger sur le statut du droit constitutionnel : compte-tenu de l'emprise du Conseil constitutionnel, relève-t-il encore du droit public ? On peut en douter si l'on suit l'argumentation de certains privatistes qui font observer que « notre hiérarchie des normes ne contredit pas la primauté du droit privé : elle la confirme. Certes, la loi doit respecter la Constitution, mais les valeurs constitutionnelles les plus marquantes, à commencer par la propriété, sont des valeurs individuelles, dont le règlement technique ressortit au droit privé. Cela est évident depuis que le Préambule de 1946 et la Déclaration des droits de l'homme, qui proclament surtout des droits subjectifs fondamentaux, font expressément partie du corpus constitutionnel »[58]. Cette opinion rejoint celle de Hayek, selon laquelle si la Constitution « peut apparaître comme primordiale, au sens logique, en tant que désormais les autres lois tirent leur autorité de la Constitution, elle n'en a pas moins pour raison d'être de renforcer des règles préexistantes »[59] – qui sont, à ses yeux, des règles de droit privé.

Le droit administratif, matrice de l'autonomie du droit public. – Si la présentation d'Esmein est intéressante par son opposition idéaltypique qu'il dresse entre le droit public et le droit privé, structurée par des institutions (famille contre État, propriété contre souveraineté), elle méconnaît le rôle capital joué par la science du droit administratif dans cette émancipation du droit public. Comme l'a noté Pierre Legendre, « l'avènement du Droit administratif comme Science autonome, en perturbant l'épistémologie classique devait ébranler l'ordre établi qui définissait la science juridique d'après les concepts opératoires du droit romain »[60]. Or, cette autonomie du droit administratif est niée par le civiliste Bufnoir lorsqu'il le présente comme « le droit civil dans ses rapports avec l'administration publique » (loi org. du 22 ventôse an XII, art. 2). Mais, vingt ans plus tard, en 1900, Fernand Larnaude peut constater, non sans fierté nationale, que la doctrine française a précédé la doctrine allemande dans l'élaboration d'une science du droit administratif[61]. A ce titre, on ne peut pas ici ignorer l'œuvre de Maurice Hauriou qui a été probablement le premier à proposer, avec son *Précis de droit administratif* (1re éd., 1892) « le premier exposé, parfaitement unifié, parce que proprement juridique, de la discipline en

---

[56] *Ibid.*, p. 125.
[57] *Ibid.*, p. 124.
[58] F.-X. Testu, *op. cit.*, p. 353.
[59] Hayek, *Droit, législation et liberté* (1973), vol. I, trad. fr. Paris, PUF, 1980, p. 162.
[60] P. Legendre, *op. cit.*, p. 25.
[61] Préface à P. Laband, *Le droit public de l'Empire allemand*, 1900, Paris, Giard et Brière, p. VI.

l'articulant autour de la notion de personnalité »[62]. Tout au long de sa carrière, il essaiera de rendre compte de cette singularité du droit administratif français, notamment dans sa préface à la septième édition du Précis, où il tente de faire comprendre « l'intelligence du droit administratif ». Il part du constat selon lequel « le droit administratif est le droit de personnages puissants qui sont les administrations publiques, telles que les a faites la centralisation »[63]. Et il parie sur l'avenir de ce droit spécifique : « Par là même qu'il est un droit de personnages puissants, et que le droit civil, qui constitue le droit commun, est un droit égalitaire, le droit administratif est exceptionnel. Par la force des choses, il tend à se rapprocher du droit commun, mais il ne faut pas se faire d'illusions sur la nature de cette tendance. Le droit administratif ne va pas un beau jour s'abattre comme un bloc dans les lignes du droit civil ; il ne va pas, notamment, renoncer à la juridiction administrative, ni à ses allures d'action directe ; *du moins tant que la centralisation politique conservera de la puissance aux administrations publiques* »[64]. La raison décisive tient justement – explique-t-il plus loin – à la « cause première qui a motivé la création de cette juridiction d'exception, et qui est celle des prérogatives de la puissance publique. Il est entendu que, pour accomplir sa fonction administrative et pour assurer l'exécution des lois, la puissance publique a besoin de prérogatives ». Comment ne pas voir la filiation directe de cette théorie d'Hauriou avec la tradition juridique de la monarchie d'Ancien Régime ? Comment ignorer ce lien avec la maxime de Le Bret (dans son traité sur la souveraineté du Roi) selon laquelle « Le prince n'est point obligé aux Loix civiles » ?

Un moment important de l'émancipation du droit public : la fondation de la Revue du droit public (1894). – Si l'on mentionne souvent le sectionnement du concours d'agrégation comme facteur d'institutionnalisation de la distinction droit public/droit privé, on ne doit pas non plus négliger la création de revues scientifiques ou même de collection de bibliothèques. Qu'on songe par exemple à la Bibliothèque de droit public, chez Giard et Brière, dirigée par Gaston Jèze et qui a joué un rôle important. Mais le plus important est la fondation de revues selon le critère disciplinaire. De ce point de vue, la création, en 1894, de la *Revue du droit public et de la science politique*, est un moment important de l'avènement de la discipline du droit public, à laquelle répondra en 1902, la création de la *Revue trimestrielle de droit civil*. Dans l'article programmatique de cette revue, son fondateur, Ferdinand Larnaude, titulaire de la chaire de droit public général à la Faculté de droit de Paris, justifiait le projet par la volonté pour ce groupe de disciplines d'être à la hauteur des civilistes, du droit privé. « Pour traiter les questions de droit constitutionnel, de droit administratif, même de droit international, il faut être jurisconsulte. Il faut avoir fait du droit une étude approfondie. Il est à souhaiter que l'idée de droit, les formes du droit, que les procédés du droit pénètrent tous les jours davantage les matières constitutionnelles, administratives, internationales. Ce n'est qu'à cette condition

[62] F. Burdeau, *op. cit.*, p. 331.
[63] M. Hauriou, Préface à la 7e éd. du *Précis de droit administratif*, p. VII.
[64] *Ibid.*, p. XI.

qu'une institution acquiert une force de résistance qui lui permet de braver et d'affronter les tempêtes. Là où le droit n'existe pas, là où la forte ossature qu'il constitue ne peut pas se former, il n'y a que des institutions flottantes et sans consistance. Il faut que l'État, que l'individu, que les groupes, dans leurs rapports respectifs aient leurs prérogatives, leurs attributions, on dirait ailleurs leurs 'droits subjectifs', nettement constitués et définis. Et pour obtenir ce résultat, il n'y a pas deux moyens. Il faut que dans la constitution, dans l'administration, dans les rapports internationaux, le droit s'introduise. Et il ne s'y introduira qu'avec les jurisconsultes »[65].

Or, dans cette conception du fondateur de la *Revue du droit public et de la science politique*, l'État est l'élément décisif de la définition du droit public. Dans le même article, il note que, par opposition à la science politique qui décrit que ce l'État doit être ou comment il doit être organisé, le droit public « nous dit ce qui est, comment est organisé l'État, quelle est sa structure, quelles sont les fonctions qu'il remplit et comment il les remplit »[66]. Donc, l'objet d'étude de cette nouvelle Revue, « c'est l'État considéré dans sa structure et dans ses fonctions qu'elle compte étudier, c'est des rapports généraux que l'État entretient avec l'individu qu'elle veut s'occuper. Droit constitutionnel, droit administratif, droit international, organisation judiciaire, questions pénitentiaires, droits et libertés de l'individu vis-à-vis de l'État, législation financière, droit public colonial etc. etc., aucune des parties de ce vaste domaine ne lui restera étrangère »[67]. Il reprend cette idée dans une conférence qu'il donne sur les méthodes du droit public : « Il est (..) toujours utile d'étudier l'État, car c'est lui qui est le sujet principal, de premier plan, du tableau que forme le droit public »[68].

L'ambition est de faire une revue *de droit public*, c'est-à-dire une revue de droit portant sur des matières politiques, mais qui se distingue de la littérature politique. Grâce à elle, les juristes sont invités à intervenir dans les débats de société tout en faisant « œuvre scientifique » : « Nous croyons – affirme Larnaude – qu'à l'époque actuelle, en présence de l'importance toujours grandissante que prennent les questions de droit public et de science politique, il ne faut pas les laisser discuter seulement par les Parlements et les partis. La science, qui n'a jamais été mieux armée qu'à présent, doit, elle aussi, fournir sa note dans ce concert où les partis ont jusqu'à présent accaparé tous les rôles. (...) En tout cas, elle a le droit de dire ce qu'elle croit être la vérité, et elle méconnaîtrait sa mission, elle manquerait à ce que la société peut légitimement exiger d'elle, si elle ne faisait pas profiter le pays des trésors d'érudition, de savoir et de critique qu'elle renferme dans son sein »[69].

De ce point de vue, la position de Larnaude est emblématique de cette nouvelle manière qu'ont les juristes français de revendiquer la spécificité du droit public par rapport au droit privé. Entendons par là qu'ils veulent

---

[65] F. Larnaude, « Notre programme », *RD publ.* T. I, 1894, p. 3.
[66] *Ibid.*, p. 3.
[67] *Ibid.*, p. 5.
[68] F. Larnaude, *Les méthodes juridiques. Le droit public, sa conception, sa méthode*, 1909, p. 13.
[69] *Ibid.*, pp. 13-14.

simplement se mettre au niveau du droit privé ; ils ne revendiquent pas une primauté de leur discipline par rapport au droit privé, mais l'égalité. Il convient donc de mettre en relation cet article programmatique avec la Préface que le même Larnaude a consacré à la traduction de l'ouvrage de Paul Laband sur *Le droit public de l'Empire allemand* (1900). Il y commente les positions méthodologiques de l'auteur allemand, son apologie de la dogmatique juridique. Toutefois, il pointe un désaccord sur la portée des emprunts que le droit public doit faire au droit civil car il défend une thèse encore plus « autonomiste » que son collègue allemand, invoquant à titre d'autorité le grand Montesquieu :

> « (...) On ne doit jamais oublier le mot profond de Montesquieu (EdL, XXVI, chap. 16) : *'Il est ridicule de prétendre décider des droits des royaumes, des nations et de l'univers, par les même maximes sur lesquelles on décide entre particuliers d'un droit pour une gouttière, pour me servir de l'expression de Cicéron'* ». Et il ajoute : « Sans doute, le droit privé renferme de nombreux principes qui ne sont pas tant des principes de droit privé que des principes généraux de droit ; mais c'est avec la plus grande circonspection qu'il faut transporter ici ses principes, même en les dépouillant 'de ce qui les rattache spécifiquement au droit privé'. Les théories juridiques du droit privé visent des rapports dont la substance est d'une autre nature, dans la plupart des circonstances, que celles des rapports de droit public. Et l'on court de graves dangers si l'on veut aveuglément raisonner dans les uns comme dans les autres. Il y a eu une époque où le droit public s'est ainsi trouvé tout imprégné de droit privé, c'est le moyen-age. Croit-on que l'on ferait faire un grand progrès au droit public en le ramenant à cette conception ? Personne ne le croira. (...).
>
> Pour dire toute ma pensée, je crois qu'il est possible d'introduire dans le droit public la dogmatique juridique sans copier servilement le droit privé. *Le droit public a lui aussi ses principes, ses théories juridiques*, toute la difficulté consiste à les dégager ou les construire. Mais je ne crois pas qu'il soit impossible de trouver sur des questions qui semblent analogues à celles du droit privé des règles spécifiquement propres au droit public, et très différentes de celles par lesquelles se trouvent dominées ces questions dans le droit privé. C'est des entrailles du droit public qu'il faut faire surgir les grandes théories qui expliquent les décisions du droit constitutionnel ou du droit administratif, sans vouloir de force les expliquer par des considérations de dogmatique juridique privée. »[70]

C'est le même Larnaude qui invite les profanes à lire les chapitres de Montesquieu pour comprendre la différence d'esprit des lois. Son texte qui est un plaidoyer vigoureux en faveur d'un droit public spécifique par son objet et par ses méthodes, représente l'opinion de la plupart des publicistes de son époque.

*

---

[70] Préface Laband, p. VI-VII.

Si l'on veut finalement expliquer en dernier ressort cette distinction entre le droit public et le droit privé, il faut toujours en revenir à ce point nodal qu'est l'association entre l'État et la souveraineté. On l'a déjà vu la place centrale qu'il occupe dans la formule d'Esmein définissant le droit public (qui « *repose sur la notion de souveraineté et sur celle de l'État* ») Un historien autrichien comme Otto Brunner a expliqué qu'historiquement, la souveraineté est la condition d'apparition de la distinction du droit public et du droit privé[71]. Il n'est pas surprenant que les juristes qui rejettent la théorie de la souveraineté – Kelsen en tête – nient la distinction du droit public et du droit privé. De ce point de vue, Léon Duguit est, une fois encore, représentatif. Il observe : « Il n'est pas douteux que si l'on admet la notion de souveraineté et celle de personnalité souveraine de l'État, cette distinction du droit public et du droit privé est fondamentale »[72]. Puisqu'il rejette avec la plus farouche énergie la théorie de la souveraineté, il refuse d'admettre le caractère fondamental de cette distinction.

En revanche, chez un juriste comme Fernand Larnaude, qui nous semble très représentatif de la doctrine publiciste française, la défense de l'autonomie du droit public est fondée sur la conviction d'une certaine altérité de l'État par rapport aux particuliers, et donc d'une reconnaissance de la souveraineté de cet État. S'il faut admettre en matière de responsabilité une théorie du risque étatique (responsabilité sans faute), analogue à celle du risque professionnel, c'est en raison du caractère incommensurable de l'État par rapport aux individus. Il exprime cela de manière particulièrement imagée : « Comment pourrait-on comparer l'État, ce géant, ce Fafner, qui fait trembler le sol quand il marche, cet être colossal et qui grandit toujours, à nous !... à ce pygmée qu'est l'individu ! Comment pourrait-on traiter comme rapports entre individus les rapports qui s'établissent entre nous et Lui ? A chaque pas qu'il fait, l'État peut écraser quelqu'un sans commettre aucune faute. Faut-il que cet écrasement reste sans conséquences ? Oui, si on appliquait l'article 1382. Le bon sens de nos juges administratifs, l'humanité de nos législateurs nous ont préservé de cette extrémité inhumaine (...) Car si l'État est un géant, dont il est quelquefois dangereux d'être le voisin, c'est aussi un bon géant, qu'il serait injuste et dangereux de traiter comme un ennemi ou même comme un égal »[73].

L'État, « bon géant » ! On imagine mal cette expression dans la bouche d'un juriste anglais. Mais dans la bouche d'un juriste français, elle exprime parfaitement cette conviction qui anime les publicistes français selon laquelle le droit public – justement – peut à la fois donner à cet État les moyens de l'action, mais aussi le « ligoter » en l'enserrant dans des règles de droit.

[71] O. Brunner, *Land und Herrschaft*, 5e éd., Vienne, 1965, p. 124.
[72] L. Duguit, *op. cit.*, p. 681.
[73] F. Larnaude, *Les méthodes juridiques*, *op. cit.*, pp. 41-42.

3

DROIT PUBLIC ET DROIT PRIVÉ : L'ÉVOLUTION DU DROIT PROCESSUEL

Philippe Théry

« Dieu dit : que les eaux qui sont sous le ciel s'amassent en une seule masse et qu'apparaisse le continent et il en fut ainsi… ». Comme Dieu, en créant le monde, a séparé la terre et les eaux, le Roi d'abord – l'oint de Dieu sur la terre – la loi ensuite, quasi-divine dans notre mythologie juridique, ont séparé les juridictions administratives et les juridictions judiciaires. Séparation commencée avec l'Édit de Saint Germain de 1641[1], maintenue par la loi des 16-24 août 1790[2]. La genèse du système français se caractérise par une dualité du droit applicable, des juridictions et, par conséquent, des procédures. La Révolution, comme l'a souligné Tocqueville, chausse les bottes de l'Ancien Régime. Ce n'est même que par une facilité de langage que l'on parle de la séparation des juridictions. En ces temps, l'administration se juge elle-même et le Conseil d'État n'est pas formellement juge : « il se bornait à proposer la décision au chef de l'État »[3]. Cette « justice retenue », par où l'Ancien Régime survit à la Révolution, ne cesse qu'avec la loi du 24 mai 1872. Désormais, une justice administrative existe à côté d'une justice judiciaire.

---

[1] « Faisons très expresses inhibitions et défenses à notre cour de parlement de Paris et à toutes nos autres cours de prendre à l'avenir connaissance d'aucunes affaires concernant l'État, administration et gouvernement d'icelui que nous réservons à notre personne seule, si ce n'est que nous leur en donnions le pouvoir et commandement spécial par nos lettres patentes, nous réservant de prendre sur les affaires les avis de notre cour et parlement, lorsque nous le jugerons à propos pour le bien de notre service.
Déclarons, dès à présent, toutes délibérations et arrêts qui pourront être faits à l'avenir, contre l'ordonnance de la présente délibération, nulle et de nul effet, comme faites par des personnes qui n'ont aucun pouvoir de nous de s'entremettre du gouvernement de notre royaume.
Voulons qu'il soit procédé contre ceux qui se trouveront à pareilles délibérations comme désobéissant à nos commandements et entreprenant sur notre autorité… ».

[2] « Les fonctions judiciaires sont distinctes et demeureront toujours séparées des fonctions administratives ; les juges ne pourront, à peine de forfaiture, troubler, de quelque manière que ce soit, les opérations des corps administratifs, ni citer devant eux les administrateurs à raison de leur fonction ».

[3] Laubadère, Vénézia et Gaudemet, *Traité de droit administratif*, t. 1, n° 432-2.

L'opposition de ces deux justices est presque caricaturale :

Dans l'esprit :
- dans le contentieux judiciaire, seuls des intérêts privés sont en cause. Le procès est « la chose des parties » et l'idée est à ce point ancrée dans les mentalités qu'elle dissimule – aujourd'hui encore – le fait que le juge civil disposait de pouvoirs importants dans l'administration de la preuve dès 1806. L'air du temps voulait sans doute qu'il ne les utilisât pas.
- dans le contentieux administratif, le Conseil d'État était trop occupé à construire le droit administratif pour se préoccuper vraiment des parties. Ce propos est celui d'un spécialiste du droit public, R. Drago : « La justice administrative est très particulière. Elle est très imprégnée d'un sentiment de sa propre vérité, de telle manière que le requérant, les éléments extérieurs, sont des sortes d'occasions de trancher des problèmes de droit »[4]. Ce « sentiment de sa propre vérité » prend parfois des formes déroutantes. Soucieux d'affirmer l'autonomie conceptuelle du droit administratif, le Conseil d'État refuse d'appliquer le droit privé en tant que tel mais se réfère aux « principes dont s'inspire l'article tant et tant… », formule qui pourrait laisser croire que le droit français, contrairement à une idée fermement ancrée, n'est pas du droit écrit[5].

Dans la conception générale du procès : Le procès civil met aux prises deux particuliers, c'est-à-dire, dans la conception assez abstraite que se faisait le droit privé du XIXe, deux personnes placées dans une situation d'égalité. En revanche, dans le procès administratif, l'administration est toujours défenderesse. A travers un certain nombre de règles techniques (privilège du préalable, privilège de l'exécution d'office) se manifeste la vraie nature de l'organisation politique française : État administratif plus qu'État de droit. L'administration existe, comme intemporelle, et le requérant, personne privée, se trouve dans la position inconfortable du flot qui vient battre le rocher. Il faut de la patience pour que la falaise s'effrite sous le ressac et, à vue d'homme, le phénomène n'est guère perceptible.

Le juge administratif a reçu de l'administrateur juge une position éminente. Le Conseil d'État n'est pas seulement une juridiction et ses fonctions proprement administratives le mettent au sommet des institutions[6]. Le juge administratif a dans le procès un rôle actif qui contraste avec l'idée que le juge civil n'est qu'un arbitre, plutôt d'ailleurs un arbitre de tennis, placé sur une chaise hors du terrain qu'un arbitre de football. La procédure administrative est décrite comme inquisitoire pour souligner le rôle actif du juge, alors que la procédure civile est dite accusatoire. Pour tempérer ce que le propos peut avoir d'excessif, il faut signaler que ces pouvoirs sont exercés par le juge administratif avec toujours plus d'indépendance pour contrebalancer l'inégalité des plaideurs : à situation inégale, traitement inégal.

---

[4] *La parole et l'écrit en droit judiciaire*, XIVe colloque des Instituts d'études judiciaires, p. 151.

[5] Surtout si l'on se rappelle que pendant une grande partie du XIXe siècle, l'idée était admise que tout le droit était dans le Code civil.

[6] Le Conseil d'État est l'héritier du Conseil du Roi.

Dans le recrutement : Les conseillers d'État sortent de l'École nationale d'administration ; les juges judiciaires de l'École nationale de la magistrature. On a voulu, lors de sa création, faire de l'ENM une école aussi prestigieuse que l'ENA. L'idée était mauvaise, car le fonctionnement de la justice civile est trop différent de celui de la justice administrative. En outre, personne n'y a cru...

Dans les règles procédurales applicables : la tendance à l'autonomie, déjà signalée, se manifeste aussi dans ce domaine. Les dispositions du code de procédure civile ne sont pas, en elles-mêmes, applicables[7]. De plus, depuis 1958, la procédure a été soustraite au législateur pour être confiée au pouvoir réglementaire. On assiste alors à ce singulier paradoxe que la conformité des règles de procédure aux principes généraux est contrôlée par le Conseil d'État. Il a pu ainsi décider que la publicité des débats devant les juridictions judiciaires était un principe général du droit[8] et censurer les atteintes qu'y avait portées le pouvoir réglementaire alors même que la règle de publicité était loin d'être d'application générale devant les juridictions administratives : « *what is sauce for the english goose is not sauce for the foreign gander...* »[9].

Dans l'exécution des jugements : les règles d'exécution des jugements témoignent de cet « État administratif » que j'ai évoqué. On peut, certes, condamner l'administration mais l'exécution des jugements, si elle n'est volontaire, a toujours été problématique et très largement dépendante sinon de la seule personne condamnée, de la bonne volonté de l'administration en général. Le juge administratif s'interdit toute injonction à l'administration alors que le juge civil admet largement l'exécution en nature.

*

Tel est le constat, du moins celui que l'on pouvait faire, il y a, mettons, 25 ans. Deux justices coexistent, l'une côté cour, l'autre côté jardin, qui fonctionnent à leur rythme en fonction de leurs convictions profondes[10]. Ces oppositions permettent de mesurer quel a pu être le rapprochement des deux ordres de juridictions.

Dans ce rapprochement, la Convention européenne de sauvegarde des droits de l'homme joue un rôle important. La notion de *procès équitable* transcende évidemment notre dualité interne et les principes substantiels qui en découlent s'appliquent indifféremment au juge administratif et au juge civil. Mais, parce que ces principes sont communs à tous, que la condamnation d'un État sonne comme un avertissement pour les autres, on peut ne pas en parler ici.

---

[7] CE 23 mai 1947, *Saudemont*, Rec. 214.

[8] Arrêt *Dame David*, 4 oct. 1974, *D.* 1975, p. 369, note J.-M. Auby, qui regrette que des règles qui relèvent matériellement du droit privé soient soumises au Conseil, ce qui n'est pas sans rapport avec notre sujet.

[9] « *La sauce pour l'oie anglaise ne convient pas au jars étranger* » (Foster, "Some defects in the english rules of conflict of laws", *British yearbook of international law*, 1935, vol. XVI, p. 96).

[10] Pour n'en citer qu'un exemple, on peut prendre celui de la primauté du droit communautaire, reconnue dès 1975 par la Cour de cassation dans l'arrêt *Jacques Vabre* alors que la juridiction administrative attendra 1989 (arrêt *Nicolo*).

Le propos se limitera au droit interne. Il atteste suffisamment du rapprochement qui s'est opéré entre les deux ordres de juridictions par des emprunts réciproques et successifs. Il subsiste certes d'importantes différences et il n'est pas certain que des règles identiques ou voisines recouvrent toujours la même réalité. Mais ce rapprochement existe. Il s'est produit un courant d'échanges dû au fait que toutes les juridictions sont confrontées aux mêmes difficultés, au premier rang desquelles un encombrement chronique. Cet accroissement du nombre de procès, ce « spectre de la société contentieuse » que les États-Unis exporteraient insidieusement chez nous aura certainement été un puissant facteur de réforme. Sans entrer dans tous les détails, ce rapprochement apparaît dans trois domaines : l'organisation judiciaire, la procédure et l'exécution des décisions.

L'organisation judiciaire.

Les juridictions administratives constituent aujourd'hui un ordre de juridictions très semblable à l'ordre judiciaire : juridictions du premier degré (tribunaux administratifs), du second degré (cours administratives d'appel) et, au sommet, le Conseil d'État. Ce dernier conserve, il est vrai, cette irréductible spécificité d'être tout à la fois un juge du premier degré, un juge d'appel et un juge de cassation. Dans une large mesure, cette situation tient au fait que certains procès ont une portée nationale. Elle attire toutefois l'attention sur la manière originale dont l'ordre juridictionnel administratif s'est constitué : depuis 1953, l'organisation administrative s'est constituée par ce qu'il faut bien qualifier de démembrements successifs des attributions du Conseil d'État. En 1953, les tribunaux administratifs deviennent juridictions de droit commun, non sans que le Conseil retienne en premier ressort d'importantes compétences. Il est toujours juge du premier degré, juge d'appel et juge de cassation. En 1987, la loi institue les cours administratives d'appel qui connaissent des appels formés contre les décisions des tribunaux administratifs, portés jusque-là devant le Conseil. Ainsi que le souligne Roland Drago, « le Conseil est et sera essentiellement un juge de cassation »[11].

Cette reconstruction de l'ordre administratif a d'ailleurs rendu nécessaire l'organisation d'un régime d'avancement et de discipline qui, s'il diffère à certains égards de celui que connaissent les juridictions judiciaires, n'en a pas moins des points communs, notamment l'existence d'un Conseil supérieur des tribunaux administratifs et des cours administratives d'appel qui n'est pas sans évoquer le Conseil supérieur de la magistrature.

La nécessité[12] a, dans une large mesure, redessiné le paysage juridictionnel. Désormais, on retrouve, dans les deux ordres de juridictions, cette structure à deux degrés, couronnée par une juridiction unique chargée d'assurer cette uniformité dans l'application du droit qui est une forme de l'égalité des justiciables. Faut-il s'étonner que les deux juridictions, Conseil d'État et Cour de cassation, confrontées à des difficultés analogues, soient dotées de pouvoirs assez voisins ? La loi du 31 décembre 1987, pour permettre au Conseil de remplir

---

[11] R Drago, Un nouveau juge administratif », *Écrits en hommage à Jean Foyer*, p. 451.

[12] Malgré la réforme de 1953, le Conseil d'État est demeuré très encombré (v. J. Waline, *Mélanges en l'honneur de J.-M. Auby*).

plus efficacement sa mission, a institué une procédure de demande d'avis qui permet aux tribunaux et aux cours de l'interroger sur « une question de droit nouvelle, présentant une difficulté sérieuse et se posant dans de nombreux litiges ». Ainsi, même délesté d'une part de ses attributions, le Conseil voit sa primauté affirmée puisqu'il lui revient de « tuer dans l'œuf » des contestations vaines ou dilatoires. Quelques années plus tard, cette procédure de demande d'avis a été introduite devant la Cour de cassation (loi du 15 mai 1991). Certainement pour les raisons que l'on a dites, mais aussi, me semble-t-il, pour lui donner des armes supplémentaires dans son office d'interprétation des lois. En France, l'administration active interprète le droit à travers circulaires et instructions. Cette interprétation administrative, que la Cour de cassation a toujours tenue pour dépourvue de valeur juridique, a cependant une manière d'autorité de fait. Contemporaine de l'entrée en vigueur des textes nouveaux, elle s'impose aux fonctionnaires et, par sa seule existence, exerce une influence non négligeable sur la pratique et même sur les tribunaux. La procédure d'avis permet, dans une certaine mesure, à la Cour de cassation de se ressaisir de l'interprétation.

Dernière preuve, s'il en était besoin, de l'identité des problèmes rencontrés par ces deux juridictions suprêmes : elles ont à faire face à un véritable déferlement de recours sans disposer des moyens de les contenir. Pour y remédier, on peut songer à accroître le personnel des juridictions[13]. Le remède n'est pas sans inconvénient. Plus nombreux sont les magistrats, plus grands les risques de décisions contradictoires, ce qui serait un effet singulièrement pervers pour des juridictions chargées de l'unification du droit. En 1987, le Conseil d'État a été doté d'une formation chargée de filtrer les recours, en rejetant rapidement les pourvois irrecevables ou fondé sur des moyens dépourvus de sérieux. Les mêmes causes produisant les mêmes effets, la Cour de cassation a souhaité qu'une telle procédure lui soit étendue. Après quelques tentatives avortées pour des raisons que l'on peine à comprendre, la loi du 25 juin 2001 lui a donné satisfaction.

La procédure.
Que les procédures civile et administrative se soient rapprochées n'est sans doute pas tellement étonnant. La justice est un service public. Elle est en butte aux mêmes difficultés matérielles au premier rang desquelles, nous l'avons dit, il faut placer l'accroissement considérable du contentieux.

L'idée que la justice est un service public explique les emprunts que la procédure civile a fait à la procédure administrative pour la conduite du procès et, spécialement, l'instruction des affaires. Alors que le juge administratif était, depuis toujours, un juge actif, le juge civil, parce qu'un procès sur des droits privés était considéré comme la chose des parties, se trouvait fort démuni face aux avocats. Aussi, lorsque par touches successives, les pouvoirs du juge furent renforcés pour assurer une meilleure maîtrise du déroulement de l'instance, on évoqua l'ombre portée de la procédure administrative[14]. Le jeu d'influence était subtil. Il est décrit par Motulsky à propos d'une institution que la procédure

---

[13] O. Gohin, *Contentieux administratif.*
[14] Solus et Perrot, *Procédure de première instance*, t. 3, n° 348.

administrative devait emprunter à la procédure civile : l'ordonnance de clôture de l'instruction, à partir de laquelle les parties ne peuvent plus déposer de pièces ou de conclusions : « L'ordonnance de clôture trouve son origine dans les textes élaborés pour la procédure civile en Tunisie et au Maroc. L'organisation de l'instance s'était réalisée, dans les deux pays, sous une forte influence de la procédure administrative française, caractérisée, depuis la loi du 22 juillet 1889 sur les conseils de préfecture, par la large initiative laissée au juge ; et les doléances relatives à la procédure civile en France ne manquaient pas de s'accompagner d'un rappel des avantages inhérents à l'accroissement des pouvoirs du juge tel qu'il résultait des dispositions en cause. (…) Par un curieux retour des choses, les innovations de la réforme du 13 octobre 1965 apparaissent, aux yeux de certains magistrats administratifs, comme susceptibles d'être transposés dans leur domaine »[15]. La création de la procédure de mise en état devant le tribunal de grande instance et devant la cour d'appel venait rappeler clairement que si le procès demeurait la chose des parties, elles n'étaient cependant pas maîtresses de son déroulement.

Cependant, si cette réforme favorisait une meilleure gestion du procès, elle n'était pas de nature à endiguer le flot montant des demandes. Aussi assiste-t-on depuis quelques années à une évolution parallèle des deux procédures pour s'adapter à une justice de masse, face à des justiciables qui, légitimement, attendent une décision rapide.

Dans cet ordre d'idées, le développement, voire l'hypertrophie de la procédure de référé est symptomatique. Non seulement le référé, création de la pratique judiciaire, s'est installé dans la procédure administrative, mais il s'y est aussi diversifié de la même manière, chaque référé devenant une sorte de procédure autonome, soumise à ses propres conditions. Alors qu'à sa création, le référé n'était qu'une procédure d'urgence débouchant sur une décision, certes efficace, mais dotée d'une autorité diminuée, il tend à devenir l'éclaireur avancé des procès en même temps qu'une procédure simplifiée permettant d'évacuer rapidement des affaires dont la solution est évidente. Bien souvent, la décision de référé, rapidement obtenue, mettra fin définitivement au litige.

Il est d'ailleurs possible que cette extension du référé dans les deux ordres juridictionnels finisse par créer des conflits entre eux. Une loi du 30 juin 2000, entièrement consacrée au référé administratif, a créé un référé-liberté, destiné à permettre la sauvegarde des libertés fondamentales méconnues par une personne morale publique. Or, les juridictions judiciaires sont traditionnellement gardiennes des libertés individuelles ; elles ont vocation à intervenir toutes les fois que l'on se trouve en présence d'une voie de fait, c'est-à-dire d'un acte manifestement insusceptible de se rattacher à une prérogative de l'administration. La frontière risque d'être délicate à tracer, comme le montre une récente ordonnance du Conseil d'État[16], d'autant que certains commentateurs soulignent que ce nouveau

[15] *Écrits. Études et notes de procédure civile*, p. 150, n° 34. Cette ordonnance de clôture a ensuite été introduite devant les tribunaux administratifs

[16] CE 24 fév. 2001, *D.* 2001, p. 1748, note Ghévontian. La demande avait été formée par un candidat à la mairie de Paris qui se plaignait qu'une chaîne *privée* de télévision ait organisé un débat dont il était exclu alors qu'il était maire sortant. La compétence du Conseil d'État semble un peu artificielle

référé permettra de mettre fin « aux dévoiements de la pratique judiciaire » qui admettait trop facilement l'existence d'une voie de fait[17]. Quoi qu'il en soit, le référé constitue aujourd'hui la procédure juridictionnelle de référence pour soulager les juridictions. Mais, on assiste aussi au développement des modes alternatifs de règlement des conflits, censés détourner les litiges en amont. Il n'est pas certain que les rapports de droit public, assez empreints d'ordre public s'y prêtent aisément. Mais le phénomène est, en soi, notable s'il ne se réduit pas seulement à une mode.

D'autres rapprochements peuvent être évoqués, certains mineurs, d'autres plus importants. Un décret de 1976 a étendu aux juridictions administratives les dispositions de l'article 700 du nouveau Code de procédure civile qui permettent au juge de laisser à la charge de la partie perdante tout ou partie des frais supportés par son adversaire. Le juge unique, de plus en plus fréquent devant les juridictions judiciaires[18] en raison du manque de juges, apparaît devant les juridictions administratives en dépit d'une tradition bien établie de collégialité[19]. Pour terminer, il faut évoquer la question des voies de recours. Traditionnellement, l'appel[20] suspendait l'exécution dans la procédure civile, alors qu'il était dépourvu d'effet suspensif dans le contentieux administratif[21]. Ces principes demeurent, mais les exceptions qui, de part et d'autre, leur sont apportées contribuent sinon à uniformiser, tout au moins à rapprocher les deux contentieux. En droit judiciaire privé, le développement de l'exécution provisoire, qui permet l'exécution de la décision malgré l'appel vide en partie le principe de l'effet suspensif de sa substance. Dans le contentieux administratif, c'est au contraire la possibilité de demander le sursis à l'exécution du jugement qui altère le principe[22]. Un rapport établi par M. J-M. Coulon a d'ailleurs suggéré l'abandon de l'effet suspensif de l'appel, tempéré par l'introduction du sursis à l'exécution, ce qui eût aligné les solutions dans les deux contentieux[23].

L'exécution de la décision.

L'exécution des décisions a été modernisée aussi bien en droit privé qu'en droit public, pour des raisons très différentes. En droit privé, la loi était trop ancienne (1806 pour les textes, mais, au-delà, la substance en remontait, pour une grande partie, à l'ordonnance de Colbert sur la procédure civile qui datait de 1667). En

---

puisque le requérant lui demandait de faire injonction au Conseil supérieur de l'audiovisuel (personne publique) …de faire injonction à la chaîne privée de respecter l'égalité de traitement.

[17] R. Vandermeeren, « La réforme des procédures d'urgence devant le juge administratif », Actualité juridique, *Droit administratif*, 2001, p. 706.

[18] Avançons ici une proposition sulfureuse : pourquoi ne pas recourir au juge unique en appel plutôt qu'en première instance s'il est vrai, ainsi que le répètent à l'envi les ouvrages de procédure, que le procès en appel bénéficie de la décantation que constitue le premier degré de juridiction ?

[19] Loi du 8 févr. 1995.

[20] On n'évoquera pas ici les autres voies de recours. Soit elles sont dépourvues d'effet suspensif (pourvoi en cassation), soit la possibilité d'y recourir a été considérablement restreinte dans les textes (l'opposition, par exemple, dotée d'un effet suspensif dans la procédure civile).

[21] Solution logique puisque l'exécution des actes administratifs n'est pas normalement suspendue par l'introduction d'une demande en justice.

[22] En même temps d'ailleurs que la possibilité d'un sursis à l'exécution des *actes* administratifs se développe.

[23] *Réflexions et propositions sur la procédure civile*, Rapport au Garde des Sceaux, Doc. fr., 1997.

droit public, la situation était très différente. Les juridictions administratives étaient trop préoccupées de dire le droit administratif pour s'intéresser à l'exécution de leurs décisions. Qu'une décision contienne un ordre à l'adresse de l'administration active apparaissait en outre comme une immixtion dans son activité. Si le droit privé a toujours admis, au moins lorsqu'elle était praticable, l'exécution forcée contre la partie perdante, l'exécution forcée contre l'administration a été longtemps exclue. Non pas seulement l'exécution dans les formes du droit privé, incompatible avec le statut des biens des personnes morales publiques, mais l'exécution forcée dans son principe même.

L'évolution montre un décalage très marqué entre les deux ordres de juridictions. Les juges civils ont inventé de nouvelles techniques pour assurer l'exécution des obligations, notamment des obligations de faire. La jurisprudence a créé, sans aucun soutien textuel, l'astreinte dont la fortune sera considérable : le débiteur qui ne s'exécute pas doit payer une somme d'argent dont le montant sera à la mesure du retard. Rattachée d'abord aux dommages-intérêts dont elle constitue une forme particulière, l'astreinte en deviendra ensuite indépendante. Elle n'a pas pour objet de réparer le préjudice causé par l'inexécution mais d'assurer le respect de l'ordre du juge, se rapprochant ainsi du *contempt of court*. Le droit de l'exécution sera réformé en 1991, en partie pour en renforcer l'efficacité.

Pendant ce temps, le droit public tente de concilier la nécessité d'assurer l'exécution des décisions condamnant l'administration avec celle de respecter les prérogatives de l'administration active. On introduit une procédure d'aide à l'exécution devant le Conseil d'État, qui sera progressivement étendue ; le Conseil d'État sanctionne la méconnaissance de la chose jugée en annulant les actes qui ne respectent pas les décisions rendues ; en 1973, le médiateur de la République se voit accorder le droit de rendre des injonctions à l'encontre de l'administration. Nul doute que les liens étroits entre le Conseil d'État et l'administration active permettent souvent de résoudre les difficultés d'exécution. Mais, au bout du compte, une inexécution persistante ne rencontre guère que des sanctions morales : le Médiateur peut en faire état dans son rapport annuel ; les condamnations à dommages-intérêts stigmatisent le comportement du perdant, mais il n'est pas possible de le faire payer.

La révolution vient avec la loi du 16 juillet 1980. Même timide, elle introduit pour la première fois des procédés de coercition à l'encontre de l'administration : astreintes, utilisées par le Conseil d'État de façon parcimonieuse, et, surtout, l'obligation, passé un certain délai, de payer la dette ou de l'inscrire au budget sous peine de sanctions financières contre le fonctionnaire à qui incombe cette démarche. La loi du 8 février 1995 a complété la panoplie en généralisant l'usage de l'astreinte et en permettant, dans certains cas, de faire injonction à l'administration d'agir, éventuellement sous la menace d'une astreinte, au lieu de la laisser face à la chose jugée.

Sans doute l'exécution demeure-t-elle profondément différente en droit privé et en droit public. En droit privé, on frappe les biens du débiteur ce qui ne va pas de soi en droit public. Un point mérite pourtant d'être souligné qui traduit une communauté d'inspiration : l'exécution forcée ne réside plus tellement dans l'exercice pur et dur de la contrainte, si tant est que cela ait jamais été le cas[24], mais dans l'utilisation intelligente du droit substantiel. Ainsi, la saisie-attribution qui porte des créances de sommes d'argent constitue fondamentalement une cession de créances dans laquelle l'ordre de la loi tient lieu de consentement du cédant ; il en va de même de l'ordonnancement d'office ou de l'inscription d'office au budget, prévus par la loi du 16 juillet 1980.

*

Telles sont les remarques qu'un privatiste – ce qui relativise certainement le propos – peut faire sur les rapports du droit public et du droit privé dans le domaine du droit processuel. Incontestablement, les deux ordres de juridiction se sont rapprochés. L'ordre juridictionnel administratif, glorieuse exception française, poursuit sa lente séparation de l'administration active. Et, si chacun reconnaît que la qualité première du Conseil d'État a toujours été une indépendance parfois ombrageuse qui tenait à la qualité de ses membres, il n'est pas interdit de constater qu'il s'y ajoute aujourd'hui une indépendance en quelque sorte structurelle.

Même si, ça et là, des voix se font entendre qui suggèrent une réunification des deux moitiés de la juridiction, comme s'il s'agissait de réunir ces moitiés d'être qu'évoque Platon dans *le Banquet*, l'existence de deux ordres de juridictions n'est sans doute pas près de prendre fin. Mais, le mimétisme est bien réel. Le paradoxe serait que cette évolution facilite une réunification qu'elle avait peut-être pour but de conjurer. Car, plus les ordres juridictionnels se ressemblent, plus la dualité devient artificielle.

---

[24] La pratique montre que les mesures perçues comme les plus coercitives (saisie de meubles chez le débiteur, saisie immobilière) fonctionnent comme des procédés de pression qui débouchent très souvent sur des paiements volontaires.

4

LA DISTINCTION DU DROIT PUBLIC ET DU DROIT PRIVÉ DANS LE DROIT ÉCONOMIQUE

Didier Truchet

Il faudrait en commençant définir le droit économique. Il n'en existe aucune définition officielle en France. La doctrine en a peu proposé et les auteurs qui l'ont tenté n'ont pas pu imposer leur vision.

La tâche est trop redoutable pour que je l'entreprenne ici. Je me bornerai à voir dans le droit économique le droit du marché : j'y fais donc entrer l'ensemble des règles qui établissent l'existence d'un marché (ou à l'inverse excluent son existence), en déterminent l'accès et le fonctionnement (sa « régulation »), régissent les relations qui s'établissent entre les acteurs (ou les « opérateurs »), et, bien entendu, sanctionnent les unes et les autres.

Le point essentiel est que le droit économique s'inscrit dans le dualisme juridique fondamental qui détermine l'architecture du droit français : il ne constitue pas un corps de règles qui aurait une existence propre aux côtés du droit privé et du droit public. Parallèlement, le contentieux économique est tributaire du dualisme juridictionnel : en l'absence (heureuse à mes yeux) d'un ordre de juridiction économique, il est tranché, selon les cas, par les juridictions judiciaires ou les juridictions administratives.

On pourrait estimer que la part d'artifice qui écartèle le droit économique entre les deux branches du droit, et, plus encore, les litiges économiques entre nos deux ordres de juridiction révèle les limites de ce double dualisme et suggère qu'il serait partiellement inadapté aux besoins d'une société moderne. Il n'en reste pas moins que le dualisme existe, s'impose comme une donnée essentielle : il traverse donc le droit économique (I).

Mais ce dernier ne le laisse pas intact ! Il y a dans le droit économique une unité que la force actuelle du marché et la relative faiblesse de l'État rendent plus apparente que naguère : elle s'impose, dans une certaine mesure, au dualisme. Droit privé et droit public ne peuvent ignorer qu'ils traitent, de la même matière, dont les sources et les règles les irriguent tous deux, même si leur « philosophie », leurs objectifs et leurs procédés demeurent différents : le droit économique transcende le dualisme (II).

I. – LE DUALISME JURIDIQUE TRAVERSE LE DROIT ÉCONOMIQUE

Quoique pensent parfois les entreprises (et souvent leurs avocats), il faut répartir le droit économique entre le droit privé et le droit public. Il y a vingt ans, j'ai suggéré de distinguer le « droit économique privé » et le « droit économique public » pour souligner que la donnée fondamentale était le caractère économique des relations juridiques en cause : ce jeu de mots n'a convaincu personne ; en s'imposant, les expressions « droit privé de l'économie » (ou droit des affaires) et « droit public de l'économie » ont montré la vigueur du dualisme.

Reste à le faire fonctionner ! Il me semble que l'on s'oriente vers une clé de répartition qui repose sur une distinction des activités de prestation et des activités de réglementation. Apparaît ainsi un principe de séparation des opérateurs et des régulateurs, qui, toutes proportions gardées, serait au droit économique ce que le principe de séparation des pouvoirs est au droit constitutionnel et le principe de séparation des ordonnateurs et des comptables au droit financier.

A. – LE DROIT PRIVÉ, DROIT DE L'OPÉRATEUR ÉCONOMIQUE

Que le droit privé soit le droit de l'opérateur privé semble évident ; qu'il soit aussi celui de l'opérateur public peut en revanche surprendre.

1. – LE DROIT PRIVÉ, DROIT DE L'OPÉRATEUR PRIVÉ

Il est inutile de développer ce point, tant il va de soi. Le droit privé s'applique aux entreprises privées, ainsi qu'aux relations qu'elles nouent entre elles ou avec leurs actionnaires, leurs employés, les consommateurs, voire avec des tiers auxquels elles causeraient quelque dommage : le droit commercial – ou son avatar moderne, le droit des affaires – le droit du travail, le droit de la consommation, le droit civil relèvent du droit privé. La Cour de cassation, en ses différentes chambres, en est la juridiction suprême.

Tout justifie qu'il en soit ainsi : la logique organique (les relations se nouent entre personnes privées), instrumentale (sauf avec les tiers, les relations sont contractuelles), matérielle (les rapports reposent sur un principe de liberté et d'autonomie de la volonté), fonctionnelle (chacun y cherche son propre intérêt)…

Il va de soi que la libéralisation des échanges et la déréglementation des marchés vont dans le même sens : la disparition quasi-totale du contrôle des prix, la très forte érosion du contrôle administratif des licenciements, par exemple, ont rendu au droit privé un empire presqu'absolu en ces domaines.

2. – LE DROIT PRIVÉ, DROIT DE L'OPÉRATEUR PUBLIC

Que le droit privé soit aussi le droit de l'opérateur public apparaît moins évident. Aussi faut-il s'y attarder un peu.

Lorsqu'une personne publique offre des prestations sur un marché, qu'elle se comporte donc comme une entreprise, c'est en principe au droit privé qu'elle est soumise. Au moins implicitement, on considère en effet que le droit privé est le « droit naturel », « commun », des prestations économiques.

Cela n'a rien de récent ! Un très célèbre arrêt du Tribunal des conflits[1] a jugé qu'une personne publique (il s'agissait de la Colonie de Côte d'Ivoire) qui offrait moyennant rémunération un service de bac pour traverser une lagune, le faisait en l'espèce « dans les mêmes conditions qu'un *industriel ordinaire* » ; dès lors, cette exploitation était soumise au droit (privé) et au juge (judiciaire) de l'industriel ordinaire. Bien qu'elle ait été absente de l'arrêt, celui-ci a donné naissance à la théorie du service public industriel et commercial. Une évolution lente et difficile a conduit le fonctionnement de ce service à une soumission très large au droit privé et à un « bloc » (comme on dit) de compétence judiciaire : il y a fallu certes quarante ans (le juge administratif ne s'est pas facilement laissé convaincre !), mais la chose n'est plus contestée depuis quarante nouvelles années.

La notion de concurrence était absente de l'arrêt : et pour cause, puisque le bac d'Eloka était seul sur son marché. Elle est en revanche l'un des objets de l'ordonnance du 1er décembre 1986 relative à la liberté des prix et de la concurrence (le texte le plus important du droit économique français contemporain). Son article 53 a été codifié dans l'article L 410-1 du nouveau Code de commerce : « Les règles définies au présent livre [il s'agit du Livre IV : « de la liberté des prix et de la concurrence »] s'appliquent à toutes les activités de production, de distribution et de services, *y compris celles qui sont le fait des personnes publiques*, notamment dans le cadre des conventions de délégation de service public ». Je vois dans cette formule une expression caractéristique de la logique de l'industriel ordinaire et sa confirmation législative.

Il s'en faut de beaucoup que cette logique ait produit tous ses effets ; elle connaît nombre d'exceptions, liées notamment à la personnalité morale de droit public de l'opérateur, à la domanialité publique de ses biens, au caractère administratif des service publics qu'elle gère, limites et exceptions qu'il n'est pas possible de décrire dans les limites du présent article. Mais je ne raisonne ici qu'en tendance.

Or, appuyée sur le réalisme du marché et le souci d'une concurrence équitable, la tendance à la soumission des opérateurs publics aux mêmes règles que les opérateurs privés est forte. Elle s'exprime notamment en droit fiscal : par exemple, l'article 1654 du Code général des impôts dispose que « les établissements publics, les exploitations ou commerciales de l'État ou des collectivités locales [...] doivent – sous réserves des articles [...] – acquitter *dans les conditions de droit commun, les impôts et taxes de toute nature auxquels seraient assujetties des entreprises privées effectuant les mêmes opérations* ». Même incomplètement cité, même assorti de réserves nombreuses, ce texte est une belle illustration de la logique de l'industriel ordinaire.

Celle-ci inspire de plus en plus la jurisprudence récente : ainsi de l'affirmation par le Conseil d'État que – comme les personnes privées – les personnes publiques

[1] TC 22 janv. 1921, *Société commerciale de l'Ouest africain*, plus connu sous le nom d'*arrêt du bac d'Eloka*.

ont un droit de propriété intellectuelle sur les informations qu'elles produisent[2] ; ou de la compétence reconnue par le Tribunal des conflits au juge judiciaire pour apprécier la responsabilité d'une personne publique, poursuivie en tant que dirigeant de droit d'une entreprise en difficulté, envers les créanciers de celle-ci[3], du moins lorsque l'entreprise ne gère pas un service public administratif[4]. Cet exemple est cohérent avec la tendance que j'ai présentée ; mais il montre aussi la complexité des solutions auxquelles elle peut conduire, surtout si on le compare avec la situation (inverse : droit et juge administratifs) qui s'applique à la personne publique poursuivie comme dirigeant de fait (v. le point 1 suivant). On comprend que les praticiens du droit et les acteurs du marché en soient déconcertés !

On peut donc soutenir que l'opérateur public, lorsqu'il se comporte comme un industriel ordinaire (comme un opérateur privé), doit en principe être soumis aux mêmes règles que ce dernier, c'est à dire au droit privé. Mais les exceptions à ce principe sont nombreuses en faveur du droit public, ce qui d'ailleurs rend la répartition particulièrement complexe et mouvante en pratique.

B. – Le droit public, droit de la régulation publique

L'organisation du marché, sa « régulation », relève en principe du droit public (et son contentieux, du juge administratif), en tant qu'elle met en œuvre la puissance publique. Mais l'application de ce principe ne va pas, aujourd'hui, sans hésitation, ni contradiction.

1. – L'exercice de la puissance publique

L'intervention des pouvoirs publics pour ouvrir ou fermer un marché, l'organiser, notamment en habilitant ou en aidant les opérateurs, veiller à sa discipline, etc. relève logiquement du droit public : elle poursuit en effet des fins d'intérêt général que ne viseraient pas spontanément des entreprises. Elle s'exprime par des procédés de puissance publique, peu important alors qu'ils émanent de personnes publiques ou de personnes privées auxquelles les premières ont attribué les prérogatives nécessaires.

Le Conseil constitutionnel a souligné le poids particulier de la puissance publique comme clé de répartition du dualisme juridictionnel, et il l'a précisément fait à propos du droit économique, dans sa décision dite *Conseil de la concurrence* du 23 janvier 1987 : « conformément à la conception française de la séparation des pouvoirs, figure au nombre des « principes fondamentaux reconnus par les lois de la République », celui selon lequel, à l'exception des matières réservées par nature à l'autorité judiciaire, relève en dernier ressort de la compétence de la juridiction administrative, l'annulation ou la réformation des décisions prises, dans l'exercice des prérogatives de puissance publique par les autorités exerçant le pouvoir exécutif, leurs agents, les collectivités territoriales

---

[2] CE 10 juill. 1996, *Société Direct Mail Production*.
[3] TC 2 juill. 1984, *Préfet du Loiret*.
[4] TC 15 nov. 1999, *Département de la Dordogne*.

de la République ou les organismes publics placés sous leur autorité ou leur contrôle ». Longue, surprenante à certains égards, la phrase n'en est pas moins parfaitement claire sur l'existence et la portée du principe.

Celui-ci est très largement appliqué : ainsi, les actes réglementaires relatifs au marché sont régis par le droit public. Il en va de même des multiples autorisations qui demeurent pour l'accès à un marché, que ces autorisations soient délivrées par une autorité administrative indépendante spécialement chargée de sa régulation, ou par toute autre autorité administrative ; ou encore des décisions ministérielles prises au titre de la concentration des entreprises ; ou, normalement, des sanctions infligées aux opérateurs, mais ici apparaissent des exceptions qui seront étudiées au point 2 ci-dessous.

Deux exemples assez complexes montreront plus précisément comment agit le principe : lorsque l'État aide une entreprise en difficulté, dont il n'est pas l'actionnaire, il le fait non comme un industriel ordinaire (une banque, par exemple), mais au nom de l'intérêt général et en vertu de ses prérogatives de puissance publique ; si cette aide va jusqu'à faire de lui un « dirigeant de fait » de l'entreprise, c'est selon les règles du droit public que le juge administratif examinera la régularité et les conséquences de son action[5]. On voit la différence avec le cas, évoqué plus haut, de la personne publique prise en tant que dirigeant de droit d'une entreprise.

L'autre exemple est plus troublant sans doute, mais pas moins cohérent avec le rôle central de la puissance publique pour répartir le droit économique entre le droit privé et le droit public : l'Association française de normalisation (AFNOR) est, comme son nom l'indique, une personne privée chargée par l'État de la normalisation des produits, qui remplit une mission de service public. Lorsqu'elle adopte une norme homologuée et rendue obligatoire par le ministre, elle agit en vertu des prérogatives de puissance publique qu'elle a reçues, et donc selon les règles du droit public. En revanche, lorsqu'elle adoptait, spontanément, une norme simplement enregistrée par elle, elle ne mettait pas en œuvre ces prérogatives et agissait en dehors du service public : dès lors la norme relevait du droit privé et les litiges qu'elle suscitait devaient être tranchés par le juge judiciaire. C'est ce qu'a jugé le Conseil d'État dans un arrêt *société Textron* du 17 février 1992.

2. – HÉSITATIONS ET CONTRADICTIONS

Si le principe qui vient d'être présenté est incontestable, sa mise en œuvre ne va pas sans quelques difficultés ou exceptions. Elles montrent combien le partage du droit économique entre le droit privé et le droit public peut susciter de trouble dans le droit français actuel.

Hésitations : la jurisprudence éprouve beaucoup de mal à appliquer la distinction opérateur/régulateur en présence des actes d'organisation des services publics et d'utilisation du domaine public. Lorsqu'elle choisit un opérateur, la personne publique exerce-t-elle une activité de régulation en mettant en œuvre la

---

[5] TC 23 janv. 1989, *Préfet de la Loire*.

puissance publique ou une activité de prestation destinée à la meilleure exploitation économique d'une de ses activités ou d'un de ses biens ? Agit-elle comme un administration ou comme un entreprise ? Il faut bien avouer qu'aucune réponse claire ne s'est encore imposée et qu'il est très difficile de trancher.

Parmi d'autres, un arrêt du Tribunal des conflits en date du 18 octobre 1999, *Préfet de la région Ile de France*, a suscité des commentaires très vifs : les décisions d'Aéroport de Paris (lequel est un établissement public, donc une personne publique) de regrouper à Orly-Ouest les activités d'Air France et de refuser à TAT European Airlines d'y ouvrir de nouvelles lignes, « se rattachent à la gestion du domaine public et constituent l'usage de prérogatives de puissance publique » : c'est donc au juge administratif, appliquant le droit public, d'en connaître. Le Tribunal des conflits a manifestement vu Aéroport de Paris comme exerçant une activité de régulation ; mais, dans la même affaire, le Conseil de la concurrence avait auparavant prononcé des sanctions pour entente illicite contre Aéroport de Paris et contre Air France, les considérant donc comme des opérateurs !

Contradictions : en 1987, le législateur a transféré le contentieux des décisions du Conseil de la concurrence à la Cour d'appel de Paris (et, par la même, à la Cour de cassation en dernier ressort), c'est à dire à la juridiction judiciaire. Le Conseil constitutionnel a admis cette exception au principe sus-évoqué en considérant qu'elle répondait à l'intérêt d'une bonne administration de la justice : unifier le contentieux de la concurrence (déloyale ou illicite).

D'autres lois, par la suite, ont fait de même avec une partie des décision individuelles de la Commission des opérations de bourse, de l'Autorité de régulation des télécommunications, de la Commission de régulation de l'électricité, du Conseil supérieur de l'audiovisuel. Le nombre des décisions concernées n'est pas considérable, mais ces transferts, spectaculaires, ont une grande importance symbolique, d'autant plus qu'ils portent tous sur le droit économique : en cette matière, ils déplacent la frontière du dualisme juridictionnel – et donc du dualisme juridique – au profit du juge judiciaire – et donc du droit privé.

Nos amis anglais doivent savoir que la grande majorité des juristes français approuve ces transferts. En les critiquant, je ne représente donc qu'une opinion minoritaire. Outre qu'ils sont complexes et délicats à appliquer (comme en témoigne le nombre de cas où il a fallu saisir le Tribunal des conflits pour y voir clair !), ils me semblent profondément illogiques. Ils contredisent en effet la grande distinction régulateur/opérateur autour de laquelle tente de s'ordonner le dualisme en matière économique. Les décisions des autorités de régulation dont le contentieux a été transféré à la Cour d'appel de Paris, sont en effet des décisions de régulation, unilatérales, et prises au nom de l'État en vertu de ses prérogatives de puissance publique. Elles auraient dues, à mon avis, rester dans l'orbite du droit et du juge administratifs.

II. – LE DROIT ÉCONOMIQUE TRANSCENDE LE DUALISME JURIDIQUE

Matière commune aux deux droits, le droit économique impose dans une certaine mesure ses orientations au droit privé et au droit public et dépasse ainsi le dualisme. L'un et l'autre se l'approprient, chacun avec son génie propre. Ce phénomène tient à la nouvelle architecture qui apparaît dans les sources du droit français. Il autorise l'hypothèse de règles de droit commun, qui seraient les mêmes dans les deux droits.

A. – LA NOUVELLE ARCHITECTURE DES SOURCES DU DROIT FRANÇAIS

Le changement de structure qui affecte ses sources, concerne tout le droit français. Mais il est exacerbé en droit économique par le jeu du droit de la concurrence.

1. – UNE ÉVOLUTION GÉNÉRALE

Comme dans bien d'autres pays européens sans doute, les sources du droit français s'enrichissent depuis une trentaine d'années d'une manière qui amoindrit la substance du dualisme juridique.

Celui-ci s'est historiquement affirmé avec un appareil de sources nationales assez rudimentaire : lois, actes réglementaires, jurisprudence. En pratique, il n'était pas difficile de discerner des lois et des règlements « de droit privé » (destinés à régir les rapports entre personnes privées) et d'autres « de droit public » (en ce sans qu'ils concernaient les relations entre personnes publiques ou entre celles-ci et les personnes privées).

Ce n'est plus aussi simple aujourd'hui. De nouvelles sources sont devenues effectives. Elles ont trois caractéristiques : d'une part, elles irriguent le droit français de normes supérieures à la loi qui s'imposent au législateur et à l'Administration, comme aux deux ordres de juridiction ; d'autre part, elles sont indifférentes au dualisme juridique ; enfin leur respect est assuré par des juridictions, constitutionnelle, européennes, internationales qui échappent à notre dualisme juridictionnel, et même le dominent.

Je songe bien sûr au droit constitutionnel, c'est à dire, non seulement au texte de la constitution, mais à toutes les règles substantielles que le Conseil constitutionnel a rangées dans la « sphère de constitutionnalité » ; nombre d'entre elles sont des principes fondamentaux du droit économique. Je songe encore – voire surtout dans notre matière – au proliférant droit communautaire, et aussi à la Convention européenne des droits de l'homme.

Et l'on pourrait ajouter, en matière économique, les règles et procédures de l'Organisation mondiale du commerce, ou, en dehors d'elle, l'émergence du droit pénal international.

2. – *UNE ÉVOLUTION ACCENTUÉE PAR LE DROIT DE LA CONCURRENCE*

Cette évolution générale du droit français est d'autant plus sensible en droit économique que le droit de la concurrence la met particulièrement en lumière.

Il n'est pas excessif d'affirmer que, lors de l'édiction de l'ordonnance de 1986, l'ensemble des juristes français y a vu, au moins implicitement, du droit privé : droit des entreprises, le droit de la concurrence paraissait d'autant plus relever de ce droit que le transfert de 1987 en remettait le contentieux au juge judiciaire, comme on l'a vu. Il ne fait pas de doute que le parlement et le gouvernement de l'époque (orientés à Droite, sous la « première cohabitation »), soucieux de marquer une rupture politique libérale, méfiants, sinon hostiles, envers le service public et l'État lui-même, ne jurant que par l'entreprise privée, ont entendu soustraire le droit de la concurrence au droit public. Et, pendant dix ans, le Conseil d'État lui-même, a refusé de ranger l'ordonnance de 1986 dans sa panoplie.

Il a brusquement changé de cap depuis quelques années. Désormais, il contrôle l'action de l'Administration au regard du droit, tant communautaire que national, de la concurrence. Il faut y insister : ce n'est pas l'action de l'Administration comme opérateur qui est, ici, concernée (on a vu dans la première partie qu'elle a largement échappé au juge administratif), mais bien son action de régulation.

Dans un arrêt très remarqué du 3 novembre 1997, *Société Million et Marais*, il s'est assuré que le contrat par lequel une commune confiait le service des pompes funèbres à une entreprise privée (et à elle seule) ne plaçait pas cette dernière en situation d'abuser de la position dominante qu'il lui conférait. De manière plus significative encore (car il s'agit de police et non plus de service public, de mesure unilatérale et non plus de contrat), il vient de dire[6] : « Dès lors que l'exercice de pouvoirs de police administrative est susceptible d'affecter des activités de production, de distribution ou de services, la circonstance que les mesures de police ont pour objectif la protection de l'ordre public ou, dans certains cas, la sauvegarde des intérêts spécifiques que l'administration a pour mission de protéger ou de garantir n'exonère pas l'autorité investie de ces pouvoirs de police de l'obligation de prendre en compte également la liberté du commerce et de l'industrie et *les règles de concurrence*. Il appartient au juge de l'excès de pouvoir d'apprécier la légalité des mesures de police administrative en recherchant si elles ont été prises compte tenu de l'ensemble de ces objectifs et de ces règles et si elles en ont fait, en les combinant, une exacte application ». La mesure de police en cause dans cette affaire était une réglementation municipale de l'affichage publicitaire.

L'évolution n'est pas achevée. Il est trop tôt pour en mesurer exactement la portée pratique Mais une évidence s'impose : il existe un contentieux administratif de la concurrence, à côté de son contentieux judiciaire. Passant du dualisme juridictionnel au dualisme juridique, on peut légitimement affirmer qu'il y a un droit public de la concurrence à côté du droit privé de la concurrence, ou, plus justement, que le droit de la concurrence n'est ni public, ni

---

[6] CE avis du 22 nov. 2000, *Société L & P Publicité*.

privé, mais commun aux deux. On est très loin du schéma envisagé par les auteurs des textes de 1986-1987 !

B. – Vers un droit économique commun ?

L'hypothèse est la suivante : à l'instar des règles de concurrence, d'autres règles de droit économiques, jadis considérées comme de droit privé, s'étendraient au droit public. J'appuierai cette hypothèse sur deux exemples seulement, mais deux exemples importants : le droit de propriété et la liberté d'entreprendre.

1. – La question du droit de propriété

Le droit français des biens repose historiquement sur une distinction dualiste : ceux des personnes privées et ceux des personnes publiques (eux-mêmes répartis entre deux sous-ensembles, appelés domaine public et domaine privé).

On s'est longtemps interrogé sur la nature du droit que les personnes publiques exercent sur les biens domaniaux, et, en particulier, sur leur domaine public. Il paraissait en tout cas très différent de la propriété que l'article 544 du Code civil définit pour les personnes privées.

Un mouvement les a rapprochés tout au long du XXe siècle. Tandis que la propriété privée perdait le caractère absolu qui était le sien en 1804, le droit des personnes publiques sur leurs biens a progressivement été analysé comme un droit de propriété, différent dans doute de celui de l'article 544, mais véritable.

Le mouvement s'est accéléré depuis quinze ans, et la considération de la valeur économique du domaine public (en lui-même, et comme siège d'activités économiques, d'ailleurs le plus souvent exercées par des entreprises privés) a été déterminante dans cette évolution.

Un pas important a été fait en ce sens par le Conseil constitutionnel, lorsque, saisi d'une loi de privatisation d'entreprises publiques, il a affirmé, les 25 et 26 juin 1986 que le protection du droit de propriété par la Déclaration des Droits de l'homme et du citoyen de 1789 (laquelle est aujourd'hui un texte de droit constitutionnel positif) « ne concerne pas seulement la propriété privée des particuliers, mais aussi, *à un titre égal*, la propriété de l'État et des autres personnes publiques ».

Depuis lors, le législateur est intervenu pour permettre la constitution de droits réels sur le domaine public au profit de personnes privées, dans des conditions, il est vrai, strictement délimitées. Et une tendance doctrinale, attestée par des thèses récentes qui remettant même en cause l'utilité de la domanialité publique, affirment que la propriété administrative est de la même essence que la propriété privée.

Il y aurait ainsi un droit de propriété commun au droit public et au droit privé.

Il est vrai que ce rapprochement ne signifie pas unification pleine et entière, pas encore du moins. En particulier, le domaine public reste protégé par les principes très anciens d'inaliénabilité, d'imprescriptibilité et d'insaisissabilité, qui distinguent radicalement son régime de celui de la propriété privée. La Cour de cassation l'a rappelé : « s'agissant des biens appartenant à des personnes publiques, même exerçant une activité industrielle et commerciale, le principe de l'insaisissabilité de ces biens ne permet pas de recourir aux voies d'exécution du droit privé »[7] ; il est ainsi impossible à une personne privée d'obtenir une saisie-arrêt sur les comptes d'un établissement public pour obtenir le paiement d'une créance qu'elle a sur cet établissement. Quoique reposant sur de solides motifs, cet arrêt a quelque chose d'anachronique au regard des tendances actuelles du droit français ; il n'est pas certain que cette jurisprudence demeure très longtemps en vigueur.

2. – *La question de la liberté d'entreprendre*

On retrouve ici la même tendance au droit commun, et les mêmes résistances que ci-dessus.

La tradition juridique française considère que la liberté d'entreprendre (ou liberté du commerce et d'industrie, si l'on admet que les deux expression désignent la même chose) n'existe que pour les personnes privées : elle interdit aux personnes publiques toute activité industrielle et commerciale. Les deux aspects sont liés dans une vision libérale : c'est pour protéger l'initiative privée contre la concurrence des personnes publiques – concurrence qui serait inévitablement déloyale du fait des prérogatives publiques dont disposent ces dernières – que l'initiative publique est en principe exclue. La prohibition ne cède que devant une carence de l'initiative privée qui ne répond pas de manière satisfaisante à un intérêt public[8].

Telle est toujours la règle, réaffirmée récemment, dans certaines de ses applications, par le législateur et la jurisprudence.

Mais pour combien de temps ? On sent bien qu'une forte pression s'exerce en faveur d'une extension – au moins partielle – de la liberté d'entreprendre au profit des personnes publiques. Nombre d'entre elles (des établissements publics, bien sûr, mais des collectivités territoriales aussi) brûlent manifestement d'aller comme opérateurs sur des marchés concurrentiels.

Le Conseil constitutionnel a créé des conditions favorables à cette évolution dans sa décision du 16 janvier 1982 relative à une loi de nationalisation, en reconnaissant une valeur constitutionnelle à la liberté d'entreprendre : on pourrait dès lors considérer que, commune aux droits privés et public, elle a désormais vocation à s'appliquer, en principe, aux personnes privées et publiques.

En outre, la jurisprudence présentée plus haut montre que le respect des règles de concurrence licite s'impose, non seulement aux opérateurs publics, mais encore à la puissance publique régulatrice. Cette situation nouvelle affecte évidemment la force de l'argument selon lequel seul le cantonnement de l'initiative publique pourrait protéger efficacement l'entreprise privée contre la concurrence déloyale de la puissance publique et sauvegarder le caractère libéral de notre économie.

Dans ces conditions, la « logique de l'industriel ordinaire », prolongée ou inversée, pourrait signifier que l'opérateur public, soumis aux mêmes disciplines que l'opérateur privé, devrait disposer de la même liberté. On ne voit pas en quoi une telle analyse pourrait contredire le droit communautaire.

---

[7] Cass. 21 déc. 1987, *Bureau de recherches géologiques et minières*.
[8] CE 30 mai 1930, *Chambre syndicale du commerce en détail de Nevers*.

On n'en est certes pas là ; rien ne dit que l'on y arrivera, ni qu'il soit souhaitable d'y parvenir. A tout le moins faudrait-il s'assurer que les personnes publiques se consacrent à leurs missions d'intérêt général et disposent des moyens nécessaires pour les remplir ! On peut cependant voir un pas en ce sens dans la jurisprudence la plus récente du Conseil d'État : « aucun principe n'interdit, en raison de sa nature, à une personne publique, de se porter candidate à l'attribution d'un marché public ou d'un contrat de délégation de service publique » et d'entrer à cette occasion en concurrence avec des candidats privés, à condition que soient observées des conditions assurant la loyauté de cette compétition[9].

*

Le bref tableau que j'ai essayé de dresser paraîtra sans doute assez flou. Cette impression me semble fidèle à la réalité d'une matière dont la rapide évolution n'est certainement pas achevée. Toutes les tendances que l'on peut observer sont contredites sur certains points, tous les principes connaissent des exceptions.

Le droit économique, et spécialement le droit de la concurrence, affecte le dualisme juridique français un peu comme un « virus » le fait d'un programme informatique. C'est encore plus vrai pour le dualisme juridictionnel.

Je suis de ceux, peu nombreux dans mon pays, qui pensent que ce dernier présente aujourd'hui plus d'inconvénients que d'avantages pour la France contemporaine et qui croient en revanche à l'utilité du dualisme juridique. Mais l'un et l'autre existent, et pour longtemps encore, selon toute vraisemblance. Le droit économique doit donc s'en accommoder, quitte à en remodeler les contours.

---

[9] CE avis 8 nov. 2000, *Société Jean-Louis Bernard Consultants*.

5

LA DISTINCTION DU DROIT PUBLIC ET DU DROIT PRIVÉ DANS LE DROIT DU TRAVAIL*

Jean-Michel Olivier

« Droit public et droit privé : le point de vue du droit du travail » : tel était l'intitulé premier du sujet.

La formulation change un peu, mais au fond, le sujet est-il différent ? A la réflexion, je ne l'ai pas pensé ; à la réflexion encore, je ne suis pas sûr qu'à m'en tenir à une lecture très (trop) étroite du sujet tel qu'il est ici libellé, il y ait vraiment place pour un exposé.

Si l'on veut bien en effet admettre que le critère de la distinction entre droit public et droit privé est un critère simple tiré de la qualité des personnes[1] – publiques ou privées – et que la distinction, simple « distinction d'ordre », « d'esprit concret et utilitaire », « de portée modeste », qui « tend seulement à mettre de l'ordre parmi les diverses règles » ; qui « puise moins sa force dans des raisons de fond que dans des considérations plus proches des simples commodités administratives que des débats philosophiques »[2], ne revêt pas de caractère idéologique[3], on est conduit à considérer que le droit du travail relève fondamentalement du droit privé. Dès lors, en effet encore que l'on considère qu'appartiennent au droit public les mesures qui régissent l'organisation des pouvoirs publics et les rapports entre les personnes publiques et les personnes

* Le texte n'a été que très partiellement actualisé, sa forme orale été conservée.

[1] V. ci-dessus, O. Beaud. V. aussi, J.-M. Olivier, *Les sources administratives du droit privé*, thèse, Paris II, 1981, p. 61 et s., n° 26 et s. Dans son remarquable article, Charles Eisenmann (« Droit public et droit privé », *RD publ.* 1952, p. 903 et s.) défend avec force ce critère, même si à *vouloir en faire un critère monolithique, il en tire certaines conséquences excessives, voire absurdes.*

[2] Ch. Eisenmann, « Droit public et droit privé », *RD publ.* 1952, p. 903 ; J. Flour, « L'influence du droit public sur le droit privé en France, *Trav. Ass. H. Capitant*, t. II, Dalloz, 1946, p. 184.

[3] Comme on l'a trop souvent soutenu au lendemain de la Libération où était dénoncé l'envahissement du droit privé par le droit public ; « Tout devient droit public » écrivait Ripert (G. Ripert, *Le déclin du droit*, LGDJ, 1949, p. 37, n° 11) ; v. notre thèse, *op. cit.*, p. 65 et s., n° 277 et s. L'opinion est encore parfois défendue, v. récemment, F.-X. Testu, « La distinction du droit public et du droit privé est-elle idéologique ? », *D.* 1998, p. 345.

privées et que ressortissent au droit privé les normes qui régissent les rapports entre personnes privées, le droit du travail – entendu justement comme le droit privé du travail – qui régit les relations tant individuelles que collectives entre des employeurs et des salariés subordonnés, les premiers comme les seconds, personnes privées, appartient assurément au droit privé. « Le droit du travail, renchérit un auteur[4], ressortit indiscutablement au droit privé ».

A vrai dire, si débat il y a eu en doctrine, beaucoup plus que sur l'appartenance du droit du travail au droit privé ou au droit public, c'est sur l'autonomie du droit du travail par rapport à sa matrice civiliste, qu'il s'est cristallisé. Dans les années soixante-dix, cette autonomie a parfois été revendiquée par une partie de la doctrine[5]. Aujourd'hui, le débat est pour l'essentiel clos, en tout cas beaucoup plus serein, et chacun s'accorde à reconnaître que le droit du travail ne peut se suffire à lui-même sans avoir recours aux lumières du droit civil. Comme l'écrivent des auteurs[6], « Quoi qu'il en soit, en droit positif, le droit du travail ne constitue pas une branche autonome, c'est-à-dire un ensemble autosuffisant de règles… On peut tout au plus parler d'un particularisme de la branche ». S'il en fallait une preuve, une étude statistique des arrêts de la Chambre sociale de la Cour de cassation en droit du travail montrerait sans doute, que l'un des textes le plus souvent invoqué, voire « visé » dans les arrêts de censure, est sans doute l'article 1134 du Code civil. Au demeurant, « opposer de façon manichéenne les bienfaits du droit du travail aux maléfices du droit civil s'est … révélé hasardeux »[7]. Aujourd'hui, on reconnaît que le Code civil, naguère considéré comme un « code bourgeois » est loin parfois d'être défavorable au salarié : exemple parmi d'autres, la jurisprudence sur la modification du contrat de travail fondée sur l'article 1134 du Code civil[8].

En définitive, à s'en tenir aux propos qui précèdent et à une lecture étroite – étroitissime – du sujet, on pourrait presque s'arrêter là : le droit du travail relève du droit privé et « il n'a pas rompu avec ses origine civilistes »[9]. *Exit* le droit public ?

En réalité, bien évidemment, les choses ne sont pas si simples. Il ne suffit bien sûr pas d'affirmer que le droit du travail appartient au droit privé pour en déduire qu'il n'entretient pas des rapports avec le droit public, et vice-versa. Comme l'observe à raison l'organisateur d'un colloque[10] dont le thème était

---

[4] X. Prétot, « Droit administratif et droit social », *RD publ.* 1998, p. 959.

[5] G. Lyon-Caen, « Du rôle des principes généraux du droit civil en droit du travail, *RTD civ.* 1974, p. 229 ; et la réplique de G. Couturier, « Les techniques civilistes et le droit du travail », *D.* 1975, chr., p. 151. Sur les rapports entre droit civil et droit du travail, v. les actes du colloque tenu à Montpellier le 18 mars 1988, *Dr. soc.* 1988, p. 371, spéc. J.-J. Dupeyroux, « Droit civil et droit du travail : l'impasse », p. 371.

[6] J. Pelissier, A. Supiot et A. Jeammaud, *Droit du travail*, Dalloz, 20e éd., 2000, n° 47, p. 46 et 47.

[7] J.-J. Dupeyroux, *op. cit.*, p. 371 qui salue la démonstration de G. Couturier (*op. cit.*, *supra*, note 5).

[8] Dans une très récente décision (CE 29 juin 2001, *Philippe Berton*, *Dr. soc.* 2001, p. 955, concl. S. Boissard, *ibid.*, p. 948), le Conseil d'État reprend la même solution en se référant expressément à l'art. 1134, même si c'est sous couvert d'un principe général (sur ce point, v. *infra*).

[9] Y. Gaudemet, « Droit public et droit social, rapport de synthèse », *Dr. soc.* 1991, p. 241, n° 1.

[10] B. Teyssié, « Droit public et droit social : variations autour d'un thème », *Dr. soc.* 1991, p. 185, n° 1.

justement *Droit public et droit social*[11], « juxtaposer 'droit public' et 'droit social' n'est-ce pas admettre – implicitement mais nécessairement – que le droit social ne relève pas du droit public ? Mais n'est-ce point reconnaître aussi que le droit social s'il ressort majoritairement au droit privé, n'hésite pas à emprunter principes, règles et techniques au droit public ? Ne nous offre-t-il pas une excellente illustration de la vanité d'une opposition dépassée ? » Et l'auteur de poursuivre : « aucune discipline – même pas, le droit civil – ne relève du seul droit privé ; aucune, et surtout pas le droit administratif, ne ressort du seul droit public. Aucun segment du droit n'échappe au jeu croisé des influences ».

C'est sans doute particulièrement vrai du droit du travail, au point que les auteurs d'un ouvrage de droit du travail, particulièrement qualifiés pour observer « ce jeu croisé d'influences », puisque le premier est publiciste[12] et le second privatiste[13], après diverses observations, n'hésitent pas[14] à en conclure que « le droit du travail fait éclater la distinction traditionnelle du droit privé et du droit public et qu'il ne peut s'y insérer, dans la mesure où, tout à la fois, il emprunte à l'un et à l'autre, et présente des traits qui ne relèvent ni de l'un, ni de l'autre ».

Ce qui est sans doute encore plus vrai, c'est que depuis 1946, du fait de la double reconnaissance du droit syndical et du droit de grève aux fonctionnaires, on a assisté à un certain rapprochement entre le droit de la fonction publique et le droit du travail[15]. De fait, comme l'écrit un spécialiste de droit public[16], « les agents de la fonction publique ont ainsi, à partir de 1946, disposé des mêmes possibilités de discussion, de pressions et d'actions de force que les salariés privés dans leurs rapports avec leurs employeurs et, comme les employeurs privés, la puissance publique a dû compter avec les syndicats de fonctionnaires, armés du droit de grève »[17]. Ils ont ainsi pu exiger et obtenir de l'État certains avantages et droits bénéficiant aux salariés, de sorte que, même s'il n'y a bien sûr pas confusion, « il est certain que l'écart entre fonction publique et salariat privé n'a cessé de décroître »[18].

Par ailleurs, s'il n'est pas douteux, en dépit de ce rapprochement, que les fonctionnaires de l'État, des collectivités territoriales et des hôpitaux échappent à

---

[11] Colloque organisé à Montpellier le 14 décembre 1990, dont les actes sont publiés au *Droit social* de mars 1991, p. 185 à 245. Il est notable que quelques semaines plus tard, en janvier 1991, un autre colloque s'est tenu à l'initiative de l'École nationale de la magistrature et de l'A.F.D.T. sur le thème très voisin *Droit du travail et droit public* ; les sept contributions sont publiées à l'*AJDA*, 1991, p. 587 et s. Signe d'une regrettable et persistante ignorance mutuelle entre publicistes et privatistes (même si, dans chacun de ces deux colloques, les uns et les autres étaient associés), selon leur spécialité, ils se réfèrent plutôt à l'*AJDA* et ignorent *Droit social*, ou vice-versa.

[12] J. Rivero, « Droit du travail et droit administratif », *Dr. soc.* 1960, p. 609.

[13] J. Rivero et J. Savatier, *Droit du travail*, 13e éd., PUF, coll. Thémis, 1993, p. 41.

[14] Même si nous ne partageons pas complètement l'opinion, puisque nous considérons que le droit du travail relève essentiellement du droit privé.

[15] R. Chapus, *Droit administratif général*, t. 2, 14e éd., Domat, Montchrestien, 2000, n° 4, p. 10.

[16] R. Chapus, *ibid.* ; V. aussi Y. Saint-Jours, « La pénétration du droit du travail dans la fonction publique » *in Tendances du droit du travail français contemporain*, Études offertes à G. H. Camerlynck, Dalloz, 1977, p. 231 et s.).

[17] Le taux de syndicalisation, très faible en France, est néanmoins sensiblement plus élevé dans la fonction publique et le secteur public.

[18] R. Chapus, *op. cit.*, n° 4, p. 11.

l'emprise du droit du travail, pour autant « le droit du travail ne se limite pas au secteur privé »[19].

Droit public – droit privé, secteur public – secteur privé : il fut sans doute une époque où il y avait coïncidence et où l'on pouvait poser deux équations : secteur public = droit public, secteur privé = droit privé. Ces équations sont aujourd'hui fausses, au moins partiellement. Pour au moins deux raisons.

D'abord, parce que la ligne de partage entre secteur public et secteur privé est souvent floue et, de surcroît, fluctuante au gré des vagues de nationalisations puis de privatisations[20]. Ce qui peut conduire à des situations étonnantes et aussi à terme peut-être explosives[21] : que l'on songe par exemple à France Télécom privatisée, devenue société privée[22], qui emploie… 90 % de fonctionnaires.

Ensuite, parce que les agents de nombreux établissements publics sont soumis au droit privé du travail. Sans doute, depuis une décision bienvenue, puisqu'elle évitera tout à la fois des distinctions byzantines et de regrettables dénis de justice[23] du Tribunal des conflits du 25 mars 1996[24], les agents non-statutaires des services publics administratifs sont tous désormais des agents de droit public[25] : tous ou presque, puisque la loi peut exclure la qualification et soumettre ces agents au droit du travail : ainsi la loi du 19 décembre 1989 sur les contrats emploi-solidarité[26] ou encore la loi du 16 octobre 1997 relative aux emplois-jeunes[27]. En revanche, le personnel des entreprises publiques à caractère industriel et commercial, sauf le directeur général et l'agent comptable, est soumis au droit du travail[28]. Mais, salariés de droit privé, ces agents sont pour la plupart des agents « d'entreprises à statut »[29], bénéficiant de « statuts » qui, pour

---

[19] A. Mazeaud, *Droit du travail*, , 2e éd., Domat, Montchrestein, 2000, n° 22, p. 11.

[20] A. Mazeaud, *ibid.*

[21] Les différences de statuts entre personnel effectuant le même travail au sein d'une même entreprise sont toujours porteuses de jalousies et de risques de conflits.

[22] Loi du 26 juill. 1996.

[23] V. B. Stirn, « L'agent public : réflexion sur la jurisprudence », *AJDA*, 1991, p. 587 ; v. p. 588 : « Certes la complexité du dispositif actuel ne doit pas être exagérée… Force est toutefois de constater que les litiges relatifs à la situation de droit public ou de droit privé, d'un salarié représente aujourd'hui une part significative de l'activité du Tribunal des conflits. Il y a là un signe, d'autant plus inquiétant qu'il s'agit bien souvent de petits litiges de droit du travail, pour lesquels le détour par le Tribunal des conflits est hors de proportion avec les enjeux de l'affaire ».

[24] TC 25 mars 1996, *Berkani*, *AJDA*, 1996, p. 355, chr. J.-H. Stahl et D. Chauvaux ; *D.* 1996, p. 598, note Y. Saint-Jours ; *Dr. soc.* 1996, p. 735, note X. Prétot : « Considérant que les personnels non statutaires travaillant pour le compte d'un service public à caractère administratif sont des agents contractuels de droit public quel que soit leur emploi ».

[25] Sur cette solution et la jurisprudence antérieure, v. not. R. Chapus, *op. cit.*, n° 18 et s., p. 26 et s.

[26] V. art. L. 322-4-8 C. trav. « Les contrats emploi-solidarité sont des contrats de travail de droit privé... ».
Pour d'autres exceptions, v. R. Chapus, *op. cit.*, n° 30 et s., p. 42 et s.

[27] V. art. L. 322-4-20 C. trav. : « Les contrats de travail conclus en vertu des conventions mentionnées à l'article L. 322-4-18 sont des contrats de droit privé... ».

[28] CE 8 mars 1957, *Jalenques de Labeau*, *Rec.* p. 157 ; *AJDA*, 1957,2, p. 184, chr. J. Fournier et G. Braibant ; *D.* 1957, p. 387, concl. C. Mosset, note A. de Laubadère. Diverses dispositions du Code du travail confortent la solution, not. l'article L. 511-1 al. 7 qui donne compétence au conseil de prud'hommes.

[29] En particulier, EDF-GDF, AIR-France, RATP, SNCF, Aéroports de Paris…
V. M. Lombard, « L'application du Code du travail aux *entreprises à statut* », *AJDA*, 1991, p. 601.

l'essentiel datent de la Libération. Or, on a pu légitimement s'interroger[30] : « Instruments, à une certaine époque, du progrès social, les statuts du personnel des entreprises publiques peuvent-ils, par la suite, demeurer en dehors et à l'abri de l'évolution du *droit commun du travail*, au risque de se trouver aujourd'hui rattrapés, voire dépassés par une évolution législative d'un demi-siècle ? ». A cet égard, dans leurs réponses, « les approches du Conseil d'État et de la Cour de cassation sont sensiblement différentes »[31].

Où l'on retrouve, malheureusement, ce stérile « clivage castrateur »[32] entre droit public et droit privé, qui, outre « l'existence d'agrégations distinctes contribuant à doter les facultés de droit de *privatistes* et de *publicistes* qui tendent à reproduire une distinction parfois portée au rang de dogme… »[33], tient très largement à l'existence de deux ordres de juridictions. Ce « primat de la compétence contentieuse »[34], heureusement discuté aujourd'hui par les spécialistes de droit public eux-mêmes[35], a parfois, spécialement pendant ces douze années où a existé une autorisation administrative en cas de licenciement pour motif économique[36], entraîné le salarié dans un « labyrinthe infernal »[37], à la recherche d'un juge.

Yves Gaudemet, dans son rapport de synthèse au colloque de Montpellier sur *Droit public et droit social*[38] est on ne peut plus clair : « Soyons brutal. Comment a-t-on pu admettre, pendant tant d'années, dans un État de droit, que des règles de compétence juridictionnelle, venues du fin fond de l'histoire, inconnues à l'étranger... aient pu organiser une sorte de déni de justice en réponse au contentieux, considérable et vital, du licenciement autorisé. C'est pour moi un des plus évidents scandales du droit français de ces dernières années… C'est la pire version de la dualité de droits et de la dualité de juges ».

Pour autant, fort heureusement, il est aussi des raisons d'être plus optimiste. Il existe en particulier certains facteurs de convergence. On a justement souligné[39], « l'émergence de principes qui, tels les principes constitutionnels, les règles de droit communautaire ou les stipulations de la Convention européenne des droits de l'homme, transcendent la distinction traditionnelle du droit privé et du droit public en imposant des préceptes communs ». Progressivement, et

---

[30] *Ibid.*
[31] A. Mazeaud, *op. cit.*, n° 25, p. 13.
[32] B. Teyssié, *op. cit.*, p. 185, n° 3.
[33] *Ibid.*
[34] D. Truchet, « La structure du droit administratif peut-elle demeurer binaire ? A propos des catégories juridiques en droit administratif », *Clés pour le siècle*, Université Panthéon-Assas, Dalloz, 2000, p. 450.
[35] Not. D. Truchet, « Fusionner les juridictions administrative et judiciaire ? », *Études offertes à J.-M. Auby*, Dalloz, 1992, p. 335 ; « Mauvaises et bonnes raisons de mettre fin au dualisme juridictionnel », *Justices*, 1996-3, p. 53.
[36] La loi du 3 janv. 1975 qui avait instauré l'exigence de cette autorisation a été abrogée par une loi du 30 déc. 1986.
[37] Selon le mot de Ph. Langlois, rappelé par X. Prétot, « Droit administratif et droit social », *RD publ.* 1998, p. 966.
[38] Y. Gaudemet, « Droit public et droit social, Rapport de synthèse », *Dr. soc.*, 1991, p. 245, n° 34.
[39] X. Prétot, *op. cit.*, p. 962. *Adde* J. Daniel, *Contribution à l'étude de la constitutionnalisation, les principes constitutionnels et le droit du travail*, thèse Paris II, 2000.

notamment en droit – privé ou public – du travail, se constitue ainsi une sorte de « bloc de droit fondamental, socle commun à l'ensemble des disciplines juridiques »[40], même si en principe identique, il est parfois lu différemment par le Conseil d'État et la Cour de cassation[41].

Au delà, dans cette mise en parallèle du droit public et du droit du travail, s'observent des interactions manifestant « un jeu d'influences croisées »[42] ou, si l'on préfère, « un jeu croisé des influences »[43]. De même que le droit public n'est pas absent en droit du travail, de même le droit du travail ne l'est pas en droit public du travail.

En s'essayant ainsi à visiter successivement le droit public en droit du travail (I)[44] et le droit du travail en droit public (II), il ne s'agit bien sûr pas de faire resurgir les vaines querelles d'après-guerre ou de dénoncer, en reprenant le vocabulaire de guerre subversive[45] de l'époque, tentatives d'annexion, de protectorat, d'encerclement, d'infiltration[46] pas plus qu'il ne s'agit de nourrir à nouveau « cette arrière-pensée fatale : quel est de nous le plus grand ? »[47], heureusement extirpée. Le propos est beaucoup plus serein et retient la leçon d'un « grand ancien » du droit du travail[48] : « loin de se replier sur elle-même, fuyant la présence du droit public, c'est souvent aux frontières de ce droit que doit se porter la science du droit privé ».

I. – LE DROIT PUBLIC EN DROIT DU TRAVAIL

Le droit public en droit – privé – du travail exerce une double influence : en quelque sorte tout à la fois de l'extérieur et de l'intérieur.

De l'extérieur, par la médiation d'agents publics qui concourent à l'efficacité et au rayonnement du droit du travail. De l'intérieur, dans la mesure où l'on peut observer une certaine « publicisation » du droit du travail[49]

---

[40] B. Teyssié, *op. cit.*, p. 186.
[41] Ainsi, le droit constitutionnel de grève ; v. X. Prétot, *op. cit.*, p. 963 : « Toutefois, le rapprochement entre le droit du travail et le droit de la fonction publique s'arrête là, faute pour la Cour de cassation et le Conseil d'État de s'accorder véritablement sur le régime du droit de grève ».
[42] Y. Gaudemet, *op. cit.*, p. 244, n° 12.
[43] B. Teyssié, *op. cit.*, p. 185, n° 1.
[44] Comp. J. Carbonnier, « Le droit administratif du droit civil », *Rev. hist. dr.* 1974, p. 758.
[45] R. Savy, « Sécurité sociale et droit public », *Dr. soc.* 1966, p. 363.
[46] J. Rivero, « Droit public et droit privé, conquête ou statu quo ? », *D.* 1947, p. 69.
[47] J. Carbonnier,*op. cit.*, p. 759.
[48] P. Durand, « La connaissance du phénomène juridique et les tâches de la doctrine moderne du droit privé », *D.* 1956, p. 76. V. aussi deux autres très grands : J. Carbonnier, *op. cit.*, p. 158. « L'invitation est à se promener sur la lisière des deux droits. Mais ce n'est pas pour observer ou prophétiser, une fois de plus, les déplacements de leurs frontières. Tout a déjà été dit là-dessus de part et d'autre, même si on ne l'a pas toujours dit avec impartialité… Il y a davantage de sérénité dans notre thème » ; P. Hébraud, « Maurice Hauriou et les civilistes », *Recueil de l'Académie de législation de Toulouse*, 6e série, t. IV, 1967, p. 20 : « Jamais, il n'a été plus nécessaire qu'aujourd'hui de rétablir entre eux (droit public et droit privé) des liens et des communications par dessus la séparation que l'on semble paradoxalement se plaire à approfondir ».
[49] V. Y. Gaudemet, *op. cit.*, p. 244, n° 44.

Pour autant, dans les deux cas, contrairement à ce qui a été parfois soutenu, la règle de droit du travail ainsi affectée, ne se mue pas, par une sorte de transmutation, en règle de droit public[50].

Il est à notre sens, inexact de considérer que « le passage du droit privé au droit public s'opère quand l'État intervient par ses agents dans les rapports privés »[51]. Charles Eisenmann[52], il y a un demi-siècle, en prenant justement comme exemple l'intervention des inspecteurs du travail en droit du travail, a bien montré l'inanité de l'opinion de certains selon lesquels « l'intervention de l'Administration comme telle imprime la marque du droit public à toute règle, norme ou situation qu'elle crée ou touche, même s'ils ont pour objet des relations entre particuliers ». En réalité, l'équation selon laquelle « intervention de l'Administration égale apparition du droit public »[53] repose sur une confusion entre le caractère de l'intervention de l'autorité étatique et le caractère de la norme contrôlée, appliquée ou interprétée par cette autorité[54].

Pareillement, ce n'est pas parce que le droit public influence ou a pu influencer le droit du travail que la norme qui en résulte change de nature. Yves Gaudemet[55], par avance, a écarté l'objection : « Le droit public a largement pénétré le droit social. Mais pour les règles et notions qu'il y a apportées, il fait désormais partie de celui-ci ; il s'y intègre. Et c'est ce droit social publicisé qui doit assurer sa propre unité… ».

A. – Les acteurs de droit public en droit du travail

Il n'est guère douteux qu'en droit du travail français[56], « les sources d'origine étatique revêtent en dépit du développement des sources nées de la négociation collective de l'usage ou du pouvoir réglementaire de l'employeur, un caractère premier au sein des sources du droit du travail »[57]. Même si se dessinent aujourd'hui, non sans se heurter au pluralisme syndical, ou aux divisions qu'offre le paysage syndical français, certains projets visant à renforcer l'autonomie normative des partenaires sociaux[58], l'hétéronomie l'emporte ; autrement dit, le droit du travail est encore pour l'essentiel, qu'on le déplore ou

---

[50] J.-M. Olivier, *op. cit.*, p. 76 et s., n° 12 et s.

[51] G. Ripert, *Le déclin du droit*, LGDJ, 1949, p. 41, n° 12.

[52] Ch. Eisenmann, « Droit public et droit privé », *RD publ.* 1952, p. 943 et s., n° 41 et s.

[53] *Ibid.*

[54] V. notre thèse, *op. cit.*, n° 32, p. 77.

[55] Y. Gaudemet, *op. cit.*, p. 24, n° 14.

[56] C'est une singularité du droit français par rapport aux droits anglo-saxons, encore qu'il faille se méfier d'idées trop simplistes : les lois – au sens formel – existent aussi en *common law*.

[57] X. Prétot, « Les sources du droit du travail au regard du droit public », *in* B. Tessié (dir.), *Les sources du droit du travail*, PUF, 1998, p. 153, n° 180.

[58] V. la « position commune » adoptée le 16 juillet 2001 par trois organisations patronales et quatre des cinq grandes centrales syndicales (seule la CGT n'a pas signé), V. Actualité UIMM, n° 207, 26 juill. - 27 sept. 2001, p. 25 et s. ; FRS Fr. Lefebvre 18-01, p. 8. V. depuis la récente loi du 4 mai 2004 (loi n° 2004-391), B. Teyssié, « La négociation des conventions et accords collectifs après la loi n° 2004-391 du 4 mai 2004 », *D.* 2004, chr., p. 2060 ; *Le nouveau droit de la négociation collective*, B. Tesyssié (dir.), Editions Panthéon-Assas, 2004.

non, un droit imposé, venant de l'État. Selon le mot d'un auteur[59], ici « le droit public commande ».

A l'origine d'une masse considérable – pour beaucoup, excessive – de textes, l'État veille aussi à leur application et à leur respect. Est ainsi ouvert à l'Administration – l'inspection du travail – un champ de compétence étendu « qui caractérise l'existence d'une véritable police des relations de travail »[60] (1). Mais, même lorsqu'il n'est pas l'initiateur des normes, que celles-ci sont le fruit de la négociation des partenaires sociaux, il peut participer à leur « rayonnement » : il existe, en quelque sorte un droit public de la négociation collective[61] (2).

1. – « UNE VÉRITABLE POLICE DES RELATIONS DE TRAVAIL » : L'INSPECTION DU TRAVAIL

Il existe en réalité, indépendamment de l'inspection du travail, d'assez nombreux acteurs publics qui concourent à la mise en œuvre et à l'efficacité du droit du travail. Ainsi « depuis longtemps, le droit positif a reconnu et organisé le service public de l'emploi »[62] : c'est la mission de l'ANPE[63]. L'Administration joue encore un rôle, pas toujours bien connu, mais en pratique extrêmement important, dans la mesure où elle détient souvent les « cordons de la bourse », permettant notamment en cas de plans sociaux à l'occasion de licenciements économiques, le financement de diverses mesures, en particulier les conventions de préretraitre FNE (Fonds national pour l'emploi).

Mais, parmi ces acteurs publics du droit du travail, l'institution plus que centenaire que constitue l'inspection du travail, joue le rôle premier.

Indépendamment de sa fonction, plus ou moins officieuse, de conseil, voire de médiation, l'inspection du travail est investie d'une double mission : une mission générale de contrôle du respect du droit du travail ; un rôle décisionnel dans certaines hypothèses. Dans les deux cas, son intervention n'est pas sans incidences sur les sources – ici administratives– du droit du travail.

Selon l'article L. 611-1 du Code du travail, « les inspecteurs du travail sont chargés de veiller à l'application des dispositions du Code du travail et des lois et règlements non codifiés … ainsi qu'à celles des conventions et accords collectifs de travail… ».

Or, ne serait-ce que pour permettre une application uniforme des textes, il n'en est guère qui ne fassent pas l'objet d'un commentaire ministériel, sous forme de circulaires, souvent très volumineuses ; exemple parmi d'autres, dans le Bulletin officiel du Ministère de l'emploi et de la solidarité, la circulaire du 3

---

[59] Y. Gaudemet, *op. cit.*, p. 242, n° 4.
[60] X. Prétot, « Droit administratif et droit social », *op. cit.*, p. 959.
[61] Ph. Langlois, « Droit public et droit social : le droit public au service du rayonnement de la négociation collective », *Dr. soc.* 1991, p. 933.
[62] Y. Gaudemet, *op. cit.*, p. 244, n° 11.
[63] V. art. L. 311-1 al. 1er : « Le service du placement est assuré par l'Agence nationale pour l'emploi ».

mars 2000 d'application de la loi dite Aubry II du 19 janvier 2000 comporte plus de 200 pages[64] !

Bien sûr, ces circulaires ministérielles interprétatives sont en principe dépourvues de force obligatoire. Il n'empêche, cette doctrine administrative est de plus en plus reçue et lue comme une véritable source du droit, non seulement par les inspecteurs du travail, mais aussi par les directeurs des ressources humaines et les juristes du travail, voire par les juges[65].

La même observation vaut aussi pour les cas où l'inspecteur du travail dispose d'un pouvoir de décision : ainsi en matière de temps de travail, de licenciements de salariés protégés ou, encore de contrôle de règlement intérieur[66]. Or, à chaque fois, ces décisions constituent des actes administratifs de sorte qu'en cas de contentieux, les juridictions administratives sont compétentes, ce qui, du reste, n'est pas toujours exclusif d'un contentieux judiciaire[67]. Comme l'observe un auteur[68], ici comme ailleurs, « la pluralité de juridictions donne naissance ainsi, aux côtés des sources judiciaires du droit du travail, aux sources … administratives du droit du travail ».

2. – UN DROIT PUBLIC DE LA NÉGOCIATION COLLECTIVE : L'EXTENSION, L'ÉLARGISSEMENT ET L'AGRÉMENT DE CONVENTIONS OU ACCORDS COLLECTIFS

La première partie de l'intervention de Philippe Langlois lors du colloque *Droit public et droit social* qui s'est tenu à Montpellier en décembre 1990 est sous-titrée dans sa version publiée, *Le droit public au service du rayonnement de la négociation collective*[69].

C'est alors le ministre chargé du travail qui est compétent, tantôt avec un pouvoir discrétionnaire, tantôt avec une compétence liée. Son rôle est donc variable, mais manifeste, en toute occurrence, une sorte de droit public de la négociation collective.

Illustre en particulier cette combinaison entre pouvoir discrétionnaire et compétence liée, le pouvoir d'initiative de la négociation conféré au ministre : « A la demande des organisations susvisées ou de sa propre initiative, le ministre peut convoquer une commission mixte … présidée par son représentant. Il doit convoquer cette commission lorsque deux des organisations susmentionnées en font la demande »[70].

---

[64] V. not. G. Koubi, note sur CE 26 févr. 2001, *Union départementale des syndicats du Rhône*, *D.* 2001, p. 1903 ; V. aussi la volumineuse circulaire en forme de questions-réponses du 6 déc. 2000 (Circ. DRT 2000/O7).

[65] Sur les circulaires en droit du travail, v. X. Prétot, « De l'esprit des circulaires et instructions… et des rapports qu'elles entretiennent avec le droit social », *RJS*, 6/97, p. 415 ; « Les sources du droit du travail au regard du droit public », *op. cit.*, p. 169 et s., n° 195 et s.

[66] Ph. Waquet « Droit du travail et droit public – Le contrôle du règlement intérieur », *AJDA*, 1991, p. 590.

[67] Not. à propos du règlement intérieur. V. Ph. Waquet, *ibid.*

[68] X. Prétot, « Les sources du droit du travail au regard du droit public », *op. cit.*, p. 152 et 153, n° 178 ; v. aussi, p. 153, note 1.

[69] Ph. Langlois, *op. cit.*, p. 933.

[70] Art. L. 133-1 al. 2 C. trav.

Mais, le Ministre chargé du travail peut surtout, ou même doit, à certaines conditions, décider d'étendre – éventuellement partiellement – ou d'élargir une convention de branche ou un accord professionnel ou interprofessionnel, de manière à accroître le périmètre, professionnel ou géographique, de la couverture conventionnelle[71].

Le droit public de la négociation collective s'affirme encore davantage lorsqu'une convention ou un accord collectif, dans certains secteurs – c'est en particulier le cas des établissements sociaux et médico-sociaux[72], mais pas seulement – est subordonné, pour son entrée en vigueur, à un agrément administratif[73]

Dans ces différents cas, même si la nature juridique de l'accord collectif ne change pas, qui demeure un acte de droit privé[74], il n'en reste pas moins que s'observe une certaine forme de droit public du droit du travail : mais, c'est de l'extérieur, par le jeu des acteurs publics, que s'exerce l'influence du droit public. Le droit substantiel du travail n'en est pas fondamentalement affecté : droit privé du travail et droit public en droit du travail coexistent en quelque sorte, plus qu'ils ne s'interpénètrent.

Dans d'autres cas, c'est plus directement, mais en même temps de manière plus diffuse, que, par l'intérieur, le droit public guide, modèle ou, au moins inspire le droit substantiel du travail : c'est en ce sens qu'on a pu évoquer une certaine « publicisation »[75] du droit du travail.

B. – La « publicisation » du droit du travail

« Dans d'autres cas, observe Yves Gaudemet[76], le droit public… pénètre le droit social, compose avec lui, s'y installe, quitte à s'adapter aux caractéristiques de celui-ci ».

Tant certaines institutions du travail que certains concepts, notions ou principes utilisés aussi bien par le droit légiféré du travail que par la jurisprudence sociale puisent leurs racines ou trouvent leur inspiration dans le droit public.

1. – Les institutions

A la question posée : « Comment le droit du travail s'insère-t-il dans la distinction traditionnellement fondamentale du droit privé et du droit public ? », les professeurs J. Rivero et J. Savatier[77] apportent notamment cette réponse : « Il

---

[71] Art. L. 133-8 et s. C. trav.

[72] V. not. J. Barthélemy, « L'agrément des accords collectifs », *Dr. soc.* 1987, p. 623 ; J. Savatier, « La portée de l'exigence d'un agrément administratif des conventions collectives applicables aux établissements médico-sociaux », *Dr. soc.* 1993, p. 394.

[73] Ph. Langlois, « Droit public et droit social en matière de négociation collective : l'ordonnancement du droit public remis en cause par la négociation collective inter-professionnelle », *Dr. soc.* 1992, p. 5.

[74] Ph. Langlois, « Droit public et droit social : le droit public au service du rayonnement de la négociation collective », *op. cit.*, p. 937. Ainsi, même étendue, une convention collective peut être dénoncée, ce qui entraîne la caducité de l'arrêté d'extension.

[75] Y. Gaudemet, *op. cit.*, p. 244, n° 10.

[76] *Ibid.*; v. aussi, p. 242, n° 3.

[77] J. Rivero et J. Savatier, *op. cit.*, p. 39.

y a, entre le droit du travail et le droit classique, de profondes différences. Le droit du travail, comme le droit public, fait une très large place à la description des institutions du travail (syndicats, comités d'entreprise, etc...) ».

L'exemple tiré du, ou plutôt, des comités d'entreprise[78], est éclairant. Que le comité d'entreprise soit un acteur des relations collectives ne se discute pas ; qu'il en soit un acteur public, ou du moins de droit public est évidemment, bien peu soutenable. Encore que... Après d'autres[79], lorsque dans un cours de première année de droit, je décris les personnes morales, j'intègre entre personnes morales de droit public et personnes morales de droit privé, la catégorie intermédiaire des personnes morales mixtes ou de droit mixte ; et parmi celles-ci, le comité d'entreprise : sans doute parce qu'il est une personne morale créée par la loi et obligatoire. Bien sûr, on peut discuter cette présentation ; mais c'est sans doute que, lorsque le droit du travail est un droit des relations collectives de travail, le droit public est parfois plus proche.

2. – *LES NOTIONS*

Publicistes et privatistes, parmi les plus éminents, se rencontrent heureusement ici pour procéder au même constat : « Des notions venues du droit public... ont pénétré le droit social », observe l'un d'eux[80]. « De plus en plus nombreux, écrivait quelques années plus tôt Jean-Claude JAVILLIER[81] sont .... les concepts techniques de droit public utilisés par les juges et le législateur qui viennent de l'autre « monde » juridique ».

Le droit public – c'est du droit administratif qu'il s'agit ici – est parfois pour le droit privé du travail source d'inspiration, le législateur y puisant certains modèles, quitte à les adapter. L'exemple le plus souvent relevé par les auteurs[82] est sans doute celui du pouvoir disciplinaire du chef d'entreprise. Sans être calquée sur le droit disciplinaire qui résulte du statut de la fonction publique, la procédure disciplinaire prévue par la loi du 4 août 1982 y trouve sa source.

De même, le droit du travail emprunte au droit public certaines techniques familières au second[83] .

Comme on l'a justement observé[84] « le droit du travail, comme le droit public, détermine l'étendue et les limites d'un pouvoir, celui que le contrat de travail confère à l'employeur sur l'activité du salarié. Sans doute, il s'agit là d'un pouvoir privé ; mais... L'analogie entre les deux formes de pouvoir est suffisante

[78] Comité d'établissement, comité d'entreprise, comité central d'entreprise, comité de groupe, comité d'entreprise européen...

[79] V. en particulier, G. Cornu, *Introduction, les personnes, les biens*, 10e éd., Montchrestien, coll. Dourat, 2001, n° 745, p. 335.

[80] Y. Gaudemet, *op. cit.*, 1991, p. 244.

[81] J.-C. Javillier, « L'exercice et le contrôle juridictionnel du pouvoir disciplinaire », *Dr. soc.* 1983, p. 543.

[82] V. par ex. X. Prétot, « Les sources du droit du travail au regard du droit public », *op. cit.*, p. 151, n° 177 ; L. Cadiet, « Jurisprudence administrative et jurisprudence judiciaire en matière sociale : le jeu des influences », *Dr. soc.* 1991, p. 201, note 6.

[83] D'une manière générale, v. J.-L. Crozafon, « L'emprunt des techniques de droit administratif en droit du travail », thèse Paris I, 1994.

[84] J. Rivero et J. Savatier, *op. cit.*, p. 40.

pour que la protection du salarié se soit engagée dans des voies analogues à celles que le droit public a suivies pour la protection des administrés ».

Ainsi, on peut penser que la jurisprudence de la chambre sociale de la Cour de cassation sur la nature juridique du règlement intérieur[85] n'est pas étrangère à l'idée venue du droit public d'un pouvoir réglementaire délégué[86].

De même, la technique du détournement de pouvoir, voire de l'erreur manifeste d'appréciation[87], même avec des fortunes diverses[88], est parfois utilisée par la chambre sociale pour contrôler les pouvoirs du chef d'entreprise, qu'il s'agisse de l'exercice de son pouvoir disciplinaire ou de la mise en œuvre de certaines clauses du contrat de travail, notamment d'une clause de mobilité[89].

Pareillement, l'acte unilatéral qui, traditionnellement, caractérise l'action de l'administration, n'est sans doute pas étranger à l'émergence de la théorie des engagements unilatéraux du chef d'entreprise qui tend à devenir la bannière unique de ce qu'il est convenu aujourd'hui de qualifier de statut collectif non négocié, même si l'unilatéralisme n'est pas inconnu du droit des obligations[90].

Sans doute, peut-on encore considérer que le principe de proportionnalité, désormais omniprésent en droit du travail[91], est venu, au moins partiellement car le lien de parenté est aussi ici communautaire, du droit public[92]

Il y a bien ainsi en droit privé du travail, comme l'observait Yves Gaudemet[93], « des notions juridiques venues du droit public ». Et, s'il en fallait, sans aucunement prétendre à l'exhaustivité, une autre illustration, on la trouverait dans le statut des salariés protégés qui « est un statut de droit public »[94].

Pour autant, il ne faut sans doute pas exagérer l'influence du droit public sur le droit du travail. Au demeurant, au-delà d'indéniables emprunts au droit public, signes de rapprochements et de convergences dans leurs évolutions réciproques, le droit du travail qui, en intégrant des notions, concepts et techniques venus de l'autre province du droit, les a modelés à sa manière, a aussi, en sens inverse, largement pénétré le droit public du travail.

II. – LE DROIT DU TRAVAIL EN DROIT PUBLIC

Des auteurs[95], familiers à la fois du droit public et du droit privé, procèdent au constat : « Il est frappant de relever, dans l'évolution du droit de la fonction

---

[85] Soc. 25 sept. 1991, *Dr. soc.* 1992, p. 24, obs. J. Savatier.
[86] En ce sens, A. Supiot, « La réglementation patronale de l'entreprise », *Dr. soc.*, 1992, p. 215 et s.
[87] J.-C. Javillier, *op. cit.*, p. 537 et s., L. Cadiet, « Jurisprudence administrative et jurisprudence judiciaire en matière sociale : le jeu des influences », *Dr. soc.* 1991, p. 200, spéc. p. 208, n° 32.
[88] J.-L. Crozafon, « Le contrôle juridictionnel de la sanction disciplinaire dans l'entreprise et dans l'administration », *Dr. soc.* 1985, p. 201 et s.
[89] V. par ex. Soc. 7 juill. 1999, *Cah. soc., Barreau de Paris*, A. 4, n° 114.
[90] V. Ch. Jamin et D. Mazeaud (dir.), *L'unilatéralisme et le droit des obligations*, Economica, 1999.
[91] V. en particulier l'art. L. 120-2 C. trav., tel qu'il résulte de la loi du 31 déc. 1992 : « Nul ne peut apporter aux droits des personnes et aux libertés individuelles et collectives de restrictions qui ne seraient pas justifiées par la nature de la tâche à accomplir ni proportionnées au but recherché ».
[92] L. Cadiet, *op. cit.*, p. 210, n° 37 *in fine*.
[93] Y. Gaudemet, *op. cit.*, p. 244, n° 11.
[94] *Ibid.*
[95] J. Rivero et J. Savatier, *op. cit.*, p. 40.

publique, une pénétration du droit du travail extrêmement accusée » ; et l'un d'eux[96] d'aller même jusqu'à s'interroger : « vers la fin du droit de la fonction publique ? ».

Inévitablement chaque travailleur, subordonné, qu'il soit fonctionnaire, agent de droit public, salarié d'une entreprise publique à statut ou salarié d'une entreprise privée à celui des autres. Or, ces comparaisons sont inévitablement aussi, porteuses d'envies, voire de jalousies, elles-mêmes génératrices de revendications. Pourquoi une infirmière auxiliaire d'une collectivité locale en état de grossesse[97], serait-elle moins protégée qu'une infirmière salariée d'une clinique privée ? Pourquoi un salarié de la SNCF, établissement public industriel et commercial à statut, pourrait-il se voir imposer une modification de son contrat sans son accord[98] ?

Inévitablement encore, le Conseil d'État a dû tenir compte de ces considérations. Même si la haute juridiction n'entend pas toujours ces interrogations[99] le Conseil d'État, très généralement, y a été sensible ; même si, gardien sourcilleux de sa liberté, il a recours au détour des principes généraux du droit, il n'en fait pas moins parfois application de dispositions du Code du travail à des agents de droit public (A).

Mais, plus fondamentalement peut-être, le droit public du travail n'a pas pu, et ne peut plus encore davantage aujourd'hui, ignorer les techniques du droit privé du travail spécialement en matière de relations collectives (B).

En définitive, directement ou indirectement, ce sont tant les relations individuelles que collectives qui, en droit public, se trouvent affectées par le droit privé du travail.

A. – L'APPLICATION DU DROIT PRIVÉ DES RELATIONS INDIVIDUELLES DU TRAVAIL EN DROIT PUBLIC

Ainsi qu'on l'a observé[100], « le droit du travail peut constituer une source indirecte du droit de la fonction publique. Lorsqu'une règle du droit du travail ne s'applique pas à la fonction publique, le juge administratif peut cependant y faire appel en qualité de principe général du droit ».

Le Conseil d'État, tout en conservant « son quant à soi juridique »[101], en utilisant un détour plus ou moins jésuitique, n'en applique pas moins, spécialement aux agents non-titulaires de droit public et aux salariés des entreprises à statut, nombre de règles et principes consacrés dans le Code du travail[102].

---

[96] J. Rivero, *D.* 1947, p. 149.

[97] CE 8 juin 1973, *Dame Peynet*, *Rec.* 406, concl. S. Grevisse ; *AJDA*, 1973, p. 587, chr. Franc et Boyon ; *JCP*, 1975, II, 17957, note Y. Saint-Jours.

[98] CE 29 juin 2001, *Ph. Berton*, *Dr. soc.* 2001, p. 948, concl. S. Boissard.

[99] V. en particulier, M. Lombard, « L'application du Code du travail aux 'entreprises à statut' », *AJDA*, 1991, p. 601 et s., spéc. p. 603.

[100] J.-M. Auby et J.-B. Auby, *Droit de la fonction publique*, Dalloz, 3e éd., 1997, n° 29.

[101] X. Prétot, « Droit administratif et droit social », *RD publ.* 1998, p. 963.

[102] V. dans le Code civil, v. CE 29 juin 2001, *Ph. Berton*, *Dr. soc.* 2001, p. 955, où l'art. 1134 est invoqué.

1. – Le Code du travail appliqué en droit public…

Nombreuses sont les règles résultant de dispositions du Code du travail qui, sous couvert de principes généraux du droit, ont été appliquées aux agents publics par le Conseil d'État ou les tribunaux administratifs. La liste qui suit ne prétend pas à l'exhaustivité :

- l'interdiction de licencier une femme en état de grossesse (art. L. 122-25 et s. C. trav.)[103] ;
- le droit à une rémunération minimale au moins égale au SMIC (art. L. 141-1 et s. C. trav.)[104]
- la prohibition des sanctions pécuniaires (art. L. 122-42 C. trav.) [105];
- la prohibition des mesures discriminatoires en matière de rémunération et d'avantages sociaux à l'occasion d'une grève (art. L. 521-1 al.2 C. trav.)[106] ;
- le principe de l'entretien préalable à toute sanction (art. L.122-41 al.2 C. trav.)[107] ;
- la prohibition du licenciement en raison de la situation de famille (art. L. 123-1 C. trav.)[108] ;
- ou encore, le principe selon lequel toute modification des termes d'un contrat de travail implique l'accord du salarié (art. 1134 C. civ. et L. 121-1 C. trav.) [109];

Mais, comme l'observe justement un auteur[110], « si la liste des principes généraux du droit du travail consacrés… par le Conseil d'État est évidemment intéressante, l'est également le recensement des hypothèses dans lesquelles le Conseil d'État a refusé de reconnaître l'existence d'un principe général du droit du travail[111]. De fait, le Conseil d'État n'a pas suivi les conclusions de son commissaire du gouvernement dans l'affaire *Dame Peynet*[112] qui lui suggérait de consacrer un principe (encore plus) général selon lequel, lorsque les nécessités propres au service n'y font pas obstacle, les agents publics « *doivent bénéficier, quelle que soit la nature juridique du lien qui les unit à leurs employeur de droits équivalents à ceux que la législation du travail reconnaît à l'ensemble des salariés* ».

C'est ainsi à une application sélective des règles du droit privé du travail que procède le Conseil d'État : au cas par cas, en quelque sorte. Au demeurant, en

---

[103] CE Ass. 8 juin 1973, *Dame Peynet*, *op. cit.*

[104] CE Sect. 23 avr. 1982, *Ville de Toulouse c/ Mme Aragnou*, Rec. p. 151, concl. D. Labetoulle ; *AJDA*, 1982, p. 440, chr. F. Tibiergen et B. Lasserre ; *D*. 1983, p. 8, note J.-B. AUBY.

[105] CE Sect. 1er avr. 1988, *Billard et Volle c/ SNCF*, *Rec*. p. 268 ; *Dr. soc*. 1988, p. 775, concl. O. Van Ruymbeke ; 1989, p. 512, note J.-F. Lachaume ; *D*. 1990, somm. p. 141, obs. D. Chelle et X. Prétot.

[106] CE 12 nov. 1990, *Mahler*, *AJDA*, 1991, p. 332, obs. M. Hecquart-Théron ; *D*. 1992, somm. p. 159, obs. D. Chelle et X. Prétot.

[107] CE 28 juill. 1993, *Féd. nat. des tabacs et allumettes*, *AJDA*, 1993, p. 682, chr. C. Maugüé et L. Touvet.

[108] CE 27 mars 2000, *Dame Brodbeck*, *D*. 2001, somm. p. 1920, obs. X. Prétot.

[109] CE 29 juin 2001, *op. cit.*

[110] M. Lombard, *op. cit.*, p. 603.

[111] V. les arrêts cités par M. Lombard, notes 20 à 23, p. 603.

[112] S. Grevisse, concl. préc.

toute occurrence, le Conseil d'État ne fait qu'une application très indirecte du Code du travail, en utilisant le détour, passablement artificiel[113], des principes généraux du droit, singulièrement en ce qui concerne les salariés des entreprises à statut.

2. – … MAIS UNE APPLICATION INDIRECTE DU CODE DU TRAVAIL EN DROIT PUBLIC

C'est toujours par le biais, le détour, l'artifice, voire une certaine forme d'hypocrisie, que le Conseil d'État se fait inventeur de principes généraux du droit dont s'inspirent aussi, comme par hasard, les dispositions du Code du travail. La formule est toujours la même : « Madame A. agent non titulaire de la ville de Toulouse … a droit, en vertu d'un principe général du droit … applicable à tout salarié et *dont s'inspire l'article L. 141-2 C. du travail*, à un minimum de rémunération qui en l'absence de disposition plus favorable ne saurait être inférieur au salaire minimum de croissance de l'article L. 141-2°[114]».

La technique du recours aux principes généraux du droit présente certes pour le Conseil d'État l'avantage de lui permettre de préserver sa liberté et son autonomie : en substituant à la règle édictée par le Code du travail un principe général, il peut le façonner à sa manière comme il peut en préciser la portée[115]. De même, il peut l'écarter au nom des exigences du service public, comme il s'autorise sur le même fondement à ne pas faire application au personnel des entreprises publiques à statut certaines dispositions du Code du travail pourtant expressément déclarées applicables[116], dès lors qu'elles s'avèreraient incompatibles avec les nécessités du service public.

Il n'en reste pas moins que cette approche peut conduire à des divergences de jurisprudence entre juridictions de l'ordre judiciaire et juridictions de l'ordre administratif, comme toujours regrettables[117]. Il suffit d'une illustration.

---

[113] S'interrogeant sur l'opportunité du revirement de jurisprudence suggérée naguère par un de ses collègues (O. Van Ryuùbeke, concl. préc.) qui proposait de juger que le Code du travail s'applique en principe à l'ensemble des entreprises ou établissements à statut, même lorsqu'il ne le prévoit pas expressément, Madame le commissaire du gouvernement Sophie Boissard (concl. préc.), tout en rejetant finalement la suggestion, n'en observe pas moins (*Dr. soc.* 2001, p. 952) : « Certes, il permettrait à l'avenir de faire l'économie du détour par les principes généraux du droit du travail, exercice qui revêt parfois un caractère quelque peu artificiel ».

[114] CE 23 avr. 1982, *Ville de Toulouse c/Dame Aragnou, op. cit.*. V. en particulier la note de J.-B. Auby, *D.* 1983, p. 9.

[115] X. Prétot, « Les sources du droit du travail au regard du droit public », *op. cit.*, p. 168, n° 194.

[116] A cet égard, il existe une différence d'approche du Conseil d'État et de la Cour de cassation ; alors que le premier juge « de façon constante que les dispositions du Code du travail ne s'appliquent aux agents des entreprises publiques ou établissement publics à caractère industriel et commercial soumis à un statut réglementaire que lorsque la loi l'a expressément prévu », la seconde « considère que, dès lors que les salariés des entreprises ou établissements à statut sont des salariés de droit privé, les dispositions du Code du travail leur sont en principe applicables de plein droit » : V. S. Boissard, concl. préc., *Dr. soc.*, 2001, p. 950 et 951.

[117] V. not. J. Chorin, « Entreprises publiques à statut : actualité jurisprudentielle », *Dr. soc.* 1996, p. 175 ; C.-A. Garbar, « La résistible théorie de l'applicabilité du Code du travail au personnel des entreprises publiques à statut », *RJS*, 5/98, p. 355.

A propos du régime des congés payés applicable au personnel de la SNCF, et plus précisément à propos du calcul de l'indemnité de congés payés prévue par l'article L. 223-11 du Code du travail, Conseil d'État et Cour de cassation concomitamment saisis[118], ont adopté des positions nettement différentes, même si en définitive le résultat pratique fut identique[119].

Alors que, dans un arrêt du 7 juillet 1995[120], le Conseil d'État écarte l'application des règles du Code du travail relatives aux congés payés au motif qu'elles seraient contraires aux nécessités du service public, la Cour de cassation[121] au contraire, admet l'applicabilité du Code du travail, même si sur le fondement de la règle de faveur, elle considère que le statut de la S.N.C.F. est globalement plus favorable[122].

On le voit, même lorsqu'en matière de relations individuelles, le droit privé du travail pénètre partiellement le droit public du travail, sa physionomie peut changer sous l'influence « d'un droit social administratif » qui coexiste avec « un droit social judiciaire[123] » et peut en différer. S'agissant des relations collectives de travail, l'influence du droit privé du travail sur le droit public du travail s'exerce différemment : parfois source d'inspiration pour le législateur, il est aussi dans d'autres cas une sorte de modèle à l'origine de pratiques non légalisées mais conçues, perçues, reçues comme obligatoires.

B. – L'INFLUENCE DU DROIT PRIVÉ DES RELATIONS COLLECTIVES EN DROIT PUBLIC

Encore qu'il ne faille sans doute pas trop exagérer la distinction relations individuelles et relations collectives de travail dont les frontières sont parfois incertaines[124], de manière un peu sommaire, on peut admettre que le droit des relations collectives de travail recouvre les normes qui régissent tant les acteurs collectifs (syndicats, institutions représentatives du personnel) que les actons collectives (négociation collective et conflits collectifs).

Or, dans l'histoire du droit de la fonction publique, 1946 constitue une date fondamentale[125] ; en consacrant tant le droit syndical que le droit de grève des fonctionnaires le préambule de la Constitution de 1946 et le statut général des

---

[118] Sur l'explication de cette dualité de compétence, v. J. Chorin, *op. cit.*, p. 176 et s.

[119] J.-M. Olivier, « Les conflits de sources en droit du travail interne », *in Les sources de droit du travail*, *op. cit.*, n° 260, p. 227.

[120] CE 7 juill. 1995, *Damiens*, *Dr. soc.* 1996, p. 186 ; *RJS*, 11/95, n° 235.

[121] Soc. 17 juill. 1996, *Dr. soc.* 1996, p. 1049 ; *RJS*, 10/96, n° 1115 ; *JCP éd. G*, 1997, I, 4006, n° 1, p. 109, obs. B. Teyssié ; *ibid.*, 1997, II, 27798, note J. Chorin.

[122] « Si le statut de la SNCF prévoit une disposition moins favorable, l'ensemble du régime des congés payés prévu par ce statut accorde aux agents des avantages supérieurs à ceux qui résulteraient de l'application du Code du travail ».

[123] X. Prétot, « Droit administratif et droit social », *op. cit.*, p. 963.

[124] Ainsi par exemple en matière d'hygiène et de sécurité. A cet égard, un auteur (L. Cadiet « Jurisprudence administrative et jurisprudence judiciaire en matière sociale : le jeu des influences », *Dr. soc.* 1991, p. 201, note 6) peut observer que le droit de la fonction publique connaît un droit de l'hygiène et de la sécurité qui s'inspire du droit du travail. V. *infra*, sur les CHS.

[125] R. Chapus, *op. cit.*, p. 10 ; V. aussi Y. Saint-Jours, « La pénétration du droit du travail dans la fonction publique », *in Tendances du droit du travail français contemporain*, Études offertes à G.-H. Camerlynk, p. 231, spéc., p. 234 et s.

fonctionnaires ont en effet ouvert la voie à un développement des relations collectives en droit public du travail. « Atténuant la subordination hiérarchique des agents, observe un auteur[126], le nouveau droit de la fonction publique a tendu à faire d'eux, à divers égard et dans une certaine mesure des partenaires et non simplement des sujets de la puissance publique ». En matière de relations collectives, ajoute-t-on[127], « il est frappant de relever, dans l'évolution du droit de la fonction publique une pénétration du droit du travail extrêmement accusée ».

Dès la Libération, ont été créés dans la fonction publique des organismes de concertation par la loi du 19 octobre 1946 qui, même s'ils diffèrent des institutions représentatives du personnel dans le secteur privé, leur empruntent certains caractères, et sans doute de plus en plus. Au demeurant, le Conseil constitutionnel en 1977[128] a fait application à la fonction publique du principe de participation prévu par le 8e alinéa du Préambule de la Constitution de 1946 selon lequel « tout travailleur participe, par l'intermédiaire de ses délégués, à la détermination collective des conditions de travail ainsi qu'à la gestion des entreprises ». La loi du 13 juillet 1983 portant droits et obligations des fonctionnaires énonce du reste en son article 9 que « les fonctionnaires participent, par l'intermédiaire de leurs délégués siègant dans des organismes consultatifs, à l'organisation et au fonctionnement des services publics, à l'élaboration des règles statutaires et à l'examen des décisions individuelles relatives à leur carrière ».

Même si c'est sous l'égide d'un socle constitutionnel commun que s'opère ici un certain rapprochement entre les deux droits du travail, il n'empêche que l'inspiration est « privatiste ». Au demeurant, c'est parfois beaucoup plus directement que le droit privé du travail influence le droit de la fonction publique.

Ainsi, on a peu observer qu'une circulaire ministérielle du 14 décembre 1979 transpose à la fonction publique les dispositions de la loi du 27 décembre 1968 portant reconnaissance des sections syndicales d'entreprise[129]. De même, la loi du 16 janvier 1984 (art. 16) « en reprenant une institution du droit du travail[130] », institue des comités d'hygiène et de sécurité au sein de la fonction publique, à l'instar des CHSCT du secteur privé[131]. Il est au reste notable qu'abandonnant la règle habituelle dans le droit de la fonction publique de la composition paritaire des organismes consultatifs, la loi prévoit que les « représentants des personnels » sont majoritaires dans les CHS.

Progressivement, c'est aussi la technique de la négociation collective, vecteur de l'autonomie normative des partenaires sociaux dans le secteur privé, qui s'est

---

[126] R. Chapus, *op. cit.*, p. 10.
[127] J. Rivero et J. Savatier, *op. cit.*, p. 40.
[128] C. Const. 20 juill. 1977, *AJDA*, 1977, p. 437.
[129] Y. Saint-Jours, *op. cit.*, p. 235 et 236, note 8.
[130] A. de Laubadère, *Traité de droit administratif*, t. 5, *La fonction publique*, LGDJ, 12e éd. 2000 par Y. Gaudemet, n° 93, p. 83.
[131] L. 23 déc. 1982 relative aux comités d'hygiène, de sécurité et des conditions de travail ; art. L. 236-1 et s. C. trav.

diffusée en dehors de son domaine initial[132], pénétrant, en fait d'abord, puis, partiellement au moins, en droit ensuite, le droit public du travail. Certes, la conception statutaire de la majorité des agents publics, dont la situation demeure légale et réglementaire, n'est pas le plus souvent formellement remise en cause ; pour autant, il ne faut pas se dissimuler la réalité et le caractère irréversible de ce phénomène de diffusion de la négociation collective en droit public du travail. S'il en fallait une preuve, il suffirait d'ouvrir aujourd'hui un quelconque quotidien : pas un jour (ou presque), ne se passe actuellement sans qu'un article ne soit consacré à la « négociation des 35 heures » dans la fonction publique.

Sans doute, non sans raisons, préfère-t-on encore évoquer la pratique la « concertation » non institutionnalisée[133] ou la politique dite de « contractualisation » dans la fonction publique[134], et il est vrai que les « accords, « constats », « relevés de conclusions » ou « protocoles[135] » qui seront conclus avec les organisations syndicales sont « dépourvus de valeur juridique et de force contraignante [136]». Et il est encore vrai, comme l'observe un auteur[137], que « quelles que soient la portée et la forme de ces accords, il est certain qu'ils ne transforment pas la situation réglementaire des fonctionnaires en une situation contractuelle. Ces accords sont du reste mis en œuvre, après leur signature, par des mesures législatives ou réglementaires, selon les cas, à défaut de quoi ils restent dépourvus de valeur juridique[138] ».

Certes, mais ces accords ne sont pas pour autant de « simples déclarations d'intention ». Comme on l'a écrit[139] « ils ont certainement une portée morale et politique. L'État les observera : d'abord parce qu'il est *honnête homme* (c'est bien connu) ; ensuite, parce qu'il a intérêt à ne pas perdre la confiance de ses partenaires ».

Au demeurant, le fait – la pratique informelle de concertation et de contractualisation – s'est partiellement juridicisé.

D'abord, parce que, depuis la loi du 13 novembre 1982 entérinant les recommandations du Rapport Toutée[140], la négociation collective a officiellement été introduite dans les entreprises publiques du secteur concurrentiel[141]. Désormais, selon l'article L. 134-1 du Code du travail qui figure dans un

---

[132] V. not. M. Despax, *Traité de droit du travail*, G.-H. Camerlynk (dir.), t. 7, *Négociations, conventions et accords collectives*, Dalloz, 2e éd., 1989, n° 4, p. 9.
[133] R. Chapus, *op. cit.*, n° 58, p. 68 ; Y. Saint-Jours, *op. cit.*, p. 240.
[134] Y. Gaudemet, *op. cit.*, n° 36, p. 39.
[135] R. Chapus, *op. cit.*, n° 58, p. 69.
[136] CE 1er févr. 1999, *Association syndicale des contractuels du ministère de l'industrie*, *RFD adm.* 1999, p. 226, note C. Moniolle.
[137] Y. Gaudemet, *op. cit.*, n° 36, p. 39
[138] Une comparaison peut être tentée entre ces « accords » dans la fonction publique et les trois accords collectifs interprofessionnels négociés au sein de l'Union européenne par les partenaires sociaux européens : ils ont tous trois été repris par une directive qui les a purement et simplement enregistrés. V. cependant, depuis l'accord du 16 juillet 2002 sur le télétravail qui doit être transposé par voie conventionnelle.
[139] R. Chapus, *op. cit.*, n° 58, p. 70.
[140] Rapport sur l'amélioration des procédures de discussion des salaires dans le secteur public, *Notes et études documentaires*, 2 mars 1964, n° 3069.
[141] V. en particulier, N. Maggi-Germain, *Négociation collective et transformations de l'entreprise publique à statut*, LGDJ, Bibl. du droit social, t. 30, 1996, préface A. Supiot.

nouveau chapitre IV intitulé « Conventions et accords collectifs de travail dans les entreprises publiques et établissements publics à caractère industriel et commercial », dans ces entreprises, sous certaines réserves, « les conditions d'emploi et de travail ainsi que les garanties sociales peuvent être déterminées... par des conventions et accords collectifs de travail ».

Ensuite parce que, au sein même de la fonction publique, la loi du 13 juillet 1983 donne un « support législatif[142] » à la politique, informelle jusque là, de concertation. Selon l'article 8, alinéa 2 du Titre I du nouveau statut, « les organisations syndicales de fonctionnaires ont qualité pour conduire au niveau national avec le gouvernement des négociations préalables à la détermination de l'évolution des rémunérations et pour débattre avec les autorités chargées de la gestion, aux différents niveaux, des questions relatives aux conditions et à l'organisation du travail ».

A terme, un pas supplémentaire pourrait être franchi et un nouveau principe de subsidiarité sociale voir le jour. Observant que « la pratique de la concertation entre les pouvoirs publics et les organisations syndicales de fonctionnaires est devenue, à la suite des évènements de mai-juin 1968, une donnée permanente » un auteur[143] le suggère : « L'éventualité a été vite avancée d'articuler le statut général des fonctionnaires en deux parties : l'une législative et réglementaire concernant les règles d'organisation de la fonction publique et soumise pour toute modification, au principe du parallélisme des formes juridiques et l'autre conventionnelle concernant les questions sociales directement négociables avec les organisations syndicales les plus représentatives ». Et le même auteur de poursuivre[144] : « Le fait qu'une telle éventualité puisse être envisagée avec les modifications qu'elle comporte dans les structures de notre système juridique démontre ici encore, la puissance d'attraction exercée par les techniques du droit du travail sur la fonction publique ».

*

Faut-il conclure ? On l'a vu, d'inévitables rapprochements entre droit privé et droit public du travail s'opèrent ; de salutaires passerelles sont jetées entre les deux rives du droit. Quoi en définitive de plus normal ? Qu'il soit fonctionnaire ou salarié, dans les deux cas le travailleur est un travailleur subordonné. Or, cette même dépendance postule, sinon une identité complète de statut, à tout le moins une situation juridique assez comparable, et même sans doute de plus en plus comparable, même si inéluctablement demeureront certains particularismes. Pas plus qu'on ne peut nier la distinction droit public – droit privé, on ne peut nier qu'existent – et continueront à exister – certaines différences entre le fonctionnaire et le salarié. Mais, au-delà, ans doute faut-il se souvenir de l'enseignement de

---

[142] R. Chapus, *op. cit.*, n° 58, p. 69.
[143] Y. Saint-Jours, *op. cit.*, p. 241.
[144] *Ibid.*

Duguit[145] qui se plaisait à dire : « Il n'y a pas le droit public et le droit privé, il y a le Droit. »

[145] Cité par R. Guillien, « Droit public et droit privé », *Mélanges offerts à J. Brethe de la Gressaye*, Bordeaux, éd. Bière, 1967, p. 313.

6

LA RÉGULATION ET LA DISTINCTION DU DROIT PUBLIC ET DU DROIT PRIVÉ EN DROIT FRANÇAIS

Martine Lombard

Le terme de « régulation » bénéficie en droit français d'un véritable effet de mode, dont témoigne l'usage fait de ce mot par la loi du 26 juillet 1996 créant l'Autorité de régulation des télécommunications, par la loi du 10 février 2000 créant la Commission de régulation de l'électricité, ainsi que par la loi du 15 mai 2001 dont l'intitulé même est significatif, puisque la loi est présentée comme « relative aux nouvelles régulations économiques ». Corrélativement, le concept même de « régulation » subit cet engouement qui en remet en cause l'unité, voire le sens. Ce que le vocable gagne en extension, le concept le perd en effet en densité au point d'apparaître volatil, évanescent, voire vide de contenu.

Tantôt la régulation caractériserait l'objet tout entier du droit public de l'économie, conçu comme le droit de la régulation de l'économie par l'État et les autres collectivités publiques, seul le rôle de l'État et des autres collectivités publiques comme acteurs eux-mêmes sur le marché relevant peut-être d'une approche distincte. Tantôt la régulation est perçue comme marquant, à l'inverse, la fin du droit public de l'économie, dans sa conception classique, puisque ce dernier pouvait être défini comme le droit de l'intervention publique dans l'économie, alors que la régulation caractériserait une action se limitant à poser les règles du jeu et ne tendant plus à intervenir dans le jeu.

Il est vrai que, dans cette dernière acception, le mot de régulation est utilisé dans un sens quasiment synonyme de celui de réglementation, voire de règles de droit ou de l'activité de production de ces règles[1]. A suivre cette logique, la vogue récente du mot de régulation en droit français ne serait alors, par certains aspects, qu'une simple illustration d'une tendance à l'anglicisation de notre langue. Le législateur français ne semble d'ailleurs pas échapper totalement à cette tentation, ainsi qu'en témoigne la loi précitée du 15 mai 2001, dont les

---

[1] V. A. Jeammeaud, « Introduction à la sémantique de la régulation juridique », *in Les transformations de la régulation juridique*, LGDJ, 1998.

« nouvelles régulations économiques » ne sont, pour une part, qu'ajouts et précisions apportés aux règles du droit des sociétés commerciales.

Or, la France a d'autant moins besoin d'un tel anglicisme que le vocable même de « régulation » est connu et employé dans la langue française dès la fin du quinzième siècle et utilisé très tôt dans le sens qui est encore le sien notamment dans les sciences physiques et biologiques, c'est-à-dire le fait de « maintenir en équilibre un système complexe »[2]. La véritable richesse du mot de « régulation » apparaît bien plutôt de ce rapprochement entre le langage du droit et celui de la physique ainsi que de la biologie, qui font apparaître en commun l'idée de recherche d'un équilibre, mais au prix d'une série de mouvements, de changements constants, au service même de cet équilibre préservé.

Ainsi entendue, la fonction « régulatrice » de l'intervention d'une collectivité publique dans l'économie apparaît dès un arrêt du Conseil d'État du 23 juin 1933, *Lavabre*[3]. Le maintien d'une boucherie municipale, créée pour lutter contre une hausse excessive des prix, peut être légalement admis, dès lors que celle-ci a permis d'« exercer une action régulatrice sur le cours d'une denrée ». Apparaît aussi, dès cette occasion, l'idée que l'intervention d'une collectivité publique, qui se fait elle-même entrepreneur ou commerçant, opérateur économique parmi d'autres, peut elle-même relever d'une action de « régulation » de l'économie.

Il est vrai qu'il reste relativement rare que la jurisprudence utilise explicitement le mot de « régulation ». Certes, l'expression figure dans une décision du Conseil d'État du 22 novembre 2000, *Société Crédit agricole IndoSuez*[4], qui vise expressément la « mission de régulation » dont est investi le Conseil des Marchés Financiers, mais le terme n'est pas davantage explicité.

Une étude réalisée sur les autorités administratives indépendantes, publiée en 2001 dans le Rapport public du Conseil d'État[5], a tenté de préciser les termes du « débat relatif à la régulation des activités économiques et sociales dans une économie de marché et au rôle de l'État dans cette régulation »[6]. Après un rappel du sens générique du mot de « régulation », consistant à « faire fonctionner correctement un système complexe », cette étude évoque deux acceptions successives de ce terme, l'une étant présentée comme « étroite » et l'autre « plus large ». Dans la première acception, la régulation désignerait une action « intermédiaire entre la détermination des politiques elles-mêmes et la gestion proprement dite », l'autorité de régulation se consacrant essentiellement au contrôle du respect des textes, tandis que l'État conserve la responsabilité principale de la détermination des règles. Dans la deuxième acception, il s'agirait moins de qualifier des faits par rapport à des normes préétablies, que de « chercher par tous moyens à susciter des standards de comportement », ce qui serait essentiellement le cas en matière de régulations financières. Ces deux acceptions ont en commun de souligner que la régulation est conçue comme

---

[2] *Dictionnaire historique Robert.*

[3] *S.* 1933.3.81, concl. Rivet, note R. Alibert.

[4] *CJEG*, 2001, p. 68, avec les concl. A. Seban.

[5] *EDCE*, n° 52.

[6] *La Doc. fr.* 2001, p. 278.

devant permettre de ne pas opposer marché et État, mais d'« encadrer la concurrence et de mettre celle-ci au service d'objectifs politiques conciliant efficacité et équité »[7].

Par-delà la diversité des usages du vocable de régulation, c'est bien là en effet qu'apparaît l'unité fondamentale du concept. La régulation tend à la recherche d'un équilibre entre des objectifs de nature différente, caractérisés tantôt comme concurrence et « qualité du service »[8] tantôt, d'une façon plus générale, comme la « concurrence et autre chose que la concurrence »[9]. Cette approche a le mérite de permettre d'éviter de confondre autorités de régulation et autorité générale de la concurrence, dont les fonctions visent simplement à assurer le jeu de la concurrence. Dans la définition de la régulation caractérisant celle-ci comme la recherche d'un équilibre entre le libre jeu de la concurrence et d'autres impératifs publics, la régulation ne saurait se réduire en effet au premier terme.

C'est précisément parce que le concept de régulation conjugue libre jeu de la concurrence et d'autres impératifs publics, tels que le bon fonctionnement des services publics, la protection de l'environnement, le souci de cohésion sociale et territoriale, qu'il tend à effacer les frontières entre droit privé et droit public. Le droit de la régulation participe du droit de la concurrence et du droit du service public, autant qu'il les dépasse. Il est vrai que cette approche même peut paraître suspecte tant aux juristes de droit public que de droit privé en France. Les juristes de droit public se montrent volontiers suspicieux à l'idée de voir le concept d'intérêt général se commettre avec celui de concurrence. Inversement, les praticiens du droit de la concurrence peuvent éprouver quelque méfiance à l'égard d'un droit qui se présente, de part en part, de par ses enjeux, comme un droit politique, au sens le plus fort de ce terme.

I. – LE CONCEPT DE RÉGULATION TEND À EFFACER LES FRONTIÈRES ENTRE DROIT PUBLIC ET DROIT PRIVÉ

La distinction traditionnelle entre droit public et droit privé s'estompe, en matière de régulation, tant du point de vue des règles de fond et des techniques juridiques que de la compétence contentieuse.

A. – LA RÉGULATION EMPRUNTE AUX TECHNIQUES CLASSIQUES DU DROIT PUBLIC, MAIS SANS S'Y LIMITER

La régulation implique une intense activité de réglementation, non pas tant parce qu'il s'agit de brider la concurrence, mais au contraire parce qu'il s'agit de lui faire place, en mettant fin, parfois, à des situations de monopole. Or, si celles-ci s'accommodent de règles simples, l'ouverture à la concurrence d'un secteur autrefois organisé sous forme de monopole nécessite quant à elle un entrelacs de

---

[7] *Ibid.*, p. 283.

[8] S. Braconnier, « La régulation des services publics », *RFDA*, 2001, p. 45 et s.

[9] M.-A. Frison-Roche, « Le droit de la régulation », *D.* 2001, p. 610.

règles beaucoup plus complexes. Il a été souvent souligné à cet égard que l'ouverture à la concurrence s'analyse moins en une « déréglementation », si fâcheusement nommée, qu'en une re-réglementation, c'est-à-dire une autre réglementation.

Celle-ci est d'abord l'œuvre des autorités de l'État, à qui incombe la préparation des lois et décrets, ainsi que la participation aux négociations internationales en la matière. Si le rôle des autorités de régulation est essentiellement dans « la mise en œuvre des règles du jeu », ainsi que le soulignait l'exposé des motifs du projet qui deviendra la loi du 26 juillet 1996 relative à la réglementation des télécommunications, il serait imprudent de penser que ces règles du jeu puissent être dès l'abord et définitivement toutes conçues de façon si parfaite que l'autorité de régulation n'aurait plus qu'à se soucier d'en assurer le respect.

Le Conseil constitutionnel avait, certes, souligné que l'habilitation donnée par la loi à ces autorités administratives d'exercer un pouvoir réglementaire « ne concerne que des mesures de portée limitée tant par leur champ d'application que par leur contenu »[10]. Dès la décision du Conseil d'État du 26 juin 1998, *Sté AXS Télécom*[11], il est apparu cependant qu'une interprétation relativement constructive de l'étendue de ce pouvoir réglementaire s'imposait pour pallier les silences et imprécisions de la loi.

Paradoxalement, cependant, ce n'est peut-être pas le pouvoir réglementaire des autorités de régulation qui constitue l'aspect le plus important de la réalité de leur pouvoir normatif. Les décisions de règlement de différend, accompagnées de communiqués de presse mettant en perspective les réponses apportées par l'autorité de régulation et les enjeux du litige ainsi que les prolongements que pourrait avoir telle prise de position, ou encore les avis donnés par les autorités de régulation, dont les principaux éléments sont également mis en relief par le communiqué de presse qui les accompagne, participent autant à la production « normative » des autorités de régulation que l'exercice de pouvoir réglementaire proprement dit.

Bien plus, ces « normes molles » sont souvent d'une portée beaucoup plus vaste que ce dernier, et donc autrement plus efficaces pour modeler véritablement les règles du jeu. Certes, ce n'est pas le privilège des seules autorités de régulation que de devoir pallier l'obscurité des règles – voire leur absence – et l'administration se trouve également quotidiennement dans cette situation. Cependant, parce que la régulation touche précisément au jeu de la concurrence et parce que des entreprises en situation de concurrence doivent bénéficier d'informations équivalentes, l'autorité de régulation se doit de faire connaître haut et fort les solutions qu'elle a ainsi apportées, par des communiqués de presse, des bulletins réguliers d'informations ou encore ses rapports annuels d'activité, alors que l'administration classique aurait tendance à opérer de façon beaucoup plus discrète, voire subreptice. Avec la régulation, la culture du précédent entre en force dans les modalités de l'action publique, avec ce que cela

---

[10] Déc. 96-378 DC du 23 juill. 1996, *AJDA*, 1996, p. 694, note O. Schrameck.

[11] *AJDA*, 1998, p. 636.

impose de transparence et de publicité quant à l'existence de ces précédents même.

Certes, l'exercice tendant à « maintenir un équilibre entre des exigences contraires », selon l'expression de Marie-Anne Frison-Roche, qui observe qu'il y a de « l'acrobatie » dans le droit de la régulation[12], n'est pas entièrement original, puisqu'il est de l'essence même de la police administrative. Cependant, l'autorité de police ne veille pas, quant à elle, à faire connaître précisément quelle autorisation elle a donnée, pourquoi elle l'a donnée et à quelles conditions, alors que cette publicité est de l'essence même de la régulation, pour éviter toute distorsion dans le jeu de la concurrence.

Les procédés de la police sont également divers : règlements mais aussi décisions individuelles, autorisations mais aussi injonctions, enquêtes et opérations matérielles d'exécution. Pourtant, la régulation ne pourrait être véritablement comparée à la police qu'à la condition, en tout état de cause, d'inclure dans ce dernier concept la police judiciaire et non pas seulement la police administrative. L'Autorité de régulation des télécommunications, la Commission de régulation de l'électricité, mais aussi la Commission des opérations de bourse, le Conseil des marchés financiers et la Commission bancaire, que la loi relative aux nouvelles régulations économiques qualifie expressément d'« autorités de régulation », détiennent toutes en effet un pouvoir de sanction, se traduisant notamment par des amendes que ces autorités peuvent elles-mêmes prononcer, lorsque le manquement qu'elles ont constaté n'est pas constitutif d'une infraction pénale. Leur rôle ne se limite donc pas à prévenir les infractions, mais aussi à réprimer celles qui ont pu être commises.

Par ailleurs, tant l'Autorité de régulation des télécommunications que la Commission de régulation de l'électricité et le Conseil supérieur de l'audiovisuel, depuis la loi du 1er août 2000, se sont vu reconnaître un pouvoir de règlement des différends, qui va bien au-delà d'un pouvoir de conciliation, également prévu mais de façon distincte par la loi. Après une procédure contradictoire, ponctuée d'échanges de mémoires entre les entreprises (mémoire en saisine, mémoires en réponse, réplique, duplique, etc.), jusqu'à une séance finale qui se tient en principe en audience publique, l'autorité de régulation prend une décision motivée, qui s'impose aux parties. Or, dans le cadre de la police, il peut être fait appel au bien-nommé « gardien de la paix » pour tenter d'apaiser les querelles de voisinage ou veiller, du moins, à ce qu'elles ne dégénèrent pas en troubles à l'ordre public, mais son rôle n'est pas de décider qui a raison et qui a tort par une décision tranchant le différend. La décision de règlement du différend prise par l'autorité de régulation tranche, quant à elle, le litige. Elle est susceptible de recours devant une juridiction où les deux parties sont susceptibles de continuer à s'affronter sur la question du maintien ou de l'annulation, ou encore de la réformation, d'une décision qui est bien plus proche de celle d'un « juge de paix » que de celle d'une autorité de police.

Enfin, ce n'est pas le rôle des autorités de police, mais c'est bien celui des autorités de régulation, que d'organiser des consultations publiques sur telle ou

---

[12] M.-A. Frison-Roche, *op. cit.*, p. 613.

telle question d'importance majeure, avant que l'autorité de régulation, le gouvernement, ou même le Parlement, aient à trancher.

Certes, le recours à la notion de police peut être parfois éclairant, pour distinguer, par exemple, parmi les décisions de retrait d'agrément prises par la COB, celles qui relèvent d'un pouvoir de sanction et ne peuvent donc intervenir que dans le respect des principes énoncés par l'article 6, § 1, de la Convention européenne des droits de l'homme, et celles qui relèvent du seul exercice du pouvoir de police, auxquelles les mêmes garanties procédurales ne s'appliquent pas nécessairement[13]. Cette jurisprudence ne fait cependant que mieux souligner, précisément, les limites de la notion de police en ce domaine.

B. – Le contentieux de la régulation révèle la difficulté du partage traditionnel de compétences entre les deux ordres de juridictions

En tant qu'autorités administratives, les instances en charge des missions de régulation devraient voir le contentieux de l'annulation ou de la réformation des décisions qu'elles prennent relever de la compétence de la juridiction administrative, conformément aux principes énoncés par le Conseil constitutionnel dans sa décision 224-DC du 23 janvier 1987. Il est vrai que celui-ci a précisé que, « dans la mise en œuvre de ce principe, lorsque l'application d'une législation ou d'une réglementation spécifique pourrait engendrer des contestations contentieuses diverses qui se répartiraient, selon les règles habituelles de compétences, entre la juridiction administrative et la juridiction judiciaire, il est loisible au législateur, dans l'intérêt d'une bonne administration de la justice, d'unifier les règles de compétence juridictionnelle au sein de l'ordre juridictionnel principalement intéressé ».

Sans doute peut-on écrire que le Conseil constitutionnel a simplement « appliqué cette jurisprudence à propos de l'attribution du contrôle de certaines décisions de l'Autorité de régulation des télécommunications à la Cour d'appel de Paris »[14] dès lors qu'il a fait appel à nouveau aux « nécessités d'une bonne administration de la justice »[15]. Pourtant, il faut observer que, loin d'unifier dans cette matière la compétence juridictionnelle au sein d'un ordre de juridiction, la loi a créé bien plutôt un extraordinaire imbroglio, en attribuant à la Cour d'appel de Paris le contentieux de la réformation ou de l'annulation des décisions de règlements de différend prises par l'Autorité de régulation des télécommunications, alors que la compétence du Conseil d'État continue de s'exercer pour les éventuelles décisions de sanction que pourrait prendre la même Autorité de régulation, notamment dans l'hypothèse où sa décision de règlement d'un différend n'a pas été correctement mise en œuvre par telle ou telle partie. Non seulement il n'y a pas unification des compétences juridictionnelles, mais la même affaire risque de devoir être soumise

---

[13] CE 22 juin 2001, *Société Athis*, *AJDA*, 2001, p. 638, chron. M. Guyomar et P. Collin, p. 634.

[14] L. Favoreu et L. Philip, *Les grandes décisions du Conseil constitutionnel*, 11e éd., Dalloz, 2001, n° 41, p. 708.

[15] Déc. 96-378-DC précitée.

successivement – voire simultanément, sous des éclairages à peine différents – à la juridiction judiciaire et à la juridiction administrative.

Il a été justement observé à cet égard que « le contentieux des décisions des autorités de marché reste éclaté, non seulement de l'une à l'autre, mais encore pour une même autorité, selon le type de décision (sanction ou non), voire selon le type de sanction »[16].

Il est pourtant d'autant plus significatif que le législateur, qui ne pouvait pas ignorer qu'il n'unifiait en rien les règles de compétences juridictionnelles en opérant de tels choix, leur soit pourtant resté fidèle, y compris dans leurs apparentes errances, et ce non seulement pour le contentieux des décisions des autorités financières, mais aussi pour l'Autorité de régulation des télécommunications, et d'autres institutions de régulation également chargées d'une mission de règlement de différend. Sans doute faut-il relever, à cet égard, que l'intérêt d'une « bonne administration de la justice » va au-delà de la seule préoccupation d'unification des règles de compétence juridictionnelle. Il est vrai que cette dernière, si elle devait être poussée jusqu'au bout de sa logique, impliquerait bien d'autres réformes, de plus grande envergure encore.

Ce choix n'est pas sans conséquences, car même si le contentieux en annulation ou en réformation des décisions des autorités de régulation porté devant la Cour d'appel de Paris peut s'analyser comme un contentieux de pleine juridiction matériellement « administratif », les règles de procédure suivies devant la Cour d'appel de Paris témoignent de quelques singularités par rapport aux règles usuelles du contentieux administratif. C'est ainsi, pour le contentieux des décisions de règlement de différend, que les parties à la procédure devant la Cour d'appel de Paris sont les deux entreprises parties à la procédure de règlement de différend devant l'autorité de régulation, à l'exclusion de cette dernière, qui est pourtant l'auteur de la décision dont est demandée l'annulation ou la réformation. Certes, celle-ci peut présenter des observations, tant écrites qu'orales, mais elle s'exprime en dernier lieu, juste avant l'avocat général, et dans une situation similaire, à bien des égards, à celle du Parquet.

C'est précisément parce que la Cour d'appel de Paris tranche un litige qui oppose essentiellement, non pas une autorité administrative et une entreprise, mais bien deux entreprises, l'une à l'autre, qu'il apparaît logique que le législateur ait procédé à cette attribution de compétence au juge judiciaire. S'il fallait aller plus loin dans le sens de l'unification des compétences juridictionnelles, il est loin d'être évident, dans ces circonstances, que le choix devrait être fait en faveur d'une unification des compétences autour du juge administratif plutôt que du juge judiciaire.

II. – LES ENJEUX DE LA RÉGULATION EN FONT UN DROIT « POLITIQUE » PAR NATURE

Instrument du politique en économie de marché, même si elle est parfois présentée, à l'inverse, comme participant de l'idéologie de la fin du politique

[16] P. Delvolvé, « Le pouvoir de sanction et le contrôle du juge », *Petites affiches*, 2001, n° 185, p. 23.

dans une économie mondialisée, la régulation rencontre nécessairement la question de la mise en œuvre contemporaine du principe démocratique.

A. – RÉGULATION ET RECHERCHE DE L'INTÉRÊT PUBLIC

L'expression « régulation des services publics » est couramment employée, notamment dans le titre même d'un rapport du Commissariat général du Plan publié en mai 2000 et consacré plus spécifiquement à la « régulation des services publics en réseau ». Il est possible de se demander, cependant, si cette expression n'est pas d'une concision quelque peu excessive, dès lors qu'il s'agit moins de réguler un service public, en tant que tel, que de réguler un secteur de l'économie, parfois récemment ouvert à la concurrence aux fins notamment de préserver les missions de service public dans ce secteur de l'économie, tout en réalisant un équilibre entre l'ouverture à la concurrence et les autres finalités d'intérêt général. Cette recherche d'un équilibre entre différents impératifs publics est en effet au cœur de la démarche adoptée en France pour les secteurs des télécommunications et de l'énergie électrique, mais elle n'est pas étrangère non plus aux secteurs de la distribution du gaz naturel, ainsi que de la poste, des transports ou des produits de santé.

S'il appartient aux plus hautes autorités de l'État, Parlement et Gouvernement, de définir les missions même de service public, dans le respect naturellement des textes communautaires et des obligations internationales de la France, il revient aux autorités de régulation de veiller à ce que ces missions puissent être effectivement accomplies, dans le cadre d'un marché ouvert à la concurrence. C'est ainsi que la loi du 10 février 2000, transposant en France la directive communautaire de 1996 relative à l'établissement d'un marché intérieur dans le secteur de l'électricité, précise que le rapport établi chaque année par la Commission de régulation de l'électricité a notamment pour objet d'évaluer « les effets de ses décisions sur l'exécution des missions de service public ». Dans le domaine des télécommunications, l'Autorité de régulation des télécommunications doit procéder notamment à une évaluation des coûts spécifiquement liés aux missions de « service universel ». Ces coûts donneront lieu ensuite à compensation, par le biais du fonds de financement du service universel, lui-même alimenté par les contributions financières versées par les différents opérateurs intervenant sur le marché des télécommunications, au prorata de leur importance respective.

D'autres impératifs publics devront également être pris en compte par les autorités de régulation, tels que la préoccupation d'aménagement du territoire (c'est ainsi que l'Autorité de régulation des télécommunications veille, par exemple, à ce que les licences UMTS soient accordées en priorité aux opérateurs qui prennent l'engagement de couvrir le plus rapidement possible la plus grande part du territoire et non pas seulement quelques grandes villes). Les préoccupations de protection de l'environnement sont également prises en compte, par exemple dans un avis du 22 juin 2001 donné par la Commission de régulation de l'électricité à propos des tarifs d'achat de l'électricité produite par les éoliennes (même si, en l'occurrence, l'apport à la protection de l'environnement, à la qualité de l'air et à la lutte contre l'effet de serre, n'est pas apparu à l'autorité de régulation contrebalancer suffisamment, dans ce cas précis, le surcoût tarifaire lié à la volonté de faire une large place aux énergies renouvelables). Les impératifs de santé publique, la sauvegarde de la liberté et du pluralisme de l'information, ou encore le souci de protection de l'épargne seront autant d'autres impératifs publics dont les autorités de régulation devront conjuguer les exigences avec le libre jeu de la concurrence.

Sans doute n'ont-ils pas tous une force équivalente, et l'équilibre à trouver privilégiera tantôt le libre jeu de la concurrence, comme c'est le cas en matière de régulations financières, tantôt la préservation d'autres intérêts publics, comme c'est le cas en matière de régulation du secteur du médicament. Dans un cas comme dans l'autre, le choix est cependant éminemment « politique », en tant qu'il traduit et met en œuvre une hiérarchie des priorités et des valeurs, une certaine conception de ce que doit être la vie de la Cité.

B. – RÉGULATION ET DÉMOCRATIE

Parce qu'elle relève du « politique », au sens le plus fort, la régulation traduit un rapport entre le droit et l'économie qui ne peut s'abstraire du respect de l'exigence démocratique. Certes, il a été souvent souligné que la régulation, pour être efficace, doit être acceptée par les opérateurs, ce qui impliquerait qu'elle se détache du passage nécessaire par l'État et son organisation administrative. Parce qu'elle est liée à l'économie de marché, qui serait réfractaire à l'idée même de hiérarchie, la régulation devrait être consentie, impartiale, transparente, indépendante, bref à l'abri de l'« arbitraire politico-administratif » qui serait nécessairement celui des administrations de l'État.

Outre une petite faiblesse liée à la conception fréquemment caricaturale qu'elle développe quant à l'action des autorités de l'État, cette présentation de la régulation présente parfois aussi l'inconvénient de ne pas toujours approfondir suffisamment, peut-être, le concept même d'« indépendance » de l'autorité de régulation et les motifs de cette indépendance, nécessaire ou souhaitée, par rapport au pouvoir politique.

Dans certains domaines, il existe certes des justifications évidentes à l'indépendance qui doit être celle de l'autorité de régulation par rapport, sinon à l'État, du moins au pouvoir exécutif au sein de l'État. Ainsi, dans les secteurs nouvellement ouverts à la concurrence, dans lesquels l'État reste fortement présent à travers le contrôle qu'il exerce sur l'« opérateur historique » (France Télécom, Électricité de France, Gaz de France, etc.), les fonctions de l'État régulateur doivent être nécessairement séparées de celles de l'État opérateur sur le marché, d'où résulte l'autonomie nécessaire de l'autorité de régulation par rapport au pouvoir exécutif.

Il peut en aller de même dans un domaine où le politique se défie de lui-même, parce que l'expérience prouve qu'il a trop souvent tendance à sacrifier les intérêts de long terme sur l'autel des intérêts de court terme. Il en est ainsi, par exemple, en matière monétaire, où le souci de relance conjoncturelle l'a régulièrement emporté au cours des dernières décennies, du moins en France, sur la préoccupation de stabilité des prix. La France a donc pu faire le choix, avec ses partenaires européens, de conférer une véritable indépendance à la banque centrale, et plus largement au système européen de banques centrales, cette indépendance s'exerçant non seulement à l'égard du pouvoir exécutif, mais aussi à l'égard des Parlements[17].

De même, en matière de régulations financières, il a été justement souligné que « l'expression d'une puissance publique nationale, sans doute même locale, y compris la puissance européenne, est vaine en raison de la mobilité des opérateurs et de la désincarnation de l'économie », de sorte qu'« il n'y a aujourd'hui de régulation qu'acceptée par les régulateurs », ce qui implique un rapport détaché de l'État[18].

Il y a là autant de fortes justifications à une indépendance du régulateur, tantôt par rapport à l'État, tantôt par rapport à l'un des pouvoirs au sein de l'État. Elles ne valent pourtant que pour certains secteurs de l'économie, même s'ils sont loin d'être mineurs.

En revanche, le thème de l'efficacité d'un « pouvoir arbitral », qui serait celui des autorités de régulation agissant dans le cadre de procédures contradictoires et transparentes, et constituerait « une forme de droit privé s'appliquant dans la sphère publique », distinct de la « décision discrétionnaire des élus nationaux »[19], doit nécessairement être conjugué avec celui du respect nécessaire de l'exigence démocratique, dont, à cette heure, les États restent encore un lieu d'expression privilégié.

C'est là l'un des thèmes majeurs des travaux menés dans les pays anglo-saxons sur les autorités de régulation : Devant qui doivent-elles « rendre compte » ? Peuvent-elles engager leur responsabilité ? Comment articuler action des autorités de régulation et responsabilité politique (et non pas seulement financière) ?

Or, en France, l'étude des relations entre autorités de régulations et pouvoirs politiques reste encore largement en friche, pour ce qui concerne du moins les études proprement juridiques.

Peut-être est-ce parce que la régulation dépasse précisément les clivages entre droit public et droit privé que ce thème reste encore largement inexploré en France, alors qu'il apparaît essentiel. En effet, pour appréhender la régulation dans tous ses éléments, les juristes de droit français doivent surmonter tout d'abord les séparations académiques usuelles entre droit public et droit privé, que l'on ne peut méconnaître, de ce côté de la Manche, sans s'exposer à bien des dangers et des critiques. Cette dualité rend peut-être les juristes français plus réticents que d'autres à appréhender le droit de l'économie de marché dans toute sa complexité.

---

[17] V. E. Cohen, *L'ordre économique mondial. Essai sur les autorités de régulation*, Fayard, 2001, p 167.

[18] M.-A. Frison-Roche, « Exemples de régulation et de contrôle étrangers », *Petites affiches*, 2001, n° 185, p. 35.

[19] E. Cohen, *op. cit.*, p. 279.

PART TWO/DEUXIÈME PARTIE

THE BRITISH VISION/ APPROCHES BRITANNIQUES

1

THE EVOLVING APPROACH TO THE PUBLIC / PRIVATE DISTINCTION IN ENGLISH LAW

Mark Freedland

I. – INTRODUCTION

In this chapter I shall put forward some ideas about the manner in which the distinction between public and private law has evolved and is evolving in English law[1]. I shall try to suggest ways in which those ideas might help to explain and unify the writings by Oxford colleagues in the present symposium. I do not, however, thereby imply that this chapter is in any real sense a *rapport de synthèse* of the "Oxford part" of this symposium[2]. That would claim at once too much and too little for the present chapter and its role in the present work. It would claim too much because I do not presume to summarise or encapsulate in any comprehensive way the reflections of my colleagues in their respective chapters. It would claim too little because I am putting forward a set of suggestions which do not necessarily flow from the other chapters, and with which the other authors would by no means necessarily agree.

The chapter proceeds in two stages. The first stage, which occupies most of the chapter, consists of a brief survey of the way in which the public/private distinction has been approached and is being approached by English jurists and judges. At this stage it will be considered how far and for what reasons those judges and jurists have been willing to assert or accept the distinction, and in particular it will be sought to identify the recent and current trends in this

[1] The term "English law" is used to refer to the law of England and Wales. The present author prefers in general to deal with the law of the United Kingdom as a whole where that is possible, but in relation to this topic that would be difficult given the extent of actual and potential divergence between English and Scottish law (as to which compare the comparative Annex to Dawn Oliver, *Common Law and the Public-Private Divide,* Butterworths, London, 1999).

[2] I use that term to refer to the chapters written in English by the authors from Oxford; it should be noted that our contributions are not wholly confined to English law, though we can be said to be writing from an English law standpoint.

respect. At the second stage a set of arguments will be presented for maintaining the distinction more strongly than is currently fashionable, and I shall consider how that set of arguments bears upon the other papers in the "Oxford part" of this symposium, and serves to heighten their significance in the comparative context of the present symposium.

II. – The evolution and current state of the distinction in English Law

A. – Terminology – Public law, administrative law, and constitutional law

We should begin by trying to specify with some precision the sense in which we are considering the public/private distinction. The distinction is discussed in general political theory or philosophy[3]; but we have a more particular concern with the distinction between public law and private law. Many writers have been inclined to see that more particular question as itself one of legal philosophy or political theory[4]; for example, Peter Cane began his seminal essay on the question with the assertion that:

> "The distinction between public law and private law is one (or a subset) of a complex set of distinctions concerned with demarcating the public and private spheres of life";

and he continued:

> "The public-private distinction is commonly associated with liberal political theory"[5].

Without in any way denying those political and philosophical dimensions, this chapter concentrates on the distinction between public law and private law in English juristic and juridical exposition.

However, it must be admitted that one cannot, by thus narrowing the field of inquiry to that of English juristic and juridical exposition, hope to have identified an objective or dispassionate discussion. Few if any distinctions in English legal discourse are more charged with ideology than this one. The drawing of the distinction between public law and private law has become, for English lawyers, a wonderfully intricate mixture of taxonomy and ideology (as the drawing of the distinction between Common Law and Equity used to be, and perhaps for not wholly dissimilar reasons[6]). We can do a little bit to disentangle the taxonomical and ideological threads.

---

[3] Compare for instance Judith A Swanson, *The Public and the Private in Aristotle's Political Philosophy,* Cornell University Press, Ithaca, 1992, Joseph Raz, *Ethics in the Public Domain – Essays in the Morality of Law and Politics,* Clarendon Press, Oxford, 1995.

[4] Thus Martin Loughlin, *Public Law and Political Theory,* Clarendon Press, Oxford, 1992.

[5] Peter Cane, "Public Law and Private Law: A Study of the Analysis and Use of a Legal Concept" in John Eekelaar and John Bell (eds), *Oxford Essays in Jurisprudence Third Series*, Clarendon Press, Oxford, 1987, at 57.

[6] Thus is it interesting to remind oneself of the parallels which Dicey perceived between the evolution of *droit administratif* in French law, and of Equity in English law – see AV Dicey, *Introduction to*

The first and major point to be made in this respect is that, for English lawyers, this whole debate is not so much about distinguishing between public law and private law – as if both were well-established categories – but more about whether to recognise or accept public law as a distinct part of English law. Few people seem to have any difficulty with the idea that English law has a private law part or aspect[7]. It is that particular act of recognition or acceptance, the admission that "we do have public law", which has seemed to be of such symbolical or ideological significance.

It is interesting that, when we talk about what everybody agrees are the main constituent elements of public law, namely constitutional law and administrative law, the issues are primarily taxonomical ones about the scope of the categories rather than ideological ones about the existence or legitimacy of the categories. It was not ever thus; the early protagonists of English administrative law had to argue for its acceptance as a legitimate pursuit[8]. By 1997, by contrast, Michael Taggart and his colleagues could publish a set of papers on "The Province of Administrative Law", which was to all intents and purposes a discussion of the status and scope of public law, without their title appearing to be a specially provocative one. In these days, it is the notion of English public law which is still specially contested; it is as if there is still something specially un-English about public law. We should pursue the questions of how that perception came about and why it has to some extent persisted.

B. – The Impact of Diceyan Negative Comparative Law

The starting point for that perception, its late Victorian origins which somehow continue to be haunting ones, is of course to be found in Dicey's famous thesis, propounded in his *Introduction to the Law of the Constitution*[9] in which French *droit administratif,* treated by him as the icon of a continental public law tradition, is contrasted with an English notion of the Rule of Law which admits no separation between public and private law. This was an exercise in negative comparative law, in the sense that French *droit administratif* was cited as a model of what English constitutional law and practice should not do, and as illustrating features which it was a matter for rejoicing that English law did not display.

---

the Study of the Law of the Constitution, (Macmillan, London, 10th edition 1959, reproducing the text of the 7th edition 1908, the last to be revised by Dicey himself), at 380-383.

7 Thus the decision of Professor Birks and his colleagues, and of the Oxford University Press, to create and publish in 2001 a synoptic treatise on English Private Law did not in itself seem to require ideological justification (though some of the authors, including the present one, had some issues about whether their particular topics, such as that of Employment Law, fitted neatly into the category). I venture to speculate that the companion treatise on English Public Law will be perceived by its authors and its audience to require more elaborate self-justification.

8 Compare WA Robson, *Justice and Administrative Law,* Stevens, London, 1928; Cecil T Carr, *Concerning English administrative law,* Oxford University Press, London, 1941; JAG Griffith and H Street, *Principles of administrative law,* Pittman, London, 1952; HWR Wade, *Administrative Law,* Clarendon Press, Oxford, 1961.

9 Cited at fn 6 above; the thesis is contained in Chapter XII "Rule of Law compared with *Droit Administratif*".

Although undoubtedly one of the foundational institutional writings of English law, it is fraught with ironies, ambiguities and contradictions, both in its inception and in the impact which it has had. The main irony was that, for all Dicey's considerable standing as a technical comparatist, his depiction of a key contrast, between a French system of *droit administratif* essentially privileging and protecting public officials and an English system essentially subjecting them to the general law in a uniform way[10], was seriously misconceived. Dicey himself was gradually driven to recognise that his disparagement of the French legal system, redolent of Rudyard Kipling's pity for "lesser breeds without the law", had been unduly condescending[11]. But he never fully accepted the degree of convergence which had taken place between the French system as it moved away from its revolutionary and Napoleonic phases, and the English system which continued to maintain the substantial civil immunity of the Crown and its servants until the Crown Proceedings Act 1947.

There is much scope for argument, and there has been much debate, about the nature and political implications of the Diceyan ideal which underlay his opposition to *droit administratif*. It is quite hard to capture the particular subtle creative tension which Dicey envisaged between Parliamentary sovereignty and the Rule of Law; indeed, Dicey himself had come to realise the fragility of this balance by 1914, when Parliament had engaged in a legislative programme which was too socialistic for his conservative disposition[12]. There are various different accounts of the legal-political theory which Dicey espoused. For Martin Loughlin, it was the very foundation of a conservative normativist tradition of public law thought, normativist in its insistence upon the subordination of government to law, and conservative in its location of the law in the casuistic doctrine of the common law judges[13]. Robert Stevens, on the other hand, has recently emphasised Dicey's concern to constrain judicial creativity within a basically Utilitarian framework of principles of law[14].

Dicey's approach, of which I think Loughlin's account is probably the most cogent one, has probably had at least as much influence upon the judges as upon the academic theorists. As recently as 2002, no less a person than Lord Bingham, in turn the Master of the Rolls, Lord Chief Justice and the Senior Law Lord, re-vindicated Dicey's assertion of the importance of the primacy of the ordinary courts:

> "What Dicey viewed with disfavour was the allocation of official claims to official judges sitting in official courts. His analysis may have been wrong but his judgment, as applied to our system, was sound. I would myself view

---

[10] See Dicey, *Introduction*, at 337-350.

[11] Thus his introductory note to the relevant chapter in his final 7th edition accepted that "the administrative law of France, based as it originally was on the prerogatives of the Crown under the *ancien regime*, has of recent years, by the genius of French legists, been more or less judicialised ... and incorporated with the law of the land". See Dicey, *Introduction*, at 328 n1.

[12] Compare Martin Loughlin, *Public Law and Political Theory*, Clarendon, Oxford, 1992, at 153-162 for a full reflection on this point.

[13] See Loughlin, *op. cit.*, especially at 60, and more generally at 140 *et seq.*

[14] Compare Robert Stevens, *English Judges – Their Role in the Changing Constitution*, Hart Publishing, Oxford, 2002, at 16.

> with suspicion any body, outside the province of the ordinary courts, deciding rights between the citizen and the state in any of its manifestations, unless the lawfulness of its decisions were reviewable by the ordinary courts. This, as I understand, was Dicey's essential point"[15].

Although those words come from the pen of a champion of civil liberties and of the independence of the judiciary from the executive, they nevertheless speak to Dicey's long-term success in inhibiting the development of distinct public law in the English legal tradition.

C. – The Middle and Late Twentieth-Century Evolution of Public Law

Note that I was careful to use the terminology of inhibition rather than of prevention. Robert Stevens has graphically chronicled how English public law descended to its nadir in the 1940s and 1950s, achieving a kind of deference through formalism.[16] However, things changed with an almost surprising swiftness after that. First, from the mid-1960s onwards,

> "While the House of Lords crafted a new role for the judges in public law, Lord Denning, by then installed as Master of the Rolls was, more flamboyantly, advertising the potential and real power of the judges"[17].

Then a rather ironical set of twists occurred in the late 1970s and early 1980s. The arcanely disparate procedures for judicial review of administrative action were consolidated into a single process by the introduction of the new Order 53 of the Rules of the Supreme Court in 1977, and this reform was embodied in primary legislation in 1981[18].

In the landmark decision in *O'Reilly v Mackman* in 1983[19], the House of Lords confirmed that these reforms had brought about quite a strict procedural exclusivity whereby it would be regarded as an abuse of process to pursue a claim which was primarily appropriate for judicial review by the general procedure for private law actions, and *vice versa.*

This essentially procedural evolution both preceded and demanded a systematic articulation of the substantive principles of public law, and the basis of that articulation was duly provided quite shortly thereafter by Lord Diplock in the shape of the famous trilogy of illegality, irrationality, and procedural impropriety which he identified in the *GCHQ* case in 1984[20].

It has been all too easy to assume, as this writer has certainly tended to do, that, although some fundamental issues of course remained unresolved, and although this body of law would change as it continued to develop, nevertheless

---

[15] Lord Bingham of Cornhill, "Dicey Revisited", (2002) *Public Law* 39-51.

[16] See Robert Stevens, *op. cit.,* at 14-33, especially at 30-33.

[17] *Ibid.*, at 41.

[18] In the shape of Section 31 of the Supreme Court Act 1981. (That terminology, for so long casually used to refer to the superior court system as created by the Supreme Court of Judicature Act 1875, now starts to have a very different resonance in the face of current proposals to replace the judicial House of Lords with a Supreme Court more resembling that of, say, the United States.

[19] [1983] 2 AC 237.

[20] *Council of Civil Service Unions v Minister for the Civil Service* [1985] AC 374, at 410-411.

a basically robust and resilient foundation for English public law had thus been established. At least it seemed to have been placed beyond doubt that the category of English administrative law represented more than a mere taxonomy of "the law relating to the administration", and that it was, now, more profoundly seated in an English idea of public law. However, such an assumption may have become one which reveals a certain complacency. There are signs of movement in the tectonic plates upon which those foundations rest. Some seismic shifts of the sub-structures can be perceived both in positive law, in judicial approaches, and in theoretical or academic positions. We proceed to consider these in turn.

So far as positive law and judicial approaches are concerned, two strands will be singled out for discussion (among many possible ones). One concerns what I shall style as "the contractual fallacy", while the other, pointing in a different direction, concerns the Human Rights Act 1998 and its reception in the courts. The "contractual fallacy" consists of developing and deploying the doctrine that a relationship which is a contractual one is as such outside the purview of public law. It is easy to dismiss the "contractual fallacy", as thus described, as an absurdity, and therefore to dismiss it as a fanciful notion. That extreme proposition is an absurdity because no system of administrative law can afford to ignore the contractual dimension of administrative activity.

Nevertheless, there was quite a marked neo-liberal trend in positive law and judicial doctrine in the 1980s and 1990s, and various developments occurred which advanced quite far towards the "contractual fallacy". This effect was a marked one in the sphere of public sector employment and professional relationships. Those relationships were more and more firmly classified as contractual or contract-like ones; and that classification was more and more strongly seen as relegating them from the sphere of judicial review of administrative action to that of private law contractual regulation. Two key judicial decisions along that road were those in *R v East Berkshire Health Authority ex parte Walsh*[21], where a senior nursing officer employed by a health authority was excluded from judicial review of his dismissal by reason of the essentially private law contractual character of that employment relationship, and in *R v Lord Chancellor's Department ex parte Nangle*[22] where, even more controversially, a civil servant was denied judicial review of a disciplinary decision relating to him by reason of the contractual character of his relationship with his department of the Crown[23].

This readiness to interpret those particular relationships in private law contractual terms was symptomatic of an even broader and more fundamental disposition, manifest in the 1990s, to think of private contracting as a central mechanism, indeed a central conceptual framework, for an increasing proportion of governmental activity[24]. It was in this spirit that the government of the day

[21] [1985] QB 152 (CA).

[22] [1991] ICR 264 (CA).

[23] Somewhat similar, though this time to inclusionary rather than exclusionary effect, was the way in which, in *Roy v Kensington & Chelsea Family Practitioner Committee* [1992] 1 AC 624 (HL), the relationship between the general medical practitioner and the area committee was envisaged in an essentially private law contractual or contract-like framework.

[24] See generally Freedland, "Government by contract and public law", (1994) *Public Law* 86-104.

could successfully seek Parliamentary sanction, in the shape of Part II of the Deregulation and Contracting Out Act 1994, for a sweeping extension, on a very lightly regulated basis, of its capacity to delegate governmental functions to private contractors[25]. It was also this mind-set which facilitated the quite remarkable assertion, from the early 1990s onwards, of untrammelled governmental power or prerogative to engage in long-term construction and service provision contracts in the shape of the Private Finance Initiative[26]. Against this background, it is unsurprising that the perception of a straightforwardly public sphere properly governed by public law had become a more contested and diminished one by the end of the century than might have been predicted twenty years before[27].

D. – Recent Practical Erosions of the Distinction Between Public and Private Law

In a real sense, then, public law has been somewhat whittled down by governmental contractualism and the "contractual fallacy", by comparison with its situation in its early 1980s heyday. Other developments in positive law and judicial approaches thereto have eroded or fragmented the division between public and private law in more subtle ways. I shall refer in turn to the complex impacts of, firstly, EU law, secondly European-based human rights law, and thirdly the reform of civil procedure in England and Wales.

The impact of EU law upon English administrative law or public law is of course extensive and multifarious, and this is not the place to do more than touch upon it. The point relevant to the present discussion is that when EU law impacts upon English domestic law, its intervention is in no sense labelled or classified as between public and private law. Although some of the great *causes célèbres* in which EU law has been applied in England and Wales, such as the *EOC*[28] case and the *Factortame* succession of cases[29], have been couched in the procedural form of judicial review, I would not say that this has located them or their doctrines squarely within the area of English public law; on the contrary, they have served to blur what remained of the clear edges of judicial review and of the principles upon which it rests. In particular, the *EOC* case touches upon the issue, to my mind a deeply unresolved one, of how far discrimination law should be regarded as an aspect of public law.

That set of issues leads on to an equally significant, and perhaps equally unresolved, one of how far and it what way European-based human rights law

[25] See Freedland, "Privatising *Carltona*: Part II of the Deregulation and Contracting Out Act 1994", (1995) *Public Law* 21-26.
[26] See Freedland, "Public Law and Private Finance – Placing the Private Finance Initiative in a Public Law Frame", (1998) *Public Law* 288.
[27] The tendency was observed, and its extent foreseen, by Ian Harden in his seminal work, *The Contracting State*, Open University Press, Buckingham, 1992.
[28] *R v Secretary of State for Employment ex parte Equal Opportunities Commission* [1995] 1 AC 1 (H).
[29] See especially *R v Secretary of State for Transport ex parte Factortame* [1990] 2 AC 85 (HL); and compare also *R v Secretary of State for Transport ex parte Factortame (No 2)*, Case C – 213/89 [1991] 1 AC 603 (ECJ).

has become part of English public law. By "European-based human rights law" I refer mainly to law based upon the European Convention of Human Rights, though it already starts to be the case that the EU Charter of Fundamental Rights forms part of this picture, a factor which will be of greatly enhanced importance as and when that Charter is accorded legally binding force within an EU constitution[30]. That line of development has the potential, of course, to bring together the two, at the moment still distinct, discussions of the place of EU law, on the one hand, and European-based human rights law, on the other hand, in English public law or in relation to the public/private divide in English law.

Note that I have used the terminology of "*European-based*" rather than that of "*European*" human rights law. This acknowledges the particular feat of incorporation of the European Convention on Human Rights via distinctively domestic human rights legislation, which is represented by the Human Rights Act 1998 and the jurisprudence which it has started to produce. This ground-breaking exercise in law-making seems decisively to have injected human rights into English law; but it has done so in a way which has made the alignment of English human rights law in relation to English public law into something peculiarly difficult to understand.

Before the enactment and implementation of the Human Rights Act, English public or administrative law had taken up a broadly negative stance towards the European Convention on Human Rights; the attempt to usher in a notion that administrative actions or decisions must respect those rights, or be proportionate with regard to them, had been rejected by the House of Lords in the *Brind* case[31]. Now that match is being replayed under the new statutory regime; the result so far is certainly different, but is in itself quite hard to interpret[32]. There seem to me to be three distinct possibilities as to the kind of relationship between English public law and European-based human rights law which is emerging; it is too early to say which one of them will turn out to prevail.

The first possibility is that of complete distinctiveness between English human rights law and English public law. This is the possibility that a body of human rights law might develop which would be fully separate or distinguishable from public or administrative law (albeit that this body of human rights law would be in part at least adjudicated through the process of judicial review, as is clearly now the case in practice[33]).

The second possibility is that of partial integration, whereby human rights law forms part of English public or administrative law, but as a heading or category which is additional to and distinct from the previously existing or traditional categories. Two versions of this possibility are discernible; in the first of them, violation of human rights incorporated into English law by the Human Rights Act is regarded as giving rise to a distinct kind of unlawfulness within

---

30 As originally proposed by the European Constitutional Convention; see Part II of the *Draft Treaty establishing a Constitution for Europe*, (CONV 850/03) of 18/07/2003.

31 *R v Secretary of State for the Home Department ex parte Brind* [1991] 1 AC 696 (HL).

32 Compare, generally, Ian Leigh, "Taking Rights Proportionately: Judicial Review, The Human Rights Act and Strasbourg", (2002) *Public Law* 265-287.

33 As for instance in the leading case of *R (on the application of Holding & Barnes Plc) v Secretary of State for the Environment, Transport and the Regions* [2001] UKHL 23 (the *Alconbury* case).

English public law, while in the second of them the requirement of proportionality with regard to human rights (as recognised under the Human Rights Act) becomes an additional category within English public law.

The third possibility is that of full integration. In this conception, observance of the Convention rights incorporated into English law by the Human Rights Act becomes an element in or aspect of the previously existing or traditional principles of English public law. In the terms of Lord Diplock's famous trilogy, failure of human rights observance in the above sense may make good a claim of illegality, irrationality, or procedural impropriety.

Which of these alternatives will prevail? English public law is a world of unresolved alternative modes of reasoning, and it is in the interplay between alternatives that creative reasoning occurs. It is unsurprising that there should be a creative ambiguity with regard to so fundamental a matter as the role of human rights law in or vis-à-vis public law. At the moment I would suggest that partial integration theory constitutes the "best fit" with the case-law[34], and Paul Craig's magisterial treatise on Administrative Law on the whole supports that view[35]; but this process of assessment is very much "work in progress".

If, as the foregoing paragraphs suggest, the evolution of European-based human rights law has served to obscure the boundaries of English public law at a deeply conceptual level, so also has it contrived to do so at a more immediately practical level. At this practical level, European-based human rights law has created the possibility that English law in general and English public law in particular may have to operate not with one single version of the public/private distinction, but with two versions standing in an essentially complex and unresolved relationship with each other.

This difficult duality comes about in the following way. On the one hand, English public or administrative law necessarily comprises a kind of delineation of the public sphere, since it has to determine the range of administrative bodies and/or administrative functions to which it, or specific aspects of it such as judicial review of administrative action, is or are applicable. That delineation may well be an imprecise one, and one moreover which has changed and continues to change over time; but we can always identify something which fills that particular functional box.

On the other hand, the English law of human rights makes its own articulation of a public sphere within which it has a special application. This specification is embodied in Section 6 of the Human Rights Act 1998, since Section 6(1) provides that "It is unlawful for a public authority to act in a way which is incompatible with a Convention right" and Section 6(3) adds that "In this section a public authority includes ... (b) any person certain of whose functions are functions of a public nature ...". On the other hand, Section 6(5) reduces the scope of Section 3(b) by providing that "In relation to a particular act, a person is not a public authority by virtue only of subsection 3(b) if the

---

[34] Compare for instance the structure of the reasoning of Silber J in the recent decision of the QBDiv Admin Ct in *R on the application of Haggerty v St Helens Council* [2003] EWHC 803 (Admin).

[35] PP Craig, *Administrative Law, Fifth Edition*, London, Thomson, Sweet & Maxwell, 2003 – see especially chapter 17 section 7, "Illegality: the Human Rights Act 1998".

nature of the act is private". So here we have a evocation of a distinctive notion of a public authority specially subject to the obligation to respect Convention rights as a matter of English law; and that notion is to some extent at least defined in functional terms rather than purely institutional ones.

So here we have two specifications of a public sphere in which these two bodies of law, administrative law and human rights law, respectively apply; and this poses an important potential problem as to how far those two specifications are coincident with or divergent from each other. That potential problem is currently being actualised by various manifestations of the general phenomenon of contractualisation of the sphere of government and public service provision to which we referred earlier. This is happening in an especially acute form in one particular such manifestation, that of the increasingly prevalent contracting-out by local authorities of their responsibilities for the care of elderly and/or infirm citizens to private care service providers. In one recent case, it was held that the decision of a private care service provider in that situation to close down a residential care home was not amenable to public law judicial review[36]. In another recent case, it was held that a charitable foundation in a similar contracting relationship with a local authority when taking a comparable decision about relocation of elderly residents was not amenable to Human Rights Act judicial review[37]. The courts are still struggling with the question of whether the same reasoning is applicable to both those jurisdictions[38].

If the practical or forensic boundary between public law and private law has thus become more obscure and contested in recent years, that erosion has only been intensified by the general reform of the principles and rules of civil procedure which has taken place from the later 1990s onwards. The whole aim and object of this programme of reform, led by Lord Woolf, currently Master of the Rolls, was one of simplification, streamlining, and de-mystification of the process of civil litigation. We have seen how, in the late 1970s and early 1980s, the procedural simplification of judicial review of administrative action led, ironically in a sense, to a sharpening of procedural exclusivity between public law claims and private law claims, and even a substantive consolidation of public law into a more coherent and distinct state.

It now becomes apparent, in a way intensifying the original irony, that the general simplification of civil procedure brought about by the Woolf reforms is tending to reverse that evolution, certainly to the extent of lowering the barriers of procedural exclusivity, but quite possibly also to the further extent of undermining the conceptual distinctiveness of public law which the earlier procedural reforms had positively encouraged and promoted. This evolution, manifested in the replacement of Order 53 of the Rules of the Supreme Court by Parts 8 and 54 of the new Civil Procedure Rules, and reinforced by the recent

---

[36] *R v Servite Houses Ltd ex parte Goldsmith* [2001] ACD 4 (QBD COL).
[37] *R (on the application of Heather) v Leonard Cheshire Foundation* [2002] HRLR 30 (CA).
[38] Compare for instance the reasoning of Silber J in the recent decision of the QBDiv Admin Ct in *R (on the application of Haggerty) v St Helens Council* [2003] EWHC 803 (Admin Ct); see n 34 above. See further, Grosz, Beatson, Duffy and Sedley, "Human Rights, the 1998 Act and the European Convention", London, Sweet & Maxwell, 1999, at p 61.

decision of the Court of Appeal, considerably restricting the principle of procedural exclusivity, in the case of *Clark v University of Lincolnshire and Humberside*[39], has been analysed with great clarity in Neil Andrews' recently published treatise on *English Civil Procedure: the Fundamentals of the New Civil Justice System*[40]. In the next section of this chapter, I turn to the question of how far and in what ways the academic or theoretical discourse about the distinction between public law and private law has evolved in parallel with or in response to these various developments in the positive and practical law.

E. – Recent Erosions of the Distinction in Academic Theory

In this section I shall argue that the evolution of academic theory about the distinction between public and private law in English law has followed a complex course in the last half-century which, properly understood, is one which follows a broad parallel with the practical and procedural developments which were examined in the previous section.

In academic theory as well as in positive law, the powerful vindication of robustly distinct public law which characterised the period from the later 1960s to the mid-1980s has dissolved into what is now a much more fragmented and compromised post-modern theoretical construct, in which the distinction between public and private law, and hence the distinct role of public law, seems a deeply contested one.

There is on the face of it nothing surprising about that parallelism between positive law and academic theory. Indeed, we might feel that it would display a degree of unreality or deficiency on the part of academic theory if it failed to maintain that reflexiveness of positive law. Moreover, the world of English public and especially administrative law is one in which, happily, judge and jurist now live in rather more evident symbiosis and greater inter-changeability than in the past[41]. However, the point made here is that if there has been an almost unperceived shifting of the sands of positive law, in recent years, with regard to the distinction between public and private law, there has been an equally profound and equally subtle set of shifts in theoretical thinking during the same period.

If the paths of evolution of positive law and of academic have been broadly parallel, this is not to say that they have consisted of straight lines. There have been twists and turns, and jurists have sometimes swapped clothes with each other along the way. The point of departure for these evolutions or convolutions, let us say the new orthodoxy of the period of growth of English administrative law from the mid 1960s until the mid-1980s, was a shared view that a developmental theory of public law as largely autonomous of private law could be constructed around the vigorous growth of judicial review in that same period.

---

[39] [2000] 1 WLR 1988 (CA).

[40] Oxford University Press, 2003; see chapter 42, written with the assistance of Richard Moules, especially 42.06 - 42.17.

[41] Compare, for example, the extensive theoretical writings of Lord Woolf MR, Sir John Laws and Sir Stephen Sedley; and the move from academe to the High Court Bench of Sir Jack Beatson FBA.

This is a common thread running through, for example, the successive editions of Sir William Wade's increasingly treatise-like *Introduction to Administrative Law* from 1961[42] onwards, and Paul Craig's textbook on *Administrative Law* as it appeared in its first edition in 1983[43].

There were always those who warned of some problems about the over-hardening of a distinction between public and private law; Carol Harlow was conspicuous among them, I think because of a more than lingering suspicion of judges at once becoming an over-mighty unelected power in the control of governmental action and yet at the same time being capable of using the distinction as an engine of procedural and conceptual rigidity[44]. In 1997, she and Richard Rawlings continued to manifest that scepticism, and moreover were able very convincingly to demonstrate how, in an increasingly contractualised "post-modern" world of public administration and service provision, the distinction was losing such coherence as it had earlier possessed[45].

From around that time in the later 1990s – and it is of course no coincidence that this is the time at which the New Labour government takes power and the Human Rights Act is introduced – I think we can start to observe what may turn out to be seismic shifts in juristic theory with regard to the distinction between public and private law. An extremely insightful symposium of essays by scholars in administrative law from across the common law world published in 1997[46] showed just how great and complex were the theoretical problems which had been posed for the evolution of administrative law by "the shrinking of state apparatuses and the introduction of commercial enterprise into the performance of functions historically regarded as the state's"[47].

A number of lines of theoretical evolution start to take place in response to those pressures. In that symposium volume, for example, H Wade MacLauchlan canvasses the notion of a distinct body of public service law, poised between the public and the private.[48] However, while departures of that kind were being essayed, I think a more generic shift may have started to take place within the discourse of English administrative law. This is one whereby a certain ironical changing of places occurs as between the more conservative and the more progressive approaches to the theory of that subject. Whereas in earlier years, as we have seen, the protagonists of more progressive approaches to administrative law had tended to see and emphasise the developmental potential of separate and distinctive public law, now they tended to move to assert the continuity between administrative law and common law as a whole.

---

[42] Clarendon, Oxford.

[43] Sweet & Maxwell, London.

[44] Compare Carol Harlow, "Public and Private Law: Definition without Distinction", (1980) 43 MLR 241.

[45] Carol Harlow and Richard Rawlings, *Law and Administration, Second Edition*, Butterworths, London, at 7-9.

[46] Michael Taggart (ed), *The Province of Administrative Law*, Hart Publishing, Oxford.

[47] Stephen Sedley, Foreword to *The Province of Administrative Law* at viii.

[48] H Wade MacLauchlan, "Public Service Law and the New Public Management", *op. cit.*, chapter 6. The present author later advanced a similar suggestion in chapter 1 of Mark Freedland and Silvana Sciarra (eds), *Public Services and Citizenship in European Law*, Oxford University Press, 1998.

That stance was most strongly and conspicuously adopted by Dawn Oliver in her powerful treatise, published in 1999, on *Common Values and the Public-Private Divide*[49]. She has since argued for this kind of unification at a procedural level[50], accurately perceiving Lord Woolf to have moved in the same direction not only in the practical procedural reforms for which he was principally responsible but also in his own underlying theoretical position.

I think the same tendency towards re-integration of public law into general and private common law, in a rather more muted and indirect form, explains the stance of one group of theorists in a rather curious theoretical debate which has occupied English administrative law writers in the most recent years. It is a debate which was focussed into a conference at Cambridge in 1999 and subsequently conducted in published form in a symposium volume published in the following year[51]. The debate is as to whether and in what sense the ultra vires doctrine should or should not be regarded as the proper basis for judicial review of administrative action. The question is whether, as Christopher Forsyth puts it in the Preface to that symposium volume,

> "The judges' task [when engaged in judicial review] is simply to ensure that administrative authorities remain within the powers granted to them by law, and thus all judicial intervention, however bold, must be linked, in one way or another, to the legal powers of the relevant public authorities"[52].

In this debate, the position which consists of giving a positive answer to that question is identified as a safe, traditional, orthodox stance; it is adopted and defended particularly by Christopher Forsyth[53], by Mark Elliott[54], and, in an appropriately magisterial brief concluding comment[55], by Sir William Wade, the *doyen* of this school of thought, as, in many ways, of English administrative law studies at large.

Those who, within that particular episode of debate and more generally, oppose or diverge from that "orthodox" position, present a variety of arguments. Perhaps these arguments can be seen as spreading across a spectrum, at one end of which is a relatively mild challenge to the traditional orthodoxy, consisting of a reminder that the effort to base judicial review upon a supposed unitary "intention of Parliament" in the conferral of administrative powers, is inevitably an artificial or fictitious construct if taken too much *au pied de la lettre.* At the other end of it is a more robust challenge, springing from the view that the common law judges have a deeply rooted independent capacity to intervene by way of judicial review to secure good administration and restrain the abuse of

---

[49] Butterworths, London.

[50] Dawn Oliver, "Public Law Procedures and Remedies – Do We Need Them?", (2002) *Public Law* 91-110.

[51] Christopher Forsyth (ed), *Judicial Review and the Constitution,* Hart Publishing, Oxford – Portland, Oregon, 2000.

[52] Christopher Forsyth, *op. cit.,* Preface at v.

[53] *Op. cit.,* Chapter 2, being a reprint of "Of Fig Leaves and Fairy Tales: The Ultra Vires Doctrine, the Sovereignty of Parliament and Judicial Review", (1996) 55 *Cambridge Law Journal* 122.

[54] *Op. cit.,* Chapter 5, being a reprint of "The Ultra Vires Doctrine in a Constitutional Setting: Still the Central Principle of Administrative Law", (1999) 58 *Cambridge Law Journal* 129.

[55] *Op. cit.,* 430, "Constitutional Realities and Judicial Prudence".

power, which underlies and precedes their interpretation of power-conferring Parliamentary legislation rather than being dependent upon it. Within the compass of that symposium volume, the main overt protagonists of those challenging arguments are Dawn Oliver[56] and Paul Craig[57]; but a number of the other essays in the volume, for example those of Sir John Laws[58] and Sir Stephen Sedley[59], present arguments which fall within that spectrum.

Although this debate is not overtly or directly about the distinction between public law and private law, it nevertheless touches very much upon it. Indeed, I would go so far as to assert that the ultra vires debate is the principal current manifestation of the discussion about the separateness of public law from private law. I make that assertion, which may seem a surprising one, on the following grounds. On the one hand, the protagonists of the ultra vires orthodoxy are, in the nature of their position, quite committed to an approach to judicial review which envisages the latter as quite firmly confined to the administrative actions of *public* authorities; because their paradigm is one in which the grant of administrative powers by Parliament is essentially made in favour of public bodies.

This is despite the fact that, as Stephen Sedley's essay reminds us[60], the ultra vires doctrine could be regarded as having had its initial development in relation to *private* limited liability companies, the great nineteenth century creatures of statute law. It is also despite the more specific and currently relevant fact that the De-regulation and Contracting Out 1993 effected, as we discussed above[61], a paradigm shift by authorising the delegation of powers, previously confined to public, indeed central governmental, authorities, down to private persons or corporations. These facts have not, however, intruded upon the orthodox vision of the conferment of "vires" as a transaction between Parliament and public executive, judicial or quasi-judicial authorities, quintessentially occurring within the public sphere conceived of in quite rigorous terms.

If the orthodoxy of ultra vires as the foundation of judicial review thus tends towards a strong view of the distinctiveness of public or administrative law, one which emphasises its separateness from private law, so on the other hand do the contrary or divergent views, which challenge the unique foundational status of the ultra vires doctrine, tend away from the separateness of public law and towards the erosion of the distinction between it and private law. The more that the radical jurists of administrative law evoke pre-Parliamentary or extra-Parliamentary rationales for judicial review, the more they stress the essential integrality between the "public" and the "private" aspects of the common law.

---

[56] *Op. cit.*, Chapter 1, being a reprint of "Is the Ultra Vires Rule the Basis of Judicial Review", (1987) *Public Law* 543, an article which did much to initiate this particular debate.
[57] *Op. cit.*, Chapter 3, being a reprint of "Ultra Vires and the Foundations of Judicial Review", (1998) 57 *Cambridge Law Journal* 63.
[58] *Op. cit.*, Chapter 8, "Judicial Review and the Meaning of Law". Sir John Laws had earlier engaged more directly in this particular debate in "Illegality: The Problem of Jurisdiction" in M. Supperstone and J. Goudie (eds), *Judicial Review*, Butterworths, London, 1992.
[59] *Op cit.*, Chapter 13, "Public Power and Private Power".
[60] *Loc. cit.*, note 59 above, especially at 296-300.
[61] See above, note 25 and the associated passage in the main text.

This perfectly identifies the ironical, almost paradoxical, possibility, hinted at earlier in this section, that the protagonists of a radical developmental approach to administrative or public law might end up by sawing off the branch on which they wish to sit. If we hack away too fiercely at the distinctiveness of public law, we might find that it will eventually be overwhelmed by the liberal and contractarian mentality of private law. In the next and concluding section of the chapter, I seek to suggest a countervailing normative approach, and to show how the other "Oxford" chapters in this book might be regarded as fitting into that approach.

III. – CONCLUSION

In this brief conclusion, I shall, therefore, outline my own normative position with regard particularly to the theoretical aspect of the discussion about the distinction between public and private law in the context of English law; and I shall attempt to suggest how that normative position might in some sense help to bring together the "Oxford part" of this collection of papers and establish some thread of continuity of discussion as between them.

The normative position which I advance is one which seeks to maintain and defend the distinction between public and private law in the face of what I perceive to be an unduly deep erosion of it both at the level of practical or positive law and, more particularly, at the theoretical or doctrinal level. I advance that position essentially in order to defend public law, because I think that the spirit of Albert Venn Dicey lives on, to the effect that public law still has to fight for its place in English law; the underlying tendency is still for it to be swamped and dissolved by the waters of English private-law-based common law and statute law. If the distinction between public law and private law is dismantled, it is public law rather than private law which risks being swept away.

The approach which I advance is, however, one which recognises that the maintenance and defence of the distinction between public and private law is no easy task to be achieved by the wielding of blunt instruments, just as the recent erosions of the distinction depicted in the foregoing pages has been a subtle and complex one. Therefore what I seek to do is to mount a sophisticated and qualified defence of the distinction, rather than an absolutist one. This I try to achieve firstly by recognising that the distinction is an essentially *multi-dimensional* one, which both has to be and should be maintained with varying degrees of flexibility or porousness in its different dimensions.

Secondly, I acknowledge that public law has to be regarded as *intersecting* in very important ways both with private law and also, I have to admit, with areas of regulation by law which are not very strongly or clearly identified as between public and private law. We have seen that human rights law has figured in recent discussion as one of these arguably innominate types, though I would strongly incline to bring it within the fold of public law. Other types of law which seem to me to be indeterminate as between public and private law are those of competition law and intellectual property law. One could of course engage in that discussion at a very general level and question the place of areas such as criminal law, family law, and employment law in this classificatory system. However, my present aim is to skirt those issues as far as possible and concentrate on the overlap or intersection between that which is recognisably public law and recognisably private law.

My argument as to multi-dimensionality is the following one. We can best understand and defend the distinction between public law and private law by recognising that it exists in a number of distinct dimensions, which may usefully be grouped into the trilogy of:

(1) the jurisdictional dimension;
(2) the procedural dimension; and
(3) the doctrinal or substantive dimension.

In the jurisdictional dimension, we identify or seek to identify the persons, institutions, activities or functions to which public and private law respectively apply. In the procedural dimension, we distinguish the processes of regulation and above all of adjudication through which public and private law are respectively implemented. In the doctrinal or substantive dimension, we identify the rules and principles which are specific respectively to public and to private law. My point is that the distinction as a whole is essentially complex because it cannot be understood in any single one of those dimensions and has to be perceived from a vantage point which gives a perspective upon all of them.

That argument is then complemented by an argument about flexibility or intersection which runs as follows. The distinction between public and private law cannot and should not be regarded as being rigid or water-tight in any of the foregoing dimensions. On the contrary, we should fully expect that public law and private law will overlap or intersect in all three dimensions. In fact we have observed the irony or paradox that it will often be the radical protagonists of a developmental approach to public law who will insist most vehemently upon the existence and appropriateness of these intersections or overlaps. My point is that these intersections or overlaps are different in nature from each other according to the different dimensions in which they respectively occur, so that the acknowledgement for example of a procedural intersection or overlap does not necessarily imply or command a doctrinal overlap or vice versa.

So the distinction between public and private law may be a porous one to a different extent and in different ways in the three dimensions we have depicted. This may be relatively straightforward to grasp and accept in the procedural and jurisdictional dimensions, but my argument may occasion more difficulty in the substantive or doctrinal dimension. However, I do not shrink from asserting that, in that dimension also, we may expect to find elaborate fragmentations and intersections within and between public and private law. In fact I have come to regard this an intrinsically appropriate way in which to understand the doctrinal reach and content of public law in particular. I think it should be regarded as multi-branched or multi-faceted, comprising fragments such as constitutional law, administrative law, human rights law, and the law of public service provision and public/private contracting.

Moreover, the intersections between public and private law at the substantive or doctrinal level are and should be such that it will become increasingly apparent that there are large areas of legal regulation which cannot be regarded as autonomous disciplines but instead have to be understood as fields in which the principles and rules of public and of private law interplay with each other and with yet further regulatory approaches. I think this will increasingly turn out to be the way in which to understand the subjects such as competition law which we previously depicted as being innominate or indeterminate as between public and private law. I am inclining away from a view to which I was earlier tending that we should envisage emerging areas of legal regulatory focus such as that of public/private entrepreneurial activity as distinct legal disciplines[62], and towards the view that they should be seen as areas of inter-action between public and private law, albeit in novel articulations which are likely to involve new developments on both sides of the distinction between public and private law.

I am well aware that this degree of manipulation of and compromise around the distinction between public and private law confronts my argument with doubts whether the distinction remains a viable one at all, and whether the game of maintaining it is worth the candle in terms of the mental gymnastics which it demands. I feel disposed to face up to those doubts. I think that the pursuit of distinct public law is still a viable one, if only because of the still considerable robustness and coherence of its doctrinal development since the mid-1960s. During those nearly forty years, an enduring critical apparatus for the scrutiny of administrative action was put in place, and latterly the prospect has arisen of integrating within it a reasonably impressive framework for the vindication of human rights.

I think the struggle is worthwhile because of the crucial importance of maintaining a distinct consciousness within the world of English law that there is a public state, and a continuing need to control the way in which public power is wielded by and within it. It seems to me that only by making that attempt can we hope to achieve a satisfactory set of approaches to issues such as that of amenability to judicial review, and of the proper formulation of state and public authority liability for compensation to individual citizens for the consequences of deficient administration.

I suggest that the papers which my Oxford colleagues have contributed to this symposium – it goes without saying, of course, that this point is made without any sense of invidious contrast with those from our Paris colleagues – constitute a testimony to the growing strength of an emergent corpus of public law thinking within the English common law tradition. This development has two consequences which I think are beneficial ones. On the one hand, a growing number of academic lawyers, who might otherwise have settled into a traditional conception of common law as primarily or solely private law, are attracted into the sphere of public law, some in the capacity of 'visiting scholars', others as more permanent residents. On the other hand, the concretisation and consolidation of public law is, increasingly, providing an analytical platform from which legal scholars who are working in fields which are not primarily those of public law can fruitfully examine the state of their own areas of law or legal disciplines using the, admittedly often highly contested, distinction between public and private law as a starting point or touchstone.

---

[62] My latest argument in that direction is contained in my chapter in the recently published festschrift for Carol Harlow, published as Paul Craig (ed), *Law and Administration in Europe*, Clarendon, Oxford, 2003.

I hope it is not too presumptuous to suggest that both those beneficial developments are instantiated in the ensuing chapters of this symposium. In this chapter I have written about public law rather as an occasional visitor to the area; but a more extensive engagement with public law is manifested in Anne Davies' paper. She is embarked upon the construction, at both the theoretical and practical levels, of a body of 'law of public contracts', an undertaking which she shows to be a very necessary and important one, by reason of the exponential growth in the use of contractual mechanisms for governmental and public service provision. It is very significant that she presents the public/private divide, at least if in a soft form, as a positive aid and support to her enterprise. If that paper represents the development of an argument within public law as such, the succeeding ones illustrate or explore the utility of the public/private divide as a theoretical critique to be applied to a variety of legal topics.

Karen Yeung's paper considers how the public/private divide applies in an area which has been identified, earlier in this discussion, as one which sits right on the cusp of public and private law. She depicts two relevant recent shifts in the orientation of competition law: "a shift in the justification for competition law from a concern that private economic power may threaten the liberty of individuals to a concern to maintain the efficiency of markets and, a shift in the scope of competition law, moving beyond its original focus on private economic power to encompass public power, at least in so far as it may impact on the competitiveness of markets".

Since Karen Yeung's conclusion is that "in attempting to grapple with these questions [concerning the values and principles that should inform and shape the distribution of power between the state, enterprise and the individual in modern capitalist economies] ... the elusive and uncertain public/private divide is unlikely to provide any real assistance", it may seem somewhat disingenuous to represent her paper as contributing to a discussion which is nourished by the distinction between public and private law. Nevertheless, I respectfully suggest that we can view her arguments in that light if we regard the distinction in the multi-faceted way for which I have contended. For I think that competition law is an area where, as this paper most ably demonstrates, a rigid jurisdictional or procedural distinction between public and private law would be wholly out of place, but where, on the other hand, it is crucial to maintain the sense that public and private law are both highly relevant but different doctrinal pursuits, which arguably bring quite divergent instrumentalities to bear upon this area of regulation.

I suggest that Edwin Simpson's paper on tax avoidance and the public/private divide also amounts to a significant contribution to a discussion framed in the same way in the area of tax law. In fact he develops quite a novel possibility for bringing the doctrinal approaches of public law to bear on an area which for English lawyers has tended, to an extent which we might regard as surprising, to be seen as a domain of private law. For he is canvassing the notion that, while we are fairly well accustomed, or would at least regard it as fairly uncontroversial, to think about the Inland Revenue Department as an essentially public body subject to the regulation of public law, we might also, in a way which will be less familiar, perhaps even initially counter-intuitive, think about the private individual or private corporation as playing a kind of public role, or as wielding a kind of public power, when deciding how to order his, her or its affairs with regard to potential tax liability. Of course, the unthinking deployment of a rigid distinction between public and private law would discourage an English tax lawyer from even embarking upon so delicate a discussion; but an open-minded approach to the distinction may positively encourage him or her to do so, with the very beneficial consequences which this paper demonstrates.

In a short but extremely perceptive and germane paper, Ewan McKendrick has reflected upon how the approach of the courts to the implication of terms in private commercial contracts in the *Paragon* case has in a significant way transcended the distinction between public and private law.

Those three papers are essentially focussed upon English law; indeed, Edwin Simpson's aim is to probe the special mentality of English tax law in particular. The other two Oxford papers in this symposium, while both speaking from the English common law tradition, take the set of issues about the distinction between public and private law into different jurisdictions as well as into different areas of law. Elizabeth Fisher's paper is a critical analysis of a "new" approach in EC environmental law and policy. It requires even less persuasion than it did in respect of the other two papers to demonstrate that this is an area in which the distinction between public and private law may be a useful conceptual tool, since Elizabeth Fisher positively asserts that this is the case. She deploys the distinction to identify concerns about an approach which "conceptualises EC environmental law as a toolbox full of regulatory instruments that are designed to achieve the pre-ordained goal of environmental protection in the most efficient and effective way possible".

Her concerns culminate in a worry that the "toolbox" discourse "largely ignores the public law nature of many environmental problems"; and she concludes that "EC environmental law, rather than being understood as a toolbox, should be understood in terms of administrative constitutionalism". This is precisely the kind of constructive critical argument the development of which, I suggest, is positively stimulated and promoted by the intelligent deployment of a rounded doctrinal understanding of the distinction between public and private law.

Finally, Simon Whittaker, much the most accomplished comparatist among the Oxford contributors to the present symposium, considers the relevance and importance of the distinction between public and private law in the field of consumer law, and draws upon comparisons with French law in the particular area of relations between public railway operators and their passenger travellers to demonstrate the potential role of public law thinking in English consumer law. His paper gives yet further support to the thesis about the positive utility of a finely tuned version of the distinction between public and private law in the analysis of emergent areas of legal regulation such as that of consumer law.

For Simon Whittaker asserts that there is, despite all the current doubts on that score, "something distinctive about public law regulation of relations [between consumer and supplier]" as compared with their regulation by private contract law; but for him that recognition is contingent upon acceptance that this is no simple dichotomy. He articulates the very important comparative insight that English consumer law displays possible analogies with French consumer law in the way in which the distinction between public law and private law might be applied to and within it. The central point of this comparison, for Simon Whittaker, is that the analogy illuminates the potential for a deployment of the distinction between public and private law which is not, as the English (still somewhat Diceyan) stereotype of French law would suggest, a rigid and doctrinaire one. For he argues and carefully shows that, in this particular context at least, French public law, despite the apparent strictness with which its distinction from private law is maintained, nevertheless "seems to me to recognise different intensities of publicness depending on the situation and the context".

Simon Whittaker is at pains – we may think unnecessarily so – to disclaim any authority to make pronouncements about French law in the presence of our Paris colleagues. But the interest of his analysis is magnified by the fact that he is writing essentially as an English lawyer with the case of English law very much in mind when he considers that of French law. His comparative excursus nicely rounds off the Oxford part of this symposium, because it seems to me to throw into relief the set of conclusions which I suggest emerge from the English-law-based "Oxford part" of the present symposium; namely, that the exposition and analysis of English law is more susceptible to, and can benefit more widely from, a constructive development and deployment of the distinction between public and private law than is generally acknowledged in current juridical discourse. Readers of this symposium will no doubt wish to engage in their own comparative reflections as to whether and in what sense the same is true for French law, and indeed for other legal systems. It is the very purpose of this symposium to provoke those larger discussions.

2

ENGLISH LAW' S TREATMENT OF GOVERNMENT CONTRACTS: THE PROBLEM OF WIDER PUBLIC INTERESTS

Anne CL Davies*

I. – INTRODUCTION – TOWARDS A LAW OF PUBLIC CONTRACTS

It is currently fashionable to criticise the public/private divide: to argue, for example, that because the boundaries of the state are increasingly uncertain, a distinctive regime of public law creates more problems than it solves. The present chapter argues in a pragmatic way for the maintenance (and indeed development) of the divide in English law. It focuses on an aspect of governmental activity – contracting with private firms – which is regulated largely by ordinary private law. It argues that government contracts pose some problems, not encountered in contracts between private actors, which can only be addressed through a more developed *public law* regime.[1] Government contracting is thus an area in which the public/private divide ought to be drawn more sharply. This would not necessarily entail a 'public law of contract' entirely separate from the private law of contract. Instead, it would involve the development of a 'law of public contracts': a set of public law doctrines which would supplement or modify the ordinary law of contract where the government was one of the contracting parties.

The problems which might afflict government contracts, over and above those afflicting ordinary contracts, might loosely be categorised into two groups. One group consists of problems arising within the parties' relationship. For example, like any other contracting party, the government has an interest in ensuring that goods or services are supplied in accordance with the contract. But this is not as simple as it seems. If the contractor defaults, the continuity of essential public services may be jeopardised. The government may need the right to enter the contractor's premises and take over the running of the service, in addition to the usual contractual remedies against its defaulting partner. Another

* Fellow, Brasenose College, University of Oxford. I am indebted to the participants at the second Oxford/Paris II Colloquium for their comments on a draft of this chapter.

[1] See also C. Turpin (1972), *Government Contracts*, at 99-100.

group of problems afflicting government contracting consists of the need to ensure that proper account is taken of what might loosely be termed 'wider public interests'. To put it grandly, government contracting – like any other government activity – should take place within a framework of constitutional values, such as respect for the Rule of Law and for the principles of democracy. These values are inherently unlikely to be implicated in contracts between private actors. This chapter will focus on two examples within this second group: ensuring that the government has a democratic mandate for its contracts, and enabling it to exercise its powers in the public interest even if this might conflict with contracts it has already agreed. Both would more readily be addressed through a distinctive set of public law rules for government contracts.

II.– THE PROBLEM OF DEMOCRATIC MANDATE

In the UK, there are two possible sources from which the government might derive its contracting powers.[2] One is statute: this is the usual source for public bodies, and can also be the source for central government Ministers in some circumstances. The other source is the common law. The Crown has a general capacity to make contracts without any need to seek statutory authority, and ministers may also have an inherent capacity to make contracts in their own name. There are thus two senses in which the government might conclude a contract for which it has no democratic mandate. First, a Minister or body with statutory contracting powers might purport to make a contract which is outside the scope of those powers. Secondly, none of the contracts concluded by the Crown or ministers acting under common law powers has a formal democratic mandate. Each of these versions of the problem will be examined in turn.

A. ULTRA VIRES *AND STATUTORY CONTRACTING POWERS*

Where a statute delimits a body's or minister's powers, it may be possible to argue that a particular contract is *ultra vires*. In *Attorney-General v Great Eastern Railway*,[3] it was held that the actions of a statutory corporation must be authorised expressly or implicitly by the empowering statute, but that the courts would be willing to imply a power to engage in activities incidental to the corporation's main purpose. Thus, in *Attorney-General v Fulham Corporation*,[4] for example, the Corporation was empowered under the Baths and Wash-houses Acts 1846 and 1847 to set up wash-houses. The Corporation sought to provide a laundry and delivery service in addition to self-service washing troughs. It was held that this laundry business would be *ultra vires*, because the statute only envisaged making provision for people to do their own washing. The interest rate

[2] See, generally, Turpin, supra n. 1, at 19.
[3] 1880 5 App Cas 473.
[4] 1921 1 Ch 440.

swap transactions in *Hazell v Hammersmith LBC*[5] provide a modern illustration of the same point.

This judicial scrutiny should serve the important public interest purpose of ensuring that authorities do not exceed their democratic mandate when contracting. Unfortunately, however, English law currently does little to ensure that contractors' private interests are protected when this public interest is vindicated. The difficulty for the contractor is that if the *ultra vires* argument is successful, the contract will be held to be unenforceable: *Crédit Suisse v Allerdale BC.*[6] The contractor is unlikely to suffer loss in respect of performance already rendered under the contract. If the contractor has paid money to the public body under a void contract, it should in general be able to recover.[7] If the contractor has performed services for the public body, it should be entitled to a quantum meruit.[8] But the contractor will be unable to secure its expected profits from the complete performance of the transaction, and may of course incur legal fees when the contract is unravelled. Moreover, a finding that the contract is void might be highly disruptive to the delivery of public services: unless the government can negotiate transitional arrangements with the contractor, the service might simply be abandoned. Of course, a service provided under an *ultra vires* contract might be one that the government had no right to deliver, but this would be of small comfort to those members of the public who had relied on it.

It would be preferable if an ultra vires contract did not necessarily have such drastic effects: if the court could choose to uphold it in some circumstances, or impose conditions which were fair to both parties when declaring it to be unenforceable. One model for this is the Local Government (Contracts) Act 1997, which was passed to mitigate the rigours of the *Crédit Suisse* decision in relation to local authorities.[9] This provides, by s. 3, for local authorities to be able to certify that they have power to enter into particular contracts. The certification is conclusive for all proceedings except judicial review and audit review (s. 2(1), s. 5(1)). And even if the contract is successfully challenged in judicial review or audit review, the court is given a discretion under s. 5(3) to permit the contract to continue 'having regard in particular to the likely consequences for the financial position of the local authority, and for the provision of services to the public'. If the court decides that the contract should be set aside, s. 6 preserves certain discharge terms agreed between the parties,

---

[5] 1992 2 AC 1. See N. Bamforth (2000), 'Public Law', in P. Birks and F. Rose (eds.), *Lessons of the Swaps Litigation*.

[6] 1997 QB 306.

[7] *Westdeutsche Landesbank Girozentrale v Islington BC*, 1994 1 WLR 938; *Kleinwort Benson v Lincoln C. C.*, 1998 4 All ER 513. For discussion see G. H. Treitel (2003), *The Law of Contract* (11th edn.), at 1057-61.

[8] *Craven-Ellis v Canons*, 1936 2 KB 403. For discussion see Treitel, supra n. 7, at 1063-4.

[9] The National Health Service (Private Finance) Act 1997 sought to achieve the rather simpler result of ensuring that Private Finance Initiative contracts entered into by NHS Trusts could not be found to be *ultra vires*. Section 1 of the Act declares that Trusts have the power to enter into 'externally financed development agreements', and then provides for the Secretary of State to certify whether or not a particular agreement meets this description. The Act is to be condemned for its failure to preserve a right of challenge, though it is far from clear whether the courts would in practice regard the Secretary of State's certification as conclusive.

and s. 7 allows the court to impose discharge terms where no relevant terms have been agreed.

This approach has several advantages and should perhaps be extended to other statutory authorities. First, it encourages the local authority to check that it does have the power to enter into a particular contract before certifying that this is the case. Under the ordinary common law regime, a contractor could of course check this for itself, but the contractor is unlikely to be well-placed to investigate the authority's powers or to predict the outcome of any *ultra vires* challenge. Secondly, in theory at least, it prevents the local authority from using *ultra vires* to escape a bad bargain.[10] Once a contract has been certified, the authority cannot seek to defend itself against a claim in contract by the contractor by arguing that the contract is *ultra vires*. Thirdly, it preserves the right of interested third parties – primarily local rate-payers and the auditor – to challenge the *vires* of the contract in public law proceedings. Even if such a challenge is successful, however, contractors can be protected and public services continued because of the court's discretion to uphold the contract in its entirety, to uphold discharge terms agreed by the parties, or to impose discharge terms on the parties. Thus, the constitutional role of *ultra vires* scrutiny is preserved at minimal cost to the local authority, the contractor, or the relevant services. Perhaps the cost to the parties is even a little too minimal – the authority is not 'punished' for its *ultra vires* act – but since the authority is likely to have exceeded its powers by accident rather than by design, the notion of punishment seems misplaced.

B. COMMON LAW CONTRACTING POWERS AND THE PROBLEM OF ACCOUNTABILITY

The democratic mandate problem is even more significant in relation to those contracts which are concluded under common law powers. The Crown has an inherent capacity to contract and does not need to rely on statutory powers.[11] As Turpin explains, 'Since the Crown has corporate personality... it has the contractual capacity which is the normal attribute of a corporation, and can

---

[10] It is less clear that the Act prevents the contractor from using *ultra vires* to escape a bad bargain. Presumably the authority's certificate would be conclusive in an action on the contract. But it is unclear whether the courts would allow the contractor to evade this by bringing an action for judicial review. The court might point to the contractor's alternative remedy (albeit barred by the Act) but it would be difficult to do this where the contractor was raising a *vires* point of major public importance, whatever its motives.

[11] Some writers prefer to describe this as a 'prerogative'. Although historically less accurate, this serves to emphasise the scope of the power as used by modern government and the weakness of the constraints to which it is subject, drawing on the overtones of unbridled power which attach to 'prerogative' but not to 'capacity': T. Daintith (1979), 'Regulation by Contract: The New Prerogative', *Current Legal Problems* 32: 41-64; M. Freedland (1994), 'Government by Contract and Public Law', *Public Law*: 86-104, especially 91-92. But cf. B. V. Harris (1992), 'The 'Third Source' of Authority for Government Action', *Law Quarterly Review*, 109: 626-651; H. W. R. Wade (1985), 'Procedure and Prerogative in Public Law', *Law Quarterly Review*, 101: 180-199, especially 190-199.

therefore be bound by contracts made on its behalf by its authorised agents.'[12] Similarly, the Secretary of State at the head of each department is usually incorporated so that the department can enter into contracts in its own name.[13] Again, therefore, most Secretaries of State have the contractual capacity of a corporation sole. It has sometimes been doubted whether ministers can have contractual capacity separate from that of the Crown. In *Town Investments v Department of the Environment*,[14] it was held that a contract placed by 'the Secretary of State for the Environment on behalf of her Majesty' was placed by the Crown, not the minister. This was said to turn on a rule of public law, not merely on construction of the contract.[15] The result is a surprising one given the generally plural nature of the executive in the UK constitution,[16] and the acknowledgement in other contexts that the acts of ministers are not inevitably acts of the Crown, affirmed most recently in the important case of *M v Home Office*.[17] The better view seems to be that *Town Investments* is wrongly decided, and that ministers may either place contracts on behalf of the Crown or in their own name.

If Parliament sought to place statutory controls on these inherent powers, the courts would doubtless enforce the limits by analogy with *Attorney-General v De Keyser's Royal Hotel*.[18] In practice, however, such controls are rare. Recent legislation has tended to supplement rather than supplant common law powers. The Deregulation and Contracting Out Act 1994 is a notable example of this.[19] The Act does not provide a compulsory statutory regime for the government to follow when contracting a service out. Instead, it simply facilitates the process by allowing the minister to delegate discretions to the contracting partner in the same way that discretions can be delegated to civil servants under the *Carltona* doctrine.[20] Arguably, this amounts to a cavalier treatment of the underlying rationale of *Carltona*.[21] The European public procurement regime stands out as the only significant control applicable to all forms of government contracting.[22]

---

[12] C. Turpin (1999), *British Government and the Constitution* (4th edn.), at 570.

[13] T. Daintith and A. Page (1999), *The Executive in the Constitution: Structure, Autonomy, and Internal Control*, at 32.

[14] 1978 AC 359.

[15] 1978 AC 359, at 380-2, per Lord Diplock. Lord Morris of Borth-y-Gest adopted the construction approach in his dissent, at 393-6.

[16] Daintith and Page, supra n. 13, especially at 26-31.

[17] 1994 AC 359. See the discussion in H. W. R. Wade and C. F. Forsyth (2004), *Administrative Law* (9th edn.), at 46, n. 6.

[18] 1920 AC 508.

[19] See also the Government Trading Act 1990 and the Civil Service (Management Functions) Act 1992 (on which see Freedland, supra n. 11).

[20] *Carltona v Commissioners of Works*, 1943 2 All ER 560; Deregulation and Contracting Out Act 1994, ss. 69 and 72.

[21] For critique see M. Freedland (1995), 'Privatising Carltona: Part II of the Deregulation and Contracting Out Act 1994', *Public Law*: 21-26.

[22] See, generally, S. Arrowsmith (1996), *The Law of Public and Utilities Procurement*; J. M. Fernández Martín (1996), *The EC Public Procurement Rules: a Critical Analysis*.

If Parliament's legislative role in central government contracting is limited, it does have one residual function which might, in theory, act as a check.[23] It could refuse to provide the government with the funds to fulfil a contract. But this too is highly unlikely. Parliament's role in controlling public expenditure is to approve the supply estimates, and to pass the Consolidated Fund Act and the Appropriation Act based on the estimates. As McEldowney explains:

"Since 1982, there have been three specific days to consider the estimates. The Commons may only reduce the estimates, but even this is unlikely if the government of the day has an overall majority… In modern times the Commons has not rejected an estimate and the scrutiny function appears a limited one."[24]

In any event, the estimates are broadly framed, so if Parliament wished to challenge a specific contract, it would probably have to do so in express words.[25] And the government would still have access to the Contingencies Fund, which can be used for payments in cases of 'urgency'. The only effective control over the use of this fund lies with the Treasury.[26]

If Parliament did refuse appropriation, it is unclear what effect this would have on the contract.[27] There is no convincing English authority on the point. It has been suggested that the contract would be void, on the basis of *Churchward v R*,[28] but the judgments in that case are far from clear.[29] This approach has been firmly rejected in Australia, on both practical and constitutional grounds. In the leading case of *New South Wales v Bardolph*, Dixon J stated:

> "The prior provision of funds by parliament is not a condition preliminary to the obligation of the contract. If it were so, performance on the part of the subject could not be exacted nor could he, if he did perform, establish a disputed claim to an amount of money under his contract until actual disbursement of the money in dispute was authorised by parliament".[30]

Nevertheless, even though a court could give judgment in an action on the contract, it remains theoretically possible that the government could refuse to pay on the ground that no funds had been appropriated for the purpose.[31]

---

[23] Parliament also performs an important role in scrutinising the government's contracting activities *ex post*. The departmental Select Committees and the Public Accounts Committee conduct detailed studies of particular projects, aided by National Audit Office reports. These reports may suggest lessons for the future, but they do not amount to a democratic mandate because they do not in general give Parliament the opportunity to scrutinise *proposed* projects.

[24] J. McEldowney (2004), 'The Control of Public Expenditure', in J. Jowell and D. Oliver (eds.), *The Changing Constitution*, 5th edn. (Oxford: Oxford University Press), at 382.

[25] This was the position in *Churchward v R.*, 1865 LR 1 QB 173.

[26] McEldowney, supra n. 24.

[27] For discussion, see Turpin, supra n. 1, at 25-27; P. P. Craig (2003), *Administrative Law* (5th edn.), at 156.

[28] Supra n. 25.

[29] Wade and Forsyth, supra n. 17, at 817-8, suggest that the contract contained an express term that payment was to be provided by moneys paid by Parliament, and that the case therefore turned on construction rather than on general principle.

[30] 1934 52 CLR 455, at 510.

[31] Relying on the combined effect of ss. 25 and 37(1) of the Crown Proceedings Act 1947.

Judgments cannot be executed against the Crown,[32] but a refusal to give effect to the court's declaration would attract considerable public criticism. And given the flexibility of the appropriation process, the government would probably have access to sufficient funds to satisfy the judgment.

The limited nature of the parliamentary controls on central government's contracting activities has two significant consequences. First, there is little or no opportunity for Parliament to debate the role of contract as a mode of policy implementation. This has become particularly apparent in recent years as contracts have become central to the delivery of public services under the Private Finance Initiative (PFI) and other Public/Private Partnerships (PPPs). These programmes are controversial in several respects: for example, contract may not be the most appropriate mode of service delivery in some contexts;[33] and contractualisation may reduce the government's legal accountability by removing some activities from the reach of judicial review.[34] In democratic terms, it is less than satisfactory that these new policies can be introduced on no stronger authority than the government's inherent capacity to conclude contracts.[35] Secondly, because the government rarely requires facilitative legislation, Parliament has few opportunities to impose constraints on the government's powers.[36] Of course, Parliament might grant unfettered powers, but it seems more likely that the government would concede some controls on, for example, the purposes for which the powers could be used, in order to attract support for the legislation.

An effective legal regime for government contracts would require the government to have statutory authority for all its contracts. Of course, statutory authority for each specific contract would be impractical in terms of parliamentary time and the efficient conduct of public business. A more realistic option would be to catalogue the functions of each department, and to provide that departments should have the power to place contracts (perhaps of specified types) which are necessary or reasonably incidental to the performance of their functions.[37] This would be a complete statutory scheme which would exclude any reliance on residual Crown or ministerial contracting powers at common law. Compliance could be policed by the courts (subject to the reforms suggested above), and any novel use of contract would require further parliamentary authority. Of course, there is a fine line between rigidity and control. On the one

---

[32] Crown Proceedings Act 1947, s. 25(4). Wade and Forsyth (supra n. 17, at 832) suggest that mandamus would also lie, since under s. 25(3) the duty to pay is imposed on the relevant government department rather than the Crown.

[33] Economists have much to say about the conditions under which rational actors will select contract to govern their transactions. See, for example, the seminal article by O. E. Williamson (1979), 'Transaction-Cost Economics: the Governance of Contractual Relations', *The Journal of Law and Economics*, XXII: 233-261.

[34] Freedland, supra n. 11.

[35] See, generally, Freedland, supra n. 11, and (1998), 'Public Law and Private Finance: Placing the Private Finance Initiative in a Public Law Frame', *Public Law*: 288-307.

[36] A similar point is made by Daintith, supra n. 11.

[37] The courts might, of course, exercise some control even over common law powers through the doctrine of 'improper purposes', but this is inevitably limited by the fact that, in the absence of a statutory scheme, they have little guidance as to what might count as 'proper' or 'improper'.

hand, a very specific and detailed statutory regime might inadvertently omit essential powers, or impede useful innovations. The government would be inconvenienced by the need to seek new grants of power from Parliament, and to defend regular challenges in the courts. On the other hand, very general powers would offer little improvement on the present situation in terms of parliamentary scrutiny and the application of *ultra vires* by the courts. But it is important to remember that a fully effective regime of accountability for government contracts would not rely solely on democratic mandate. Although fundamental in principle, it should be a 'long-stop' in practice. Its proper role is neatly illustrated by *Hazell v Hammersmith LBC*,[38] discussed above. Local authorities have very broad financial powers, and challenges to the *vires* of their contracts are rare. Nonetheless, the House of Lords was able to use *ultra vires* in this extreme case to strike down the council's highly improper, speculative interest rate swap transactions. It does therefore seem possible to reconcile democracy and practicality. Of course, it is highly unlikely that any government would volunteer to codify its contracting powers, but this does not deprive the argument of any of its theoretical force.

III.– THE PROBLEM OF CONFLICTING POWERS

A second scenario in which the public interest might clash with the contractor's private interests occurs where the government makes a contract under one set of powers which it might breach if it exercises another set of powers. A proposed contract might be challenged on the ground that it can be seen from the outset that the government has potentially conflicting powers; a concluded contract might be challenged when the government subsequently seeks to exercise conflicting powers. English law addresses this set of issues through the rule that public authorities may not fetter their discretion by contract.[39] This rule is inadequate in two respects. First, it offers little clear guidance to the courts as to how to choose between the contract (the contractor's private interest in making a profit, and the governmental and public interest in the continued provision of goods or services under that contract) and the conflicting powers (which the government may claim to be exercising 'in the public interest'). Indeed, read literally, the rule has the absurd implication that no contract can stand, because all contracts inevitably constrain future action to some degree.[40] Secondly, the rule gives the courts a stark choice between upholding the contract and declaring it to be void, with no opportunity for a more subtle reconciliation of competing interests. This is because the government is deemed to have *no power* to make a contract which fetters its discretion. This brings into play similar, though not identical, remedial difficulties to those discussed above in relation to democratic mandate.

---

[38] 1992 2 AC 1.
[39] See, generally, Craig, supra n. 27, at 540-9; Wade, supra n. 17, at 330-5.
[40] Craig, supra n. 27, at 541; Wade, supra n. 17, at 330.

A. EXECUTIVE NECESSITY

The leading authority in relation to the Crown is *Rederiaktiebolaget Amphitrite v The King*,[41] in which Rowlatt J stated that the government 'cannot by contract hamper its freedom of action in matters which concern the welfare of the State'.[42] This suggests a largely unrestricted right on the part of the Crown to escape contracts and offers little comfort to contractors: a contract with the government is not worth the paper on which it is written. The case has prompted mixed reactions. In *Robertson v Minister of Pensions*,[43] Denning J suggested that the doctrine of executive necessity could not override the express terms of a contract: 'it only avails the Crown where there is an implied term to that effect or that is the true meaning of the contract'.[44] But this attempt to limit the doctrine was criticised in *Commissioners of Crown Lands v Page*.[45] In that case, the court was asked to imply a covenant of quiet enjoyment into a lease in which the Crown was the lessor. The case was decided on the narrow ground that 'no covenant for quiet enjoyment should be implied which would limit the Crown's future proper exercise of its powers and duties'.[46] But it was also suggested that the doctrine of executive necessity did have the broad effect indicated in *The Amphitrite*:

> "Even if, therefore, there was an express covenant for quiet enjoyment, or an express promise by the Crown that it would not do any act which might hinder the other party to the contract in the performance of his obligations, the covenant or promise must by necessary implication be read to exclude those measures affecting the nation as a whole which the Crown takes for the public good." [47]

It is possible to imagine circumstances in which the Crown might indeed need to override the express terms of a contract in the public interest: Denning J's suggested limitation cannot therefore be supported. But the quotation from *Page*, above, does suggest a more promising strategy for protecting contractors by limiting the Crown's power to override. The quotation refers to action taken by the Crown 'for the public good'. This phrase could give rise to a weighted balancing test of the kind commonly applied elsewhere in administrative law, for example, in the law on legitimate expectations. In *R v Secretary of State for the Home Department, ex p. Khan*,[48] the Home Office made a representation to Mr Khan about its policy on the adoption of children from abroad, and then applied a different policy to his case. The court held that the Home Office could not resile from its representation without giving Mr Khan a hearing, and then only if there was an overriding public interest in favour of applying the new policy. In a

---

[41] 1921 3 KB 500.
[42] Supra n. 41, at 503.
[43] 1949 1 KB 227.
[44] Supra n. 43, at 231.
[45] 1960 2 QB 274, at 287-8.
[46] Supra n. 45, at 287.
[47] Supra n. 45, at 292.
[48] 1985 1 All ER 40.

contract case, the Crown could be obliged to proceed with the contract unless there was an overriding public interest in favour of a policy change which interfered with that contract. This would preserve the Crown's power to override, but would protect the contractor in two key respects. First, it would prevent the Crown from abusing the doctrine of executive necessity merely in order to escape a bad bargain. Secondly, it would ensure that the contract was upheld where the Crown had some other means of achieving its goals without affecting the contractor's rights. Admittedly, there is little in the *Page* judgments to indicate that the court in that case had any serious intention of scrutinising the Crown's claims to be acting in the public interest. But judicial attitudes have changed considerably since 1960, and it seems much less likely that today's judges would simply accept bare assertions from the executive.

B. THE RULE AGAINST FETTERING

A principle similar to that of executive necessity operates in relation to statutory authorities. They are not simply empowered to escape contracts, but expressly enjoined not to restrict their future action by this means. If they attempt to 'fetter' their discretion through contract, they will be found to have acted *ultra vires*. In this context the courts do seem to engage in greater scrutiny of the competing claims of the contractor and the statutory authority. But the 'fettering' test tends to obscure, rather than structure, their reasoning. It is often said that the test is whether the contract is incompatible with the statutory purpose the public body is meant to be pursuing.[49] This is derived from the judgment of Parke J in *R v Inhabitants of Leake*.[50] Commissioners had the power to construct drains with earth banks on either side. The issue was whether they had power to dedicate the top of the earth bank as a highway. Parke J said:

> "If the land were vested by the Act of Parliament in commissioners, so that they were thereby bound to use it for some special purpose, incompatible with its public use as a highway, I should have thought that such trustees would have been incapable in point of law, to make a dedication of it; but if such use by the public be not incompatible with the objects prescribed by the Act, then I think it clear that the commissioners have that power." [51]

There was no evidence that the commissioners needed to use the bank for a statutory purpose – cleaning the drain, for example – inconsistent with the highway.

But the courts have been reluctant to allow public bodies to escape contracts too readily by showing various kinds of trivial incompatibility. They have therefore adopted some imaginative strategies for reconciling apparently conflicting powers. This is a particularly important protection for the contractor where the contract is challenged at the outset and the court is called on to predict whether or not a conflict might arise. In *British Transport Commission v*

[49] See, generally, the references at n. 39, supra.
[50] 1833 5 B. & Ad. 469.
[51] Supra n. 50, at 478.

Westmorland CC,[52] the court found that the dedication of a highway over a railway bridge was not incompatible with a statutory power to demolish the bridge because, on the facts, the Commission was unlikely to need to exercise the power to demolish. Incompatibility was to be assessed by reference to reasonable probabilities, not possibilities.[53] Another strategy, illustrated by *Blake v Hendon Corporation*,[54] is to rank the powers so that one power takes precedence over an apparently inconsistent power. In Blake, the local authority had power to dedicate a park to the public which seemed to be inconsistent with another power to grant leases over the land. It was held that the power to grant leases was an auxiliary power which could only be exercised where it would promote the main purpose of providing a pleasure ground to the public. If this purpose was best served by dedication, it did not matter that dedication precluded the exercise of the (evidently superfluous) auxiliary power to grant leases.

But there are cases in which it is simply impossible to reconcile the conflicting powers. Strictly applied, the incompatibility test would allow the public body to escape the contract in these circumstances: the contract would be void as a fetter on the authority's discretion. But this would offer little protection to the contractor because it would not give the court an opportunity to scrutinise the arguments for allowing the authority's other powers to prevail over the contract. Interestingly, the courts continue to pay lip-service to the traditional test, whilst in practice engaging in this kind of scrutiny. In *Dowty Boulton Paul v Wolverhampton Corporation*,[55] the corporation had granted the company a right to use the municipal airport for a term of 99 years. It then refused to renew the airport's licence because it wanted to develop the airfield for housing under other powers. The court chose to uphold the lease, stating that it was a valid exercise of a statutory power.[56] The corporation did not appear to have any particularly strong reasons for its change of plan, so it was not surprising that the plaintiff's private interests weighed heavily with the court. In *Cory v London Corporation*,[57] the plaintiffs entered into a refuse collection contract with the Corporation in its capacity as a sanitary authority. The Corporation then made by-laws, in its capacity as port health authority, which rendered the contract unprofitable for the plaintiffs. The court refused to imply a term that the contract would not be made more onerous, holding that the corporation was under a duty to make the by-laws regardless of their impact on the plaintiff. Here, the suggested contractual term would have defeated a strong and specific public interest in raising hygiene standards, so the court preferred the public interest to the plaintiff's private rights.

Thus, although the courts in these cases did not articulate their reasoning very clearly, it does seem possible to rationalise their decisions in terms of the

---

[52] 1958 AC 126.
[53] Supra n. 52, at 144.
[54] 1962 1 QB 283.
[55] 1971 1 WLR 204.
[56] Supra n. 55, at 210. See Craig, supra n. 27, at 544-5.
[57] 1951 2 KB 476.

'overriding public interest' test suggested above in relation to the Crown. The public body is allowed to escape a contract only if it can show that it is pursuing an important public interest. But it is essential that the courts should explain decisions of this kind more clearly. They involve potentially controversial value judgements which may lack legitimacy unless they are properly reasoned.

C. *Remedies*

The problem of conflicting powers is further compounded by English law's simplistic approach to remedies,[58] noted earlier in the discussion of democratic mandate. At present, a contract which is deemed to be a fetter on the government's discretion must be declared void: the Crown has no power to make such a contract, and in relation to statutory authorities, the same idea is expressed through the label of *ultra vires*. A declaration that the contract is void has two main consequences. The contractor will lose its anticipated profits and will not be able to claim damages,[59] and the service provided under the contract will come to an end (unless the parties can renegotiate the contract, a possibility to be discussed below). This solution is unfair to the contractor, because it places all the loss resulting from the government's public interest action on one individual or firm. If the court were able to order the government to pay compensation, this loss could be spread across the community as a whole. The solution may also cause considerable disruption to public services. In some cases, the government's change of policy may be such that it is appropriate to bring the contract to an end: for example, where new scientific evidence shows that drugs being purchased by the government have harmful side-effects and should be banned. But in others, it may be desirable for the contract to continue. In the *Cory* case, discussed above, the government's aim of improving hygiene standards would have been severely disrupted if the contractor stopped collecting the rubbish altogether. Here, it would be desirable for the court to be able to uphold the contract, but on revised terms which compensated the contractor for the costs of complying with the new regulations.

D. *Options for Reform*

One obvious response to these arguments is that the inadequate state of the law should prompt the parties to negotiate a solution for themselves. This could be done in advance, by including price variation clauses and provisions for termination with compensation in the contract from the outset, or at the time of

[58] See Craig, supra n. 27, at 545-8.

[59] As noted above, the contractor should not lose out in respect of performance already rendered. It should be able to recover payments made or seek a quantum meruit for work done under the void contract.

the proposed exercise of conflicting powers. As Turpin points out, most government contracts do in fact contain these clauses,[60] and this must explain the small number of reported cases on the issue. Nonetheless, there are a number of disadvantages with reliance on negotiation in the governmental context.[61] The government and its contracting partner are not in the same position as two private firms renegotiating their contract in the light of new regulations, because the government is both a contracting party and the author of the regulatory change. Once the government has made the change, the level of trust in the relationship between the government and its contracting partner is likely to be considerably reduced. This reduction in trust will make negotiation much more difficult.[62] And if the government seeks to provide for changes in regulations from the outset, it may 'signal' the possibility of such changes to its contracting partner, thus creating uncertainty and again, reducing trust levels.

Some commentators have suggested that if the problem of conflicting powers is to be addressed through the general law, the doctrine of frustration might provide a suitable approach. Harlow has argued that the public body's action should be viewed as self-induced frustration.[63] This would enable the contractor, but not the public body, to claim frustration. This solution suffers from a number of defects, some of which are identified by Craig.[64] First, the characterisation of the public body's behaviour as self-induced frustration implies that it has behaved improperly. But the legitimate exercise of public powers is not a matter for condemnation. Indeed, any hint of condemnation might have the unfortunate consequence of deterring public bodies from actions which would be in the public interest. Secondly, frustration discharges the contract and cannot therefore protect the public interest in ensuring that services continue to be delivered. Thirdly, the remedies available to the contractor may not be adequate. Since the public body cannot validly promise not to make regulatory changes, its action would frustrate the contract without breaching it. Thus, the contractor could not claim damages for breach. Instead, the contractor would have to rely on the usual remedies for frustration under the Law Reform (Frustrated Contracts) Act 1943.[65] Under s. 1(2), for example, the contractor would be liable to return to the public body any prepayments it had already received, subject to the court's discretion to permit it to retain sums to cover its expenses (but no more). Under s. 1(3), the contractor would be able to recover a sum from the public body if it had conferred a 'valuable benefit' on that body. But this would not protect the contractor if it had merely incurred expense in preparing to perform the contract.

---

[60] Turpin, supra n. 12, at 572.

[61] More generally, negotiation is time-consuming and may not be successful: a solution imposed by the general law may be more efficient.

[62] On the role of trust in contractual relationships, see E. H. Lorenz (1988), 'Neither Friends nor Strangers: Informal Networks of Subcontracting in French Industry', in D. Gambetta (ed.), *Trust: Making and Breaking Cooperative Relations*; M. Sako (1992), *Prices, Quality and Trust: Inter-Firm Relations in Britain and Japan*.

[63] C. Harlow (1980), "Public' and 'Private' Law: Definition without Distinction', 43 MLR 241-265, at 248-9.

[64] Supra n. 27, at 546-7.

[65] See, generally, Treitel, supra n. 7, at 909-20.

These various limitations mean that frustration is unlikely to offer much compensation to the contractor.

A more promising approach might be to use implied terms to fill the gaps in the parties' contract.[66] The 'officious bystander' and 'business efficacy' tests for the implication of terms in fact are both relatively difficult to satisfy: they focus on terms the parties would have agreed to, rather than on terms which would improve the design of the parties' contract.[67] This latter role is performed by terms implied in law.[68] As Treitel explains, 'In deciding whether to imply a term in law, the courts are guided by general policy considerations affecting the type of contract in question; and to this extent considerations of reasonableness and fairness may enter into the implication of such terms'.[69] The courts could, in theory, treat government contracts as a group to which special legal incidents should apply. One possibility would be to imply a term to the effect that where the exercise of regulatory powers affects the contractor's operating costs, the public authority would be obliged to adjust its payment accordingly. This would protect the contractor's financial expectations, and minimise the potential for disruption to public services by ensuring that the contractor could continue to provide them at a profit. It would be analogous to French law's doctrine of *fait du prince*.[70] Under this doctrine, where the public authority upsets the economic equilibrium of the contract by exercising its public powers, the contractor may either seek an indemnity from the public authority or, where appropriate, increase its charges to consumers. The only exception is for changes in the law 'affecting all citizens equally'.[71] Another implied term could provide for compensation to be payable if the contract was terminated as the result of the public authority's actions in changing regulations. This would protect the contractor where the public authority did not wish to continue the contract.

The implied terms solution does, however, create something of a dilemma. On the one hand, if the courts were willing to imply these terms, there is a danger that they would lose their opportunity to scrutinise the government's initial decision to override the contract. This is because if the contract was deemed to contain a provision for variation or termination in the event that incompatible powers were exercised, it might be difficult to describe the contract as a fetter on the government's discretion. The government's unaccountable discretion to evade contracts – undesirable on general Administrative Law principles – would be reinstated. Although contractors would receive financial compensation of some kind, this might not be adequate. Nor would they have any sense of security in their dealings with the government. On the other hand,

---

[66] The court in *Cory* (supra n. 57) rejected an argument based on an implied term, but the term there contended for was that the public body would not exercise its regulatory powers in ways which would harm the contractor's interests. It is not surprising that the court rejected this blatant attempt to evade the no fettering rule. The suggestion here is to use implied terms merely to govern remedies.

[67] See, generally, Treitel, supra n. 7, at 201-3.

[68] See, generally, Treitel, supra n. 7, at 206-13.

[69] Treitel, supra n. 7, at 211.

[70] See L. N. Brown and J. S. Bell (1998), *French Administrative Law* (5th edn.), at 206-210; Craig, supra n. 27, at 547-8; Wade and Forsyth, supra n. 17, at 332-3.

[71] Brown and Bell, supra n. 70, at 208.

the suggested implied term might itself be seen by the courts as a fetter on the government's discretion. This is because the additional payment or compensation might deter the authority from exercising its other powers, even where it would be in the public interest to do so. The court could not imply a term to which the parties could not validly agree. Of course, the force of this argument varies according to the circumstances. This might produce a regime in which contractors who claimed a small amount of extra money or compensation would receive it, whereas those who sought a considerable amount would not. Where the court could not imply a suitable remedial term, the government would be able to claim that the contract was void as a fetter. Perhaps this offers a welcome degree of flexibility to the government, but it is hard to justify from the contractor's perspective.

Again, therefore, it seems necessary to advocate statutory reform, even though governments are unlikely to promote legislation which would restrict their own freedom of action. Any such legislation would need to have two elements. First, it would need to empower the courts to vary the terms of a government contract in order to preserve its financial balance (rather like the French doctrine of *fait du prince*) where that balance was upset by the government's exercise of other powers. At this stage, both parties could be permitted to argue that continuation of the contract, even on revised terms, was not practicable.[72] For example, the government might not be able to afford a long-term commitment to the new contract price, or the contractor might not be able to hire enough staff to meet the government's changed demands. If either party satisfied the court on this point, attention would then turn to the second element of the legislation. This would enable the court to terminate the contract but with compensation for the contractor. This could be achieved by similar provisions to those set out in ss. 6 and 7 of the Local Government (Contracts) Act 1997, discussed above.[73] If a party persisted with a claim that the contract could not be continued, but failed to convince the court, that party would have the option of terminating the contract in accordance with any applicable clauses, or breaching and facing the consequences. This does of course mean that the government would have more leverage over the contractor than the contractor would have over the government. This is because there is little practical difference between being ordered to compensate the contractor on a court-sanctioned termination, and being ordered to compensate the contractor on breach. But the public and political consequences might be very different in the two cases.

Although such legislation does not seem likely at present, one high-profile dispute involving substantial disruption to public services might be sufficient to

---

[72] The French doctrine of *imprévision* (which applies where there is a change in circumstances beyond the control of *both* parties) *compels* the contractor to perform under the revised terms unless *force majeure* can be invoked (see Brown and Bell, supra n. 70, at 208-10). Although this model offers the best means of safeguarding public services, it might seem very daunting to contractors, making them reluctant to bid for government contracts.

[73] Note that while s. 5(3) of the Act also empowers the court to continue the contract, it does not provide a complete solution to the present problem because it does not permit the court to vary the contract's terms.

generate pressure for reform from private firms and even the public. In the meantime, as argued above, the courts can and should scrutinise claims that particular contracts fetter the government's discretion. Such scrutiny should at least ensure that the unsatisfactory *ultra vires* solution is brought into play only where a genuine public interest is at stake.

IV. – CONCLUSION – THE PUBLIC/PRIVATE DIVIDE RE-EMPHASISED?

English law does not cope well with the wider public interests which might be at stake in government contracting. The law does not provide a satisfactory regime for ensuring that government contracts have a democratic mandate. Central government (in the shape of the Crown) and ministers (as corporations) can place contracts without seeking any statutory authority at all. And where public bodies do need statutory authority, this is policed through the doctrine of *ultra vires* which fails to strike a proper balance between the various interests at stake. It prioritises the wider public interest in legality over the contractor's interests and the public interest in uninterrupted service delivery. The government should be required to have some statutory authority for all its contracts, but the courts should have a discretion (as they do in the local government context) to permit an *ultra vires* contract to continue, or to impose suitable discharge terms, in order to protect these other interests.

Similarly, English law does not properly address the problem of government powers which may conflict with the terms of a government contract. The law appears to allow the government a considerable degree of freedom to escape contracts in order to exercise these conflicting powers. But in practice, the courts have shown some willingness to scrutinise the government's claims to be acting in the public interest before allowing it to override a contract. This more rigorous approach is to be welcomed, but it should be accompanied by more clearly reasoned judgments. Once the court has decided that the government should be allowed to exercise conflicting powers, the contract is at present declared void. This fails to compensate the contractor or to ensure, where appropriate, that public services continue to be provided without interruption. A more sophisticated regime of specialised remedies should be created by legislation.

Taken together, these arguments form a partial case for a more developed set of public law doctrines to regulate government contracts. These doctrines would address some of the wider public interests raised by government contracts, whilst taking account of the public interest in the delivery of services under the contract, and the contractor's interest in performing the contract and securing its expected profits. But the case for a law of public contracts is, of course, highly controversial. The most significant objection is one which besets public law as a whole: the difficulty of determining its scope of application.[74] Would a law of

[74] On which see, generally, J. W. F. Allison (1996), *A Continental Distinction in the Common Law: a Historical and Comparative Perspective on English Public Law*; D. Oliver (1999), *Common Values and the Public-Private Divide*.

public contracts apply to all government contracts, or just to a select group? How would the 'government' be defined for these purposes? Would there be a large volume of 'boundary-mapping' litigation, analogous to that which followed the assertion in *O'Reilly v Mackman*[75] of the distinctiveness of public law procedure? These objections are not, in fact, unanswerable, but space precludes consideration of them in the present chapter. All that can be said is that if the concerns about government contracts raised here are valid, and the proposed solutions desirable, it may be worth tolerating some problems of scope in order to secure the benefits greater public law regulation would bring.

The importance of the issues raised here should not be underestimated. Government contracts in the UK are now a central mode of public service provision. Under the Private Finance Initiative and other types of Public/Private Partnership, private firms are being given a core role – through contract – in the management of schools, health care services, public transport and so on. A tighter legal regime cannot address many of the political objections to contractualisation. But the law could do much more to ensure that contracts are not simply an area of unaccountable discretionary power for the government. Paradoxically, this may involve re-creating the public/private divide at the theoretical level even as it blurs in practice.

[75] 1983 2 AC 237.

3

COMPETITION LAW AND THE PUBLIC / PRIVATE DIVIDE

Karen Yeung*

I. – INTRODUCTION

One of the primary concerns of public law, and judicial review in particular, is to safeguard the individual against the arbitrary exercise of power by public bodies. Although courts have been willing to extend the reach of judicial review to "intermediate" bodies exercising governmental or regulatory functions[1], commercial profit-making enterprises are generally regarded as private and thus not amenable to judicial review[2]. Private enterprises are, however, becoming increasingly powerful, particularly in light of the removal of national trade barriers, the rapid pace of technological innovation and the globalisation of markets. Many commercial enterprises operate on an international scale and wield considerable economic power (often referred to in as multi-national enterprises (MNEs) or trans-national corporations (TNCs)). In a modern global environment, it is sometimes suggested that the greatest threats to individual liberty arise not from the exercise of state power, but from the rising power of private enterprise.

The inapplicability of judicial review to private enterprise does not, however, mean that the power of commercial enterprise is unregulated[3]. In particular, competition law provides an important means by which the state imposes limits

---

* St Anne's College, Oxford. I am indebted to Bronwen Morgan for her helpful comments on earlier drafts of this paper.

[1] *R v Panel on Take-overs and Mergers ex parte Datafin plc* [1987] 1 QB 146. J Mclean, "Intermediate Associations and the State", in M Taggart (ed.), *The Province of Administrative Law*, Hart Publishing, Oxford, 1997.

[2] A generous interpretation of "public authority" is, however, provided under the Human Rights Act 1998, s 6. In presenting the Bill to Parliament, it was stated that a public authority included, "to the extent that they are exercising public functions, companies responsible for areas of activity that were previously within the public sector, such as the privatised utilities": *Rights Brought Home: The Human Rights Bill*, Cm 3782, Oct. 1997, 8.

[3] In the late 18th century, the common law developed the doctrine of common callings which enabled it to control prices by monopolists. P. Craig, "Constitutions, Property and Regulation", (1991) *Public Law* 532.

on the extent to which commercial actors are free to exercise their market power. It is generally accepted that the purpose of modern competition law is to facilitate competitive markets in order to promote economic efficiency, thereby promoting consumer welfare. Because firms have incentives to abuse or exploit their market power for their own advantage, "abuse" being defined in terms of inefficient commercial activity, the aim of modern competition law is to safeguard the market process against such abuses. So conceived, competition law may thus be regarded as an accountability mechanism – a means by which private actors can be called to account to the public for the way in which they exercise their market power[4].

Although any form of state regulation of business activity involves the use of public power to regulate private power (such as environmental regulation, product safety regulation and the like) what is unique about competition law is that it is directly concerned with the regulation of private power in and of itself. In other words, the accretion of private power is itself thought to be a threat to the welfare of the community. By this I mean that certain restrictive practices are treated as benign if carried out by firms lacking significant market power, yet the same practices may be thought of as "abusive" and hence illegitimate if carried out by firms with significant market power[5]. Although the way in which the "abuse" of private power has been understood by competition law has changed over time, the rationale for controlling private power underlying competition law has consistently focused on the threat to community welfare posed by the restrictive commercial activities of powerful private enterprises.

The primary aim of this paper is to examine how developments in competition law and policy may implicate the public/private divide. To this end, I consider two significant shifts in the development of competition law. First, I examine a shift in the *justification* for competition law, from its original concern with the potential threat to individual liberty and freedom posed by powerful private enterprise to a concern for economic efficiency. Secondly, I examine a shift in the *scope* of competition law, which was originally concerned only with the exercise of private economic power but which has in more recent years expanded so that the exercise of state power has also been subsumed within its grasp. In considering the implications of these two developments for the public/private divide my aim is merely to raise a number of difficult and important questions, rather than make any attempt to resolve them. I will suggest that, taken together, these developments serve not only to illustrate the vagueness and ambiguity that plagues the public/private divide but may also point towards its increasing redundancy.

The structure of this paper proceeds as follows. First, I will briefly explain the economic theory which is generally accepted as providing the foundation for modern competition law, emphasising the central role played by the concept of efficiency in assessing whether private power is harmful to community welfare. This modern conception stands in stark contrast to the original conception of competition law, in which private economic power was perceived as a potential

---

[4] See section V C below.

[5] R. Whish, *Competition Law*, 4th ed. Butterworths, London, 2001, chapter 5.

threat to individual freedom rather than primarily as a threat to the efficient functioning of markets. Secondly, I will briefly examine the attractions of efficiency and the economic theory upon which it rests as the foundational justification for competition law, and suggest that the strength of their appeal may not be as extensive as its advocates may have us believe. Yet the limitations of economic theory and its focus on the pursuit of efficiency have not prevented them from becoming the foundation for modern competition law, exemplified in sweeping reforms to UK competition law, which are then discussed in greater detail by way of illustration. Thirdly, I consider the expanding scope of competition law, demonstrating that it has grown beyond its original focus on private economic power to encompass the exercise of state power, at least in so far as the exercise of the latter may have an impact on the competitive functioning of markets. Finally, I will consider the implications of these two developments for the public/private divide before providing a brief conlusion.

II. – COMPETITION LAW: PAST AND PRESENT

Competition law provides one means by which public power is used to constrain the exercise of private power. In its modern guise, the justification for constraining private power through competition law rests on economic theory. But this conception is rather different from the ideas upon which competition law was originally conceived. In this section, I will briefly explain the modern "efficiency" based conception of competition law and compare it with the historical origins of competition law in both the USA and Germany, demonstrating that the theoretical justification for competition law has not been static.

A. – MODERN COMPETITION LAW: COMPETITION, MARKET POWER AND EFFICIENCY

The purpose of modern competition law is generally claimed to be the promotion of economic efficiency by facilitating competitive markets. Given that society's resources are limited, it is in the community's interest to produce and allocate those resources efficiently. When this occurs, all economic resources are allocated between different goods and services in precisely the quantities consumers wish (their desires being expressed by the price they are prepared to pay on the market) and produced at the lowest possible cost[6]. According to microeconomic theory, competition is required in order to ensure that markets operate efficiently[7]. In competitive markets, producers compete with each other

[6] Economic efficiency can be divided into allocative and productive efficiency. Allocative efficiency refers the allocation of resources between different goods and services in precisely the quantities consumers wish. Productive efficiency means that goods and services are produced at the lowest possible cost: see F Scherer and D Ross, *Industrial Market Structure and Economic Performance* 3rd ed. Houghton Mifflin, Boston, 1990, 19-29; 661-667; R Whish, *Competition Law*, 4th ed. Butterworths, London, 2001, chapter 1.

[7] Efficiency can be defined more precisely in terms of partial equilibrium welfare economics, that is the maximisation of the sum of the discounted present value of consumer and producer surpluses.

in order to satisfy the demands of consumers: each producer striving for custom, thereby constantly seeking to produce better goods and services (as indicated by consumer's tastes and preferences) at the lowest possible cost. Under conditions of competition, if a producer is to survive, it must be responsive to the demands of its customers, suppliers and the policies of its rivals. The antithesis of a competitive market is a market with only one producer, a monopolist. A monopolist can dictate its own terms of supply. It does not face the threat of being 'outperformed' by its rivals, and is thus free to reduce its volume of production to levels below that demanded by consumers in order to bump up the price of its produce, thereby maximising its profit[8]. The result is inefficiency: the quantity of production is lower than would be the case under conditions of perfect competition.[9] Consumers are thus deprived of goods and services which they would be willing to pay for at the competitive price, generating what is known as the "deadweight loss" of monopoly[10]. In addition, the monopolist is not constrained by the threat of competition, and faces little incentive to drive down its costs to the lowest level, nor does it have strong incentives to innovate in order to attract and retain custom. The result is a misallocation of resources, wasteful expenditure and hence a loss to society at large.

Competition is therefore considered essential to the pursuit of economic efficiency[11]. The antithesis of competition is market power. A firm possesses market power when it is free to act independently of its competitors, customers, and suppliers[12]. A firm with market power is thus able to "give less and charge more"[13], exploiting the conditions of the market to maximise its own profit, which has the overall effect of harming the general welfare of society. Because

---

This definition encompasses the trade-off between static and dynamic efficiency: current and welfare losses may be acceptable, if the market structure or conduct which gives rise to the losses will also generate efficiencies in the long run, so long as the prospective benefits are not too delayed in realisation and the social discount rate is not too high: see DA Hay and DJ Morris, *Industrial Economics and Organization*, Oxford University Press, Oxford, 1991, chapters 16-17.

8 F Scherer and D Ross, *Industrial Market Structure and Economic Performance*, 3rd ed. Houghton Mifflin, Boston, 1990, 15-17, 21-29.

9 Perfect competition requires four conditions: a) a very large number of buyers and sellers on the market; b) all products are homogeneous; c) consumers have perfect information about market conditions; and d) there are no 'barriers to entry or exit' which might prevent the emergence of new competition or hinder firms from leaving the industry. Under the conditions of perfect competition, the price at which a good or service is sold never rises above the marginal cost of production: F Scherer and D Ross, *Industrial Market Structure and Economic Performance*, 3rd ed. Houghton Mifflin, Boston, 1990, 24-49; R Cooter and T Ulen, *Law and Economics*, 2nd ed. Addison-Wesley Educational Publishers Inc USA, 1997, 29-30.

10 F Scherer and D Ross, *Industrial Market Structure and Economic Performance*, 3rd ed. Houghton Mifflin, Boston, 1990, 15-17; 21-29; R Cooter and T Ulen, *Law and Economics*, 2nd ed. Addison-Wesley Educational Publishers Inc USA, 1997, 30-31.

11 Although competition has traditionally be understood in terms of price competition, non-price competition can also occur in various guises. Firms may compete on the number of brands they put on the market, in product quality, after-sales service, marketing and so forth. Over time, firms may compete in physical investment or in research and development.

12 *Hoffman La-Roche v EC Commission* [1979] ECR 461, para 38.

13 *Re Queensland Co-operative Milling Association Ltd, Defiance Holdings Ltd* [1976] ATPR 40-012 citing Attorney General for the USA, *Report of the National Committee to Study the Antitrust Laws*, (1955) at 320.

firms can generate higher profits if they possess significant market power, rational profit-maximising firms can be expected to pursue strategies which enable them to enhance their market power. Economists have identified three strategies which firms may pursue in order to enhance their market power: collude with competitors, merge with competitors or deter competitors from entering the market (or induce existing competitors to leave the market). Modern competition law seeks to block these three routes to market power, in order to safeguard the competitive process and thereby promote economic efficiency[14].

---

[14] M Williams, "The Effectiveness of Competition Policy in the United Kingdom", (1993) 9 *Oxford Review of Economic Policy* 94. Although competition is generally conducive to the pursuit of economic efficiency, there are some situations (known in economic parlance as "market failure") in which this may not be the case: F Bator, "The Anatomy of Market Failure", (1958) *Quarterly Journal of Economics*. First, there are some industries which require considerable capital investment in order produce the desired goods or services yet the strength of demand for those goods or services may be small in relation to the costs of production. It may even be that industry can only operate efficiently by a single supplier, which is known in economics as a natural monopoly, and are particularly common in relation to network industries: Sharkey, *the Theory of Natural Monopoly*, 1982, Cambridge University Press, at 2; T Prosser, *Law and the Regulators*, Clarendon Press, Oxford, 1997, and CD Foster, *Privatization, Public Ownership and the Regulation of Natural Monopoly*, Blackwell, Oxford, 1992. Even if an industry is not a natural monopoly, the reduction in costs of production achieved through economies of scale and scope arising from fewer firms supplying a large proportion of the product may outweigh the corresponding loss to consumers arising from pricing at levels above the competitive price: F Scherer and D Ross, *Industrial Market Structure and Economic Performance*, 3rd ed. Houghton Mifflin, Boston, 1990; Secondly, in competitive markets rational profit-motivated firms will strive to reduce their costs of production to the lowest possible level. However, this fails to account for external costs (or "externalities") which may be generated from the production process but which are not reflected in the prices which the supplier charges for products: A Ogus, *Regulation – Legal Form and Economic Theory*, Oxford University Press, Oxford, 1994, at 35-36. For example, a factory may pollute the surrounding environment, thereby imposing costs on residents. In the absence of legal restrictions, a rational firm will not take these external costs into account in pursuing its production strategy, and hence the overall impact of its production on social welfare may not be efficient. Thirdly, firms in competitive markets may engage in excessive non-price competition, such as multiple branding, after-sales service and marketing (including advertising), the provision of which may exceed the level demanded by consumers, because their preferences are not accurately reflected in the price mechanism, excessive services are produced, leading to inefficiency. Fourthly, some goods can be characterised as "public goods". A public good is a commodity, the benefit of which is shared by the public as a whole, or by some group of it. Thus, consumption by one person does not leave less for others to consume. The supplier may find it either too costly or simply impossible to exclude consumption by "free riders", ie those who consume the good without paying for it. A national defence system is a frequently cited example of a public good. The market method of allocation cannot be relied upon to determine the desired quantity of supply of a public good, because willingness to pay does not provide a measure of demand and fails to provide incentives for suppliers to produce the public good: A Ogus, *Regulation – Legal Form and Economic Theory*, Oxford University Press, Oxford, 1994, at 30-32. Thus, given that there are some circumstances in which the promotion of competition may not lead to economically efficient outcomes, the design and application of competition law and policy should be capable of accommodating them if it is to be effective in promoting economic efficiency.

B. – The historical origins of competition law: the protection of liberty

Although modern theory of competition law is concerned primarily (if not exclusively) with the pursuit of economic efficiency, this was not the basis upon which competition regulation was originally conceived. Modern competition law largely originated from United States antitrust law, beginning with the Sherman Act 1890, which emerged from the industrial revolution[15]. At that time, there was considerable popular dissatisfaction in the US with the expanding railroad companies which formed cartels, established in the form of trusts. Using these trusts, stocks held in competing companies were transferred to trustees who then managed and co-ordinated the affairs of the industry. These trusts were thus able to exploit their market power to drive many small businesses out of the market while charging prices disproportionate to the value of their services. The Sherman Act was introduced in this context, making it illegal to enter into contracts in restraint of trade or to monopolise, or attempt to monopolise, a market. The Act was not particularly effective in overcoming populist concerns, largely due to the US Supreme Court's relatively narrow interpretation of its provisions. The 1912 Presidential election was fought mainly on the antitrust issue, with Woodrow Wilson promising the "New Freedom" through antitrust reform so as to give the "little man" the chance to succeed and assuring greater certainty for business[16]. The Clayton Act 1914 was then enacted, which made particular restrictive trade practices (such as price discrimination and some mergers) unlawful. The Federal Trade Commission was established in the same year, an administrative agency with the statutory responsibility for investigating competition problems, to regulate business and to provide guidance on competition policy. The protectionist era of the 1930s saw the enactment of the Robinson-Patman Act 1936, which reinforced the view that smaller business needed protection to prevent its bigger rivals from using their buying power to secure superior trading terms. Concerns about the perceived undue power of big business continued into the early 1940s following World War II, in light of the wave of vigorous merger activity, and the merger provisions of the Clayton Act were strengthened as a result.

A central theme pervading the early decades of US antitrust was freedom of economic opportunity, and a particular concern for the protection of small business from the superior economic power of large enterprise. It was not until the late 1940s that the influence of economic analysis began to predominate, and the conceptual basis of antitrust law shifted from political concerns relating to the power of large enterprise and the vulnerability of small business and individual consumers to the discipline of economic analysis and the pursuit of competition in order to secure economic efficiency. In particular, the influence of the so-called "Chicago School" of economics began to take hold in the 1970s,

---

[15] EM Fox, "The New American Competition Policy – From Anti-Trust to Pro-Efficiency", (1981) 2 *European Competition Law Review* 439, 440.
[16] *Ibid.*

reaching its zenith in the mid 1980s during the Reagan administration[17]. Those associated with the Chicago School emphasised that economic efficiency should be the sole and exclusive concern of antitrust law, for by so doing consumer welfare would be maximised[18]. Thus, trade restrictions which were apparently restrictive might nonetheless enhance economic efficiency and thus to prohibit them would be harmful to consumer welfare. Increasingly sophisticated economic arguments began to predominate in antitrust disputes, and it is now the norm for economic arguments to play a critical role in antitrust cases in the US.

The European history of competition law is rather different to its US counterpart. Nevertheless, it has shared foundations with early US antitrust law and policy in that it was originally motivated by fears that private commercial power might potentially undermine individual freedom and the democratic process. It is questionable whether the origin and development of competition law throughout western European countries can be referred to as a unified single story, for competition law evolved at different rates and according to slightly different models throughout western Europe[19]. For present purposes, however, it is illuminating to consider the German model of competition law that emerged after the end of the Second World War. The shape of early German competition law was profoundly influenced by a set of ideas known as "ordoliberalism", originating from a group of economists and lawyers based in Freiberg University during the 1930s. They shared the belief that the economic and political disintegration in Germany which had led to the Nazi totalitarian regime was partly attributable to the inability of the legal system to prevent the creation and misuse of private economic power[20]. In particular, the accumulation of private power in the form of cartels between commercial firms had been used by the Nazi government as a vehicle for the forced labour and subsequent extermination of the Jews[21]. Ordoliberal thinking was concerned to create a tolerant and humane society that would protect human dignity and personal freedom[22]. Drawing on the central values of classical liberalism, the ordoliberals envisioned a society in which individuals were as free as possible from state interference and in which democratic institutions dispersed political power by maximising participation in public decision-making[23]. They recognised that it was not sufficient to protect the individual from the power of government. Society also required protection from the misuse of private power. Hence they advocated not only a dispersion of political power but also of economic power, thus implying that monopolies should be eliminated[24].

---

[17] G Amato, *Antitrust and the Bounds of Power*, Hart Publishing, Oxford, 1997.

[18] RH Bork, *The Antitrust Paradox*, Basic Books, New York, 1978.

[19] DJ Gerber, *Law and Competition in Twentieth Century Europe*, Clarendon Press, Oxford, 1998, (hereafter 'Gerber'); I Maher, "Re-imagining the Story of European Competition Law", (2000) 20 *Oxford Journal of Legal Studies* 155; J Shaw, "Review of Books on Competition Law and Policy", (1999) 5 *European Law Journal* 103.

[20] Gerber, 235.

[21] G Amato, *Antitrust and the Bounds of Power*, Hart Publishing, Oxford, 1997, 40.

[22] Gerber, 240.

[23] *Ibid.*

[24] *Ibid.*

One of the central elements of ordoliberal thinking was the role of the economy in society, and the role of the law in providing the framework in which a stable economic system can operate. They adopted the view that the economy was the primary means for integrating society around democratic and humane principles, but it could only perform this role effectively if the market functioned in a way that was perceived by the community as fair and provided equal opportunities for participation to all[25]. Furthermore, economic competition was regarded as the only way of achieving sustained economic performance and stability. A central function of the law, therefore, was to create and maintain the conditions under which competition could function properly. Competition law was regarded as essential to economic stability, not only to generate sustained economic growth but also to prevent the accumulation of private economic power and its potentially harmful effects[26]. Although the GWB[27] (German Cartel Law) was not enacted and in operation until 1958, its core ideas were grounded in the ordoliberal competition program[28]. The German competition law system has been seen in "constitutional" terms, as a permanent, stable framework of principles for the distribution of power and the conduct of economically powerful institutions[29].

This brief outline of the historical origins of competition law in the USA and Germany, when viewed alongside its modern counterpart, clearly demonstrates that the goals of competition law and policy have shifted over time. Although modern competition law is justified primarily by reference to the promotion and pursuit of economic efficiency through the maintenance of competitive markets, competition policy has in the past been motivated primarily by concerns to protect the freedom of individual consumers and small business from the influence of large enterprise. The regulation of competition between private enterprise may be situated within a deeper political debate in liberal democratic theory concerning the appropriate boundaries between public and private power, an issue that I will return to in the final section of this paper[30]. In a liberal democracy, citizens have the right to freedom from coercion: both from the state and from interference by other citizens to which they have not assented. But here lies a dilemma: to what extent can government legitimately intervene to safeguard individual liberty from the economic power of private actors, without itself unduly encroaching on the affairs of its citizens[31]? The attraction of economic theory is its analytical rigour and apparent neutrality in seeking to identify when it is legitimate for the state to intervene in the business activity of private actors. But, as we shall see, the image of political neutrality is illusory,

---

[25] Gerber, 241.
[26] Gerber, 250-251.
[27] *Gesetz gegen Wettbewerbescränkungen.*
[28] Gerber, 277. An overview of German competition law can be found in M Heidenhain *German Antitrust Law* with German text and symptic English translation of the Act against restraints of competition, 5th ed. Frankfurt, Knapp, 1999.
[29] Gerber, 329.
[30] G. Amato, *Antitrust and the Bounds of Power*, Hart Publishing, Oxford, 1997.
[31] *Ibid.*

given the deeper political and philosophical issues lying at the foundation of competition policy.

III. – EFFICIENCY, ECONOMIC THEORY AND NON-ECONOMIC VALUES

While the theoretical underpinnings of competition law and policy have changed over time, it has always concerned itself with controlling and constraining the exercise of private power[32]. It is the perceived risks to the community posed by the accumulation and exercise of private power that have altered, at least in so far as those risks are thought to justify state intervention in the form of competition regulation. Early competition law was concerned that inequalities in private economic power could lead to the coercion of individuals who might have little choice but to comply with the demands of the economically powerful. By contrast, the modern theory of competition is concerned with the damage powerful commercial actors might cause to the competitive process, thereby impairing the efficient functioning of markets. The threat posed by private power is no longer seen as endangering individual freedom but in terms of the threat of inefficiency.

The following section will begin by exploring the claims of economic efficiency and then proceed to examine how the claims of efficiency are increasingly reflected in the design and application of modern competition law. The modern theory of competition set out in the preceding section has been profoundly influential in shaping the structure and operation of modern schemes of competition regulation in industrialised economies. Although the extent to which various schemes of competition regulation embrace modern economic theory varies across jurisdictions, the following discussion seeks to illustrate the pervasive influence of economic theory and the drive for efficiency by drawing primarily upon UK competition regulation. Before doing so, however, it is worth pausing to consider why economic efficiency has been such an attractive organising concept, and it is to that issue that we now turn.

A. – THE APPEAL OF EFFICIENCY AND ECONOMIC THEORY

The attractions of economic efficiency as the foundational basis of modern competition law are not difficult to identify, by providing an apparently "scientific" and technically precise principle for determining when the accumulation and exercise of private power may be tolerated. It therefore appears to offer a concrete, rational and non-arbitrary solution to the liberal dilemma, that is, in identifying the appropriate boundary between public and private power. The apparent mechanistic nature of economic analysis, upon which the concept of efficiency is grounded, also appears to offer a guide to making decisions concerning the application of competition law on a "neutral" or

---

[32] Although, as we shall see in section IV, its scope has in recent years expanded to include public power.

apolitical basis. But these claims may be rather less stable on closer inspection. Economic theory is not as universal and hard-edged as we may tend to believe, for at least two reasons. First, like any other social science, economic theories are neither static nor unitary. There is often a range of different and plausible theoretical approaches to the same problem. Economic theory cannot therefore provide a scientific model for decision-making which yields a single and objectively 'correct' outcome in all cases. Secondly, even if economists agreed on the appropriate theoretical approach to structuring and applying competition law, there may be legitimate differences in the way in which the theory may be applied to a particular set of circumstances. In other words, economists may interpret and explain observed social phenomena in different ways.

1. – Precision and Neutrality

The theory described in the preceding section is based predominantly on mainstream industrial organisation theory, utilising static equilibrium analysis. Although it is the most widely accepted modern theory of competition, there are several rival theories claiming to provide the appropriate theoretical basis for determining the proper scope and application of competition law. Each theory takes the view that competition law should be concerned with constraining market power, but they adopt different views of the circumstances in which market power is likely to arise and in which its exercise leads (or is likely to lead) to inefficiency. For example, the smaller but nonetheless vociferous school of economic thought known as the Austrian approach argues that the merits of the market mechanism stem, not from the outcome of static allocative efficiency, but from the market as a dynamic device leading to innovation and welfare gains from creative entrepreneurship[33]. The theory of contestable markets, on the other hand, emphasises the importance of ease of entry into an industry, rather than market structure, in assessing whether a firm possesses significant market power. This theory posits that even if there are few firms in an industry each firm having a high market share, they cannot exploit their high market share if entry is easy[34]. To the extent that competition law is grounded in economic theory, its content, shape and application will vary depending on the theoretical model adopted.

Not only does the language of economic efficiency tend to conceal disagreement and uncertainty concerning the appropriate economic theory upon which it rests, but the fact that this ambiguity necessitates a choice between competing theoretical models may also tend to conceal the deeper political implications of that choice. Industrial organisation theorists regard the accumulation of private power as largely benign – only when significant market power is used in an inefficient manner is it thought harmful to general welfare and thus amenable to state intervention. For example, industrial organisation

[33] M Williams, "The Effectiveness of Competition Policy in the United Kingdom", (1993) 9 *Oxford Review of Economic Policy* 94; D Hay, "The Assessment: Competition Policy", (1989) 9 *Oxford Review of Economic Policy* 1; IM Kirzner, *Competition and Entrepreneurship*, Chicago University Press, Chicago, 1973; SC Littlechild (ed.), *Austrian Economics*, Edward Elgar Aldershot, 1990.

[34] WJ Baumol, "Contestable Markets: An Uprising in the Theory of Industry Structure", (1982) 72 *American Economic Review* 1.

theory is likely to be tolerant of a merger between rival firms to the extent that it generates lower costs of production and hence improves efficiency, despite the fact that this may restrict the degree of competition in the relevant industry. The Austrian view, on the other hand, is more suspicious of accumulations of private economic power in so far as it may potentially stifle the competitive process and the stimulus for innovation. It is therefore likely to be less sympathetic to a merger between rival firms because the consequent restriction of competition may have the effect of stifling the dynamic process of innovation and creative entrepreneurship. Hence the Austrian view is more readily amenable to state intervention in the exercise of private commercial power than is its industrial organisation counterpart. Thus there are important political dimensions flowing from the assessment of whether private power threatens community welfare. Yet because economic theory is often assumed to be static and unitary, rather than dynamic and contestable, these political dimensions tend to be hidden behind a cloak of apparent political neutrality.

Furthermore, even if society chose to adhere to one particular economic theory as the basis for competition law, this would not succeed in rendering it more "scientific" in the sense that the theory could be rigorously applied to yield a single objectively correct outcome in all cases. The practical application of any social theory, including economic theory, will inevitably produce some level of disagreement. For example, even if one were to accept that the model of industrial organisation theory provides the most appropriate theoretical foundation for competition law, economic theorists will inevitably differ in their opinions concerning whether a particular business practice or activity is likely to be efficiency-reducing, efficiency-enhancing or devoid of significant efficiency effects[35]. In other words, the economic implications or significance of observed social phenomena are open to different interpretations, even if there is agreement on the underlying economic theory to be applied[36].

---

[35] M Williams, "The Effectiveness of Competition Policy in the United Kingdom", (1993) 9 *Oxford Review of Economic Policy* 94, 95; D Hay, "The Assessment: Competition Policy", (1989) 9 *Oxford Review of Economic Policy* 1, 3. Even if consensus concerning the underlying economic theory of competition regulation could be reached, there remain problems in applying the theory to real world markets. The conditions of perfect competition are unlikely to prevail in practice: consumers lack perfect information, significant barriers to entry and exit may exist and there may not be a large number of buyers and sellers. Between the two extremes of perfect competition and monopoly lie a range of industry structures which display differing levels of competitiveness. In recent years, there has been considerable debate concerning the appropriate response of competition policy to oligopolistic industries, that is, industries characterised by a small number of suppliers, each possessing a significant share of the market. Oligopolistic industries pose a particular challenge for competition policy. On the one hand, each firm possesses significant market power because its production policies are likely to have a significant impact on the industry. On the other hand, each firm cannot act completely independently, and is constrained by the actions of its rivals, albeit few in number.

[36] As one leading US commentator has stated, "it is an illusion that economic theory is certain in its application – antitrust enforcement along economic lines already incorporates a large dose of hunch, faith and intuition": R Pitofsky, "The Political Content of Antitrust", (1979) 127 *University of Pennsylvania Law Review* 1051, 1065. K Yeung "The Court-room Economist in Australian Antitrust Litigation: An Under-utilised Resource? " (1992) 20 *Australian Business Law Review* 461.

2. – *Efficiency and Other Important Social Values*

In addition to its apparent neutrality and technical precision, another attraction of the concept of efficiency is that it captures an important aspect of community welfare. When the economy is operating efficiently, economic waste is avoided. Society's resources are thus being used in the manner which best satisfies the needs and preferences of consumers (expressed in terms of their willingness to pay). It is therefore difficult to take issue with efficiency as a laudable and important social goal. There is, however, an increasing tendency in the construction and application of competition law, to *equate* the welfare of the community with economic efficiency. Indeed, economists generally advocate that economic efficiently should be the sole and exclusive concern of competition law. But by accepting this view, there may be a tendency to assume that the *only* threat which private economic power poses to the general community lies in its ability to impair the efficient functioning of markets. Modern competition law gives little, if any, consideration to whether or not the accumulation of private power and disparities in private economic power may threaten the community in other ways. Conversely, there is an increasing tendency for competition law to be applied so that any private economic activity that may generate inefficiency cannot be tolerated, notwithstanding that such activities may benefit the community in other ways[37].

In short, modern competition law is rapidly moving towards the perception that the social harms and benefits generated by restraints on competition should be viewed solely and exclusively in terms of their ability to diminish or enhance efficiency. This tendency may be illustrated by examining the way in which legal prohibitions against anti-competitive restraints are designed and applied. Many modern schemes of competition regulation provide a mechanism by which particular anti-competitive agreements may be excluded or exempted from the relevant legal prohibitions, provided they are shown to be welfare-enhancing. Certain commercial activities may restrict competition but nonetheless enhance social welfare because either (a) market failure may arise, so that restrictions on competition may promote efficiency[38] or (b) although the restrictive activities may be efficiency-reducing, they may nonetheless have other socially beneficial effects which outweigh the negative efficiency effects. For example, in some cases, anti-competitive restraints may promote the public interest in sustaining failing industries or those experiencing a temporary downturn. Similarly, it has been argued that some risky commercial enterprises, or ventures requiring high levels of investment, could not undertaken unless restraints on competition are permitted. The promotion of such enterprise may benefit society in creating new employment opportunities and, when such enterprises are located in economically deprived regions, the prospect of renewed economic growth and prosperity. Economic theorists generally take a sceptical view of such claims, adopting the view that the public interest is best promoted by maximising consumer welfare, defined in terms of economic efficiency. They often claim

---

[37] Below, at section V A and V B.
[38] Above, n. 14.

that if other social values and goals are permitted to influence the application of competition law, this is likely to undermine the objectives of competition law in securing the efficient functioning of markets and would thus adversely affect the welfare of the community[39]. As we shall see in the following section, the design of competition law reflects a growing willingness to accept claims of this nature so that only restrictive commercial activities that are efficiency-enhancing are treated as socially beneficial, overlooking or devaluing any other socially beneficial effects they may have.

B. – THE REFORM OF UK COMPETITION LAW

Although the concept of efficiency, and the economic theory from which it springs, may not be quite as mechanistic and value-neutral as they may first appear, this has not prevented them from forming the foundation for modern schemes of competition law. This is powerfully illustrated by the recent and sweeping reforms to UK competition law, described more fully in the following discussion.

1. – AN EFFICIENCY BASED REGIME

Although UK competition law has historically been rather tentative in its willingness to embrace economic theory, the Competition Act 1998 ("the Act"), which came into effect in March 2000, draws primarily on the economic theory of industrial organisation for its theoretical foundation. The Act introduces two new statutory prohibitions: the Chapter I prohibition, which prohibits anti-competitive agreements and the Chapter II prohibition, which prohibits the abuse of dominance. The two prohibitions mirror Articles 81 and 82 of the EC Treaty and focus explicitly on the economic effects of restraints on competition. Thus, the Chapter I prohibition requires the application of economic theory to identify whether the firms in question have substantial market power and thus whether their agreement is likely to restrict competition[40]. Similarly, the Chapter II prohibition requires economic analysis to determine whether a firm occupies a dominant position and whether or not its conduct amounts to an 'abuse' of that position[41]. This approach, with its explicit reliance on economic analysis, represents a radical departure from the previous scheme of regulation, which adopted a benign and largely formalistic approach to restraints on competition[42].

While the Act was motivated by a desire to bring UK competition law into line with EC competition law, reform was also driven by a belief that the

---

[39] Below, at section IV C and IV D.

[40] Section 2(1) of the Act provides that "subject to section 3, agreements between undertakings, decisions by associations of undertakings or concerted practices which – (a) may affect trade within the UK, and (b) have as their object or effect the prevention, restriction or distortion of competition within the UK, are prohibited unless they are exempt in accordance with the provisions of this Part."

[41] Section 18(1) of the Act provides that "Subject to section 19, any conduct on the part of one or more undertakings which amounts to the abuse of a dominant position in a market is prohibited if it may affect trade within the UK."

[42] For a discussion and critique of the former UK regime, see R Whish, *Competition Law*, 3rd ed. Butterworths, London, 1993, chapters 3-5.

previous scheme of regulation was outmoded and ineffective. In particular, the previous regime for regulating anti-competitive agreements established under the Restrictive Trade Practices Act 1976 focused on the legal form of anti-competitive agreements and had been heavily criticised on the basis that it was excessively legalistic, technical and easily circumvented by careful drafting[43]. Many restrictive agreements which had harmful effects on the competitive process were not subject to regulation whilst agreements which were largely benign could nevertheless be caught under the 1976 Act. Likewise, the Chapter II prohibition against the abuse of dominance also marks a radical departure from the previous scheme of regulating oligopolistic industries (ie few firm industries) and single firm conduct. Although the regulatory regime for regulating "monopoly situations" under the Fair Trading Act 1974, and "anti-competitive situations" under the former Competition Act 1980, provided some scope for economic analysis[44], the Chapter II prohibition places explicit reliance on an economic effects-based approach. Only conduct which amounts to an "abuse" constitutes a contravention of the prohibition, with "abuse" to be interpreted in accordance with economic analysis: that is, conduct which adversely affects consumers or seeks to make entry by new competitors more difficult (or to induce exit of existing competitors)[45]. This approach to market abuse differs sharply from the previous regime which provided for investigation of particular conduct or industries by the Competition Commission (previously known as the Monopolies and Mergers Commission) in order to assess whether the particular practice or operation could be expected to harm the "public interest". The latter term was widely defined so as to enable the Commission to take into account "all matters which appear to them in the particular circumstances to be relevant"[46]. Similarly, sections 10 and 19 of the Restrictive Trade Practice Act 1976 specified various social benefits that could be pleaded by parties to an agreement requiring registration under the Act in order to prove that it should be allowed to operate. These social benefits (or "gateways") were widely defined and are not cast solely in terms of efficiency[47]. The Competition Act 1998 thus represents a bold and rather radical development in UK competition regulation by expressly drawing upon economic theory and by according a central role to economic efficiency in the content of the prohibitions and their likely application.

Not only does the Act require that the *harms* arising from restrictive commercial practices be assessed primarily in terms of the efficient functioning of markets, but the *benefits* of restrictive commercial practices are also being conceived exclusively in terms of efficiency. The system of exemption established under the Act mirrors the approach currently adopted in Article 81(3)

---

43 *Ibid.*, ch 5.

44 *Ibid.*, ch 4.

45 OFT Guideline 402, March 1999, "The Chapter II Prohibition", at 8.

46 Both the scale and complex monopoly provisions of the FTA are retained under the Act, but are intended to be of secondary or residual importance: R Whish, *Competition Law*, 4th ed. Butterworths, London, 2001, ch. 11.

47 R Whish, *Competition Law*, 3rd ed. Butterworths, London, 1993, 161.

of the EC Treaty[48]. The Act provides that certain restrictive agreements may be exempt from the scope of the legislative prohibition of such agreements (s 2) either because they qualify under a 'block exemption' or they qualify for an individual exemption[49]. Block exemptions refer to categories of agreements which are declared to be exempt on the basis that all such agreements meet the exemption criteria specified in section 9. Agreements not falling within a block exemption may nonetheless be exempted on an individual basis if they are submitted to the regulator and satisfy the section 9 criteria. The section 9 criteria for exemption are identical to the provisions of Art 81(3) of the EC Treaty, containing two positive and two negative conditions. Thus, the agreement must "contribute to...improving production or distribution... or promoting technical or economic progress, while allowing consumers a fair share of the resulting benefit; but does not either impose on the undertakings concerned restrictions which are not indispensable to the attainment of those objectives or afford the undertakings concerned the possibility of eliminating competition in respect of a substantial part of the products in question".

In the EC context, although the EC Commission has tended to regard efficiency and single market integration as the primary criteria in granting individual exemptions and block exemptions under Art 81(3), it has nonetheless shown some sympathy for other social objectives[50]. The EC Commission may, however, be moving towards an approach which focuses exclusively on efficiency as the sole criterion for assessing the beneficial impact of anti-competitive restraints. Take, for example, the EC Commission's Guidelines on Horizontal Cooperation Agreements ("the Guideline")[51] setting out the analytical approach to be applied in assessing restrictive agreements between competitors (notably agreements concerning research & development, production, purchasing, commercialisation, standardisation and environmental agreements)[52]. The Guideline identifies the relevant benefits of such agreements almost exclusively in terms of their improvements to economic efficiency. Thus, for example, it recognises that research & development agreements between small and medium-term enterprises (often called 'start up companies') may be socially beneficial[53]. The benefits of permitting such R&D co-operation agreements between small firms are not, however, perceived as arising from the promotion of small business or encouraging business diversity. Rather, the benefits are couched in

---

48 The EC approach to exemptions under Article 81(3) of the EC Treaty is under review: see EC Commission, *White Paper on Modernisation of the Rules Implementing Articles 81 and 82,* O J [1999] C 132/1, [1999] 5 CMLR 208.

49 Other forms of exemption are available: R Whish, *Competition Law*, 4th ed. Butterworths London, 200, 309-314.

50 *Ibid.*, 126-127.

51 *Guidelines on the applicability of Article 81 of the EC Treaty to horizontal cooperation agreements*, 2001/C3/02 published in the Official Journal 6.1.2001.

52 The Guidance, Recital 6 states that "within the assessment [of the applicability of Art 81] greater emphasis has to be put on economic criteria to better reflect recent developments in enforcement practice and the case law of the Court of Justice and Court of First Instance of the European Communities". Further, Recital 7 states that "this [analytical] framework is primarily based on criteria that help to analyse the economic context of a cooperation agreement".

53 The Guideline, para 41.

economic terms: to enable small businesses to become leaders in rapidly developing sectors and thus to compete more effectively with stronger market players, thereby improving overall efficiency[54]. In the UK context, it remains to be seen whether or not the Office of Fair Trading (OFT), the UK counterpart to the EC Commission, will regard the benefits of anti-competitive restraints as extending beyond the enhancement of efficiency. However, the OFT Guideline on the Chapter 1 prohibition seems to suggest that it will be narrowly interpreted and thus restricted to benefits in the form of efficiency-enhancing practices[55]. Furthermore, because s 60 of the Act requires the Act to be interpreted "so far as is possible" in a manner which is consistent with Community Law, then it is highly likely that the scope for exemptions under the Act will be approached in a similar fashion.

2. – *EFFICIENCY AND INSTITUTIONAL DESIGN*

Significant institutional implications flow from adopting economic theory and the goal of efficiency as the sole, or at least predominant, justification for competition law. If the task of administering competition law is thought to require economic expertise rather than political judgment then, from a functional perspective, such a task would seem best entrusted to independent actors with relevant expertise rather than to political actors. Furthermore, it is often thought highly desirable to insulate of the task of administering regulatory regimes from the vagaries of politics in order to reduce the likelihood that decisions will be made for short-term political gain and thus threaten the quality of regulatory decisions[56]. This view is further reinforced if economic efficiency is thought to provide the sole and exclusive criterion for determining the legitimacy of private economic power and its exercise. In this way, the independent regulator is not required to decide how the public interest is best promoted in any given case when confronted with situations in which the pursuit of economic efficiency conflicts with other social goals: any potential conflict can and should simply be resolved by the regulator in favour of efficiency. In other words, if efficiency is the sole and exclusive basis for competition law and policy, then this may appear to eliminate the element of political judgment and discretion that would otherwise be involved in applying competition law to individual cases.

These considerations provide some explanation for the institutional structure of many modern schemes of competition regulation involving the administration of competition law by an administrative agency or regulator, largely (if not exclusively) independent of ministerial control. Such an agency is typically responsible for interpreting competition laws, investigating complaints, and administering the exemption process by which individual enterprises may seek exemption for particular anti-competitive activities that might otherwise contravene the substantive rules of the regulatory regime. The scheme of UK

---

[54] *Ibid.*
[55] OFT Guideline, 401: The Chapter I Prohibition, paras 4.11 and 4.12.
[56] R. Baldwin and C. McCrudden (eds.), *Regulation and Public Law*, George Weidenfeld and Nicholson Ltd, London, 1987, 4-6.

competition regulation upon which the Competition Act 1998 is constructed is designed to operate along these lines[57]. The Office of Fair Trading, an administrative agency consisting of a Chairman and at least four other members with appropriate expertise appointed by the Secretary of State, is primarily responsible for administering the two principal legal prohibitions set out in the Act. It is required to interpret the Act (guided by relevant EC competition law), to investigate suspected contraventions, to ensure the termination of contraventions, including the imposition of monetary penalties for infringement and to decide whether individual exemptions from the Chapter I prohibition should be granted. Appeals against the decisions of the OFT lie with the Appeals Tribunal of the Competition Commission, an independent tribunal comprised of appointed members with relevant economic or industry expertise.

While there are several advantages, of both a principled and practical kind, in relying upon independent "expert" agencies to apply and administer competition law and policy, this institutional structure may generate difficulties. As we have seen, economic theory cannot provide a scientific and technically precise basis for administering competition law. An economic approach requires the regulator to assess the extent of market power held by the firms under scrutiny and evaluate whether their activities (or proposed activities) are efficiency-reducing. Although this evaluation may be guided by economic theory, the regulator is inevitably required to exercise discretion, judgment and speculation in deciding whether to intervene. This task is made even more speculative where there is disagreement concerning which economic theory is considered to be most appropriate[58]. Yet by removing the administration of competition law from the political process and relying instead on administration by an independent expert, we may be entrusting largely undemocratic institutions with political choices. Given the important political dimension associated with constructing and administering competition law, democratic governance might seem to imply that provision ought to be made, within the architecture of competition regulation, for some means of political input and oversight[59].

The tension between claims of legitimacy based on political input and those based on economic expertise, and the increasing prominence of the latter, is well illustrated in the realm of merger regulation. The recent depoliticisation of UK merger regulation brought about by the Enterprise Act 2002 demonstrates the increasing potency of economic efficiency as the principal basis for intervening in the accretion of private economic power. Prior to the introduction of the Enterprise Act, even the sweeping reforms to UK competition law embodied in the Competition Act 1998 left largery untouched the institutional framework within which UK mergers were regulated, thus providing scope for explicit

---

[57] The office of the DGFT was originally established in 1973 under the FTA.
[58] See section III A 1 above.
[59] Cf G Majone, European University Institute, Department of Political and Social Sciences, and Robert Schuman Centre, *Independence vs. accountability? : non-majoritarian institutions and democratic government in Europe*, European University Institute, Florence, 1994. Public choice theorists, on the other hand, are likely to be more sceptical of the legitimacy of political input and oversight in the regulatory arena, characterising it as an opportunity for factional and self-interested "rent-seeking".

political intervention in the decision to approve or prevent mergers between private enterprise. Under the former scheme established under the Fair Trading Act 1973, the Competition Commission was required to assess whether a merger referred to it by the Secretary of State was likely to operate against the "public interest", the latter being widely defined to include non-efficiency based criterion such as "maintening and promoting the balanced distribution of industry and employment in the UK"[60]. The power to prevent mergers from proceeding lay explicitly within the political process, for only the Secretary of State could make such orders, and in deciding the fate of a merger, the Secretary of State was not bound to follow the Commission's advice, even if the latter concluded that a proposed merger was likely to operate against the public interest and recommended against its approval. The UK scheme of merger regulation had, however, been criticised both for the extent to which social considerations other than economic efficiency are taken into account and for permitting political intervention in the regulation of mergers. In particular, it was claimed that the scheme allowed excessive scope for political lobbying in order to influence the Secretary of State's decision whether or not to permit a merger to proceed, and it is these criticisms that the Enterprise Act has sought to address by largely eliminating the scope for explicit political intervention. Thus, subject to certain narrowly defined exceptions[61], the power to clear, prohibit or require the amendment of merger proposals lies not in the hands of the Secretary of State, but in the hands of the OFT and Competition Commission, which are required to evaluate mergers by reference to economic analysis in assessing whether a merger is likely to substantially lessen competition.

Similar criticisms have been made in relation to merger regulation at the EU level. Under the EC Merger Regulation[62], the European Commission's Mergers Task Force (MTF) is primarily responsible for assessing whether or not a merger "creates or strengthens a dominant position in the common market", as prescribed in the EC Merger Regulation[63]. The MTF's analysis is based on an examination of the likely effects on competition, taking into account factors such as economic progress and the effect on technological developments. Ultimately, however, it is the College of Commissioners, comprised of the heads of each of the EC Commission's Directorates General, which is responsible for merger

---

[60] Section 84(d) Fair Trading Act 1973. A review of the Commission merger reference reports indicates that it has considered the public interest to include criteria other than economic efficiency such as the impact on the balance of payments, the "national interest" in national ownership of UK-based enterprise and the level of unemployment: R Whish, *Competition Law*, 4th ed. Butterworths, London, 2001, 826-830.

[61] The Secretary of State retains power to decide the fate of mergers in the newspaper and water and sewerage industry. However, if the Communications Bill currently before Parliament is adopted, newspaper mergers will become subject to the ordinary merger review process.

[62] Council Regulation (EEC) No 4064/89 of 21 December 1989 on the Control of Concentrations Between Undertakings OJ L/257/14 (1990) (hereafter "EC Merger Regulation").

[63] The EC Commission has recently adopted far-reaching reforms to the EC Merger Regulation, but these cannot take effect unless and until approved by EU ministers: Proposal for a Council Regulation on the Control of Concentration Between Undertakings [2003] OJ C/4.

decisions[64]. It is the College of Commissioners that makes the final decision concerning whether a merger should be allowed to proceed, or whether it should be allowed to proceed subject to certain conditions and undertakings given by the parties involved. This means that, in practice, EC merger regulation allows significant scope for political bargaining, in which national interests and preferences, different ideological approaches and intensive lobbying of Commissioners by sectional interests can influence and determine outcomes[65]. Several commentators have been very critical of the extent to which domestic politics plays a significant role in EC merger regulation[66]. Those concerned with the politicisation of European merger policy and the degree of administrative discretion held by Competition Directorate-General officials have suggested the creation of a separate agency, a European Cartel Office, to deal with mergers and perhaps other competition cases and which would not be subject to the political influence of member states pursuing domestic policies[67].

C. – SUMMARY

In summary, economic analysis and the pursuit of efficiency are becoming increasingly central to the design, content and application of modern schemes of competition regulation. Although the concept of efficiency appears to offer a "scientific" and technically precise basis for determining whether the exercise of market power by private enterprise is likely to harm the community (in so far as it may impair the efficiency of markets), on closer inspection, this perception is mistaken. Nonetheless, UK competition law has been recently and radically reformed along the lines prescribed by economic orthodoxy. Hence, economic analysis is required to identify whether the new statutory prohibitions have been contravened. Likewise, determining whether or not a restrictive agreement should be permitted is to be assessed primarily in terms of whether or not it is likely to promote economic efficiency, notwithstanding its other potentially welfare-enhancing affects. This approach departs sharply from the previous scheme of benign investigation that was rather more sceptical of the claims of efficiency and acknowledged that some restraints on competition may benefit the community in other ways, perceiving the harm arising from some commercial practices not merely in terms of reducing efficiency but also in terms of other social harms, such as unemployment and regional decline.

---

[64] L McGowan and M. Cini, "Discretion and Policitization in EU Competition Policy", (1999) 12 *Governance: An International Journal of Policy and Administration* 175, 188.
[65] *Ibid.*
[66] *Ibid.*, 190.
[67] *Ibid.*, 193; R Whish, *Competition Law*, 4th ed. Butterworths, London, 2001, 741. C Ehelerman, "Reflections on a European Cartel Office", (1995) *CML Rev* 471; S Wilks and L McGowan "Disarming the Commission: The Debate Over a European Cartel Office", (1995) *Journal of Common Market Studies* 32 *cf* K Van Miert "The Proposal for a European Competition Agency", (1996) 2 *EC Competition Policy Newsletter* 1.

IV. – THE EXPANDING REACH OF COMPETITION LAW & POLICY: PUBLIC ADMINISTRATION & PUBLIC POWER

A. – INTRODUCTION

We have seen from the preceding discussion that a profound shift in the accepted justification for competition law has occurred over time. While competition law was originally conceived as a means for safeguarding the liberty and freedom of individuals and small business against the undue power of large enterprise, in its modern guise, its justification is cast overwhelmingly in terms of maintaining and promoting economic efficiency, primarily by ensuring the integrity of competitive market structures and processes. Before considering the implications of this shift for the public/private divide, it is important to note that this shift in the *justification* for competition law has been accompanied by another shift, one that may also have a significant bearing upon the public/private divide: that is, a shift in competition law's *scope or reach.*

Thus far, my discussion has proceeded on the basis that competition law applies only to private (by this I mean "non-state") actors. But the reach of competition law is expanding into the public realm and it is increasingly seen as applicable to the activities of public bodies. In terms of its original justification, the inapplicability of competition law to the state is readily explicable given that its overall thrust was rooted in concerns about the risks posed by *private* power. The original purpose of early competition law expressly sought to protect individual traders and small business from the restrictive practices of big business. The focus on controlling private commercial power is seen even more sharply in ordoliberal ideas underpinning early German competition law, with its direct concern for the danger to individual liberty and democratic freedom that large tracts of private power might pose. But this is not true of the modern efficiency-based justifications for competition law. The economic orthodoxy outlined in section II A. need not be limited in its application to private enterprise. It provides a general prescriptive model that is, at least in theory, capable of applying to any sphere of human activity. Thus there is no technical reason why economic analysis may not also be applied to the exercise of public power[68].

The following discussion briefly examines this second shift, illustrating how competition law and policy in several modern industrialised democracies, including the UK, is increasingly seen as regulating the exercise of public power. Not only is competition law and policy extending its reach into state-based commercial activity, but it is even expanding to areas of activity not traditional thought of as commercial, such as the law-making function itself. Once the justification for competition policy had shifted from the protection of liberty to

---

[68] eg. The development of public choice theory (also known as collective choice, rational choice theory, social choice theory or mathematical political theory) as a strand of political science exemplifies the application of economic analysis to political actors in the democratic process. P Dunleavy and B O'Leary, *Theories of the State, The Politics of Liberal Democracy*, London, Macmillan, 1987, 75-77; P McAuslan "Public Law and Public Choice", (1988) 51 MLR 681.

the protection of competitive markets, it was but a short step to expand its horizons to encompass public power, particularly in face of New Right political ideology prevailing in many industrialised democracies from the late 1970s in which "big government" (rather than "big business") was frequently portrayed as the primary cause of many perceived social ills.

B. – Privatisation, Deregulation and the New Public Management

While the post-war consensus prevailing throughout the 1950s-1960s in many industrialised democracies, particularly the UK, was characterised by a belief in extensive social welfare provision and far-reaching state intervention in the provision of goods and services (most notably in relation to utilities), such policies did not come without a price. Spiralling price and wage inflation throughout the early 1970s illustrated that the financial cost involved in extensive social welfare provision, exacerbated by the destabilising effects of the OPEC oil shocks throughout the 1970s, suggested that such policies were ultimately unsustainable in the face of rising social unrest. The election of Margaret Thatcher's Conservative administration in 1979, campaigning on an actively "anti-government" platform, is generally seen as marking the beginning of a process described as the "hollowing out of the state"[69] in which right-wing political administrations in both the UK and USA sought drastically to reduce the extent of state intervention in social activity. Three distinct but related movements are of particular salience: privatisation, deregulation and New Public Management (NPM). Privatisation refers to the process by which state-owned assets were transferred to the private sector, typically in the form of a sale of shares in state-owned industries[70]. Deregulation is an elusive concept, but its general essence refers to the process of reducing state control over an industry or activity so as to make it structurally more responsive to market forces[71]. NPM refers to a series of related reforms in public administration which occurred in various countries (including the UK), underpinned by a desire to replace the

[69] Rhodes uses the phrase to cover four interrelated trends: (1) privatisation and limiting the scope and forms of public intervention; (2) the loss of functions by central and local government departments to alternative service delivery systems (such as agencies); (3) the loss of functions by British government to the European Union; (4) Limiting the discretion of public servants through the new public management, with its emphasis on managerial accountability, and clearer political control through a sharper distinction between politics and administration: R Rhodes "The Hollowing Out of the State: The Changing Nature of the Public Service in Britain", (1994) 65 *Pol Q* 138. Harlow and Rawlings claim that "[t]he most powerful influence from micro-economics on the public life of the last two decades has probably been the conceptualisation of state activities in terms of market". C Harlow and R Rawlings, *Law and Administration*, 2nd ed. Butterworths, London, 1997, at 130.

[70] CD Foster, *Privatization, Public Ownership and the Regulation of Natural Monopoly*, Blackwell, Oxford, 1992.

[71] R Baldwin and C McCrudden (eds.) *Regulation and Public Law*, George Weidenfeld and Nicholson Ltd, London, 1987, at 24.

perceived inefficiency of hierarchical bureaucracy with the presumed efficiency of markets, and a drive to make the state more entrepreneurial[72].

The foundation of each of these movements was supported by powerful ideological rhetoric, claiming that many of society's ills could be attributed to excessive state intervention in the lives of its citizens: British industry was being crushed under the weight of excessive regulation stifling their entrepreneurial impulse whilst the public sector had become, in colloquial terms, "fat and lazy" and needed to be made more responsive to competitive market forces. In short, Thatcher firmly believed in the superiority of the market mechanism: the power of the government must be subordinate to the individual so as ensure that the individual is at liberty to exercise the maximum amount of freedom of activity and enterprise. Within Thatcherite ideology, the state is portrayed as "nightwatchman", its activities ought to be minimalist in nature and where it is required to intervene, such intervention must be efficient, cost effective, and delivered at a step removed from government in order to allow relevant expertise rather than political concerns to drive the agenda[73].

C. – COMPETITION POLICY AND PUBLIC ADMINISTRATION

The shared assumptions and logic lying at the heart of both the New Right agenda for public administration and the general thrust of modern competition law are readily apparent. It is thus hardly surprising to observe that they are being explicitly linked, providing the foundation for a broader vision. Within the rhetoric of this broader vision, competition policy is portrayed as providing a coherent, apolitical and unifying ideological basis for the regulation of both public and private economic power in the pursuit of economic efficiency. The extension of competition policy into the public sphere is manifest in at least three spheres of activity: the production and delivery of goods and services by public enterprises, the procurement of goods and services by public bodies and, in its most radical form, the exercise of rule-making authority.

1. – PUBLIC ENTERPRISE AND COMPETITIVE NEUTRALITY

In describing modern competition law in the preceding sections of this paper, I have been focusing on the competitive conduct rules (or "anti-trust rules", to use

---

[72] The literature is considerable. For example, C Hood and C Scott, *Bureaucratic Regulation and New Public Management in the UK: Mirror – Image Developments?*, No 2, London School of Economics London, 1996; N Lewis "Reviewing change in government: new public management and Next Steps", (1993) *Public Law* 105; D Oliver and G Drewry, *Public Service Reform: Issues of Accountability and Public Law* (1996); M Freedland, "Government by Contract and Public Law", (1994) *Public Law* 86; M. Taggart, "Corporatisation, privatisation and public law", (1991) 2 *Public Law Review* 77; P Bayne, "Administrative Law and the New Managerialism in Public Administration", (1988) 62 *Australian Law Journal* 1040; C Sunstein, *Free Market and Social Justice*, Oxford University Press, New York, 1997. Harlow observes that "New Public Management is no longer new: it has become a permanent feature of the administrative landscape", C Harlow, "Back to Basics: Reinventing Administrative Law", (1997) *Public Law* 245, 247.

[73] R Friel, "Blair's Third Way – Thatcher's Enduring Legacy", (2000) 48 *Kansas Law Review* 861, 882.

US terminology) of which it is largely comprised, that is, rules concerned with agreements, conduct and mergers that may be anti-competitive in nature and effect. Although there may be a tendency to assume that these laws apply only to private enterprise, in many industrialised economies their scope has been extended to encompass the commercial activities of public sector enterprises[74]. Advocates of this expansion of competition law to encompass public sector enterprise claim that this is essential so as to ensure that "competitive neutrality" is maintained, creating a "level-playing field" in which privately owned businesses compete on an equal footing with those owned by the state[75]. For example, in EC competition law, the EC Treaty prohibitions on anti-competitive agreements and the abuse of market power apply to "undertakings", a term which has been the subject of extensive judicial consideration in the courts of the European Union. It is well-established that the commercial activities of public authorities may be caught by EC competition law[76], although the EC competition context reflects the political imperative of single market integration which is not typically present in national contexts[77]. Thus, it is not easy to identify the extent to which EC competition laws proscribing certain action by member states are, on the one hand, motivated by the aim of economic efficiency or, on the other hand, the aim of creating of a single European market. Nonetheless, the UK competition authorities appear to regard the EC conception of undertaking as directly translatable to the UK context and thus the Competition Act 1998 is thought to apply to both public and private commercial activity. So, for example, the OFT's information leaflet, *Public Sector Bodies and the Competition Act 1998* discusses the extent to which public bodies fall within the reach of the Act, stating that "in the case of public sector bodies, the key question is whether or not they are engaging in economic or commercial activities"[78].

2. – *PUBLIC PROCUREMENT AND THE DISTORTION OF MARKETS*

The quest to ensure "competitive neutrality" in public sector activities extends beyond the state's supply-side activities (in providing goods and services to the public) to include its demand-side (or purchasing) activities. While the government's possession of extensive wealth and property has in the past

---

[74] Very few public enterprises remain in the UK following the extensive privatisation program beginning in the early 1980s.

[75] *National Competition Policy,* Independent Committee of Inquiry into Competition Policy in Australia, (AGPS Canberra 1993) (hereafter "Hilmer Report"). The recommendations of the Hilmer Report led to the extension of the competitive conduct rules to all businesses – previously most government owned and some private businesses were exempt. Subsequently, the Competition Policy Reform Act 1995 amended the Trade Practices Act 1974 (Aus) to remove the shield of the Crown in so far as Crown carries on business.

[76] R Whish, *Competition Law,* 4th ed. Butterworths, London, 2001, at 66-71 and the cases cited therein.

[77] *Ibid.,* 47 "…it is important to stress that EC competition law is applied by the Commission and the Community Courts very much with the issue of single market integration in mind. Agreements and conduct which might have the effect of dividing the territory of one Member State from another will be closely scrutinised and may be severely punished. The existence of 'single market' competition rules as well as 'conventional' competition rules is a unique feature of Community competition law".

[78] OFT, London, May 2001 at 7.

provided a powerful and flexible policy tool in seeking to influence economic and social behaviour, this approach to policy implementation is now typically thought to distort the integrity of the competitive market process whilst frequently suffering from a lack of transparency in their application[79]. For this reason, such techniques have not only fallen out of favour but, in a number of jurisdictions, are proscribed by laws typically referred to as public procurement laws. Whilst public procurement laws are often thought of as aimed at ensuring that public funds are utilised as economically as possible, they are increasingly viewed as part of a broader package of laws falling within the compass of competition policy. Thus laws concerning public procurement may operate in conjunction with competitive conduct laws in regulating the potentially anti-competitive impact of commercial purchasing activities by public authorities. For example, the OFT information leaflet referred to above specifically notes that the prohibitions on anti-competitive agreements and abuse of market power contained in the UK Competition Act 1998 apply to the purchasing as well as selling activities of public sector bodies, warning that compliance with EC and UK public procurement law may not be sufficient to ensure compliance with the Competition Act, although compliance with the former should "limit the risk of infringement" of the latter.

3. – Rules, competition policy and the distortion of markets

While the expansion of competition policy to encompass the state's acquisitive and productive activities is concerned to regulate the economic power of the state, the third sphere into which competition policy's tentacles are beginning to reach concerns what might be thought of as the very essence of public power: the state's legislative authority. In several jurisdictions, it has been recognised that, not only does the state have the capacity to distort the competitive processes of the market through inefficient procurement practices, but the very *laws* which it enacts may have a similarly distorting effect. To this end, attempts have been made to ensure that legislation should avoid restricting competition, unless it can be shown that this would be beneficial to the public interest. At first sight, the extension of competition policy to the state's legislative function may seem radical indeed, but once viewed from the perspective of the law's competitive *impact* on the marketplace, it may be thought of as a logical development in devising a coherent and consistent competition policy.

One of the most striking illustrations of this expansion of competition policy to encompass the legislative power of the state is reflected in developments in Australian competition law and policy since the mid 1990s. In April 1995, the federal and state governments that jointly and concurrently govern Australia signed a triad of intergovernmental agreements known as the National Competition Policy ("the NCP Reforms")[80]. These reforms apply to rule-making

[79] Daintith refers to these techniques of "dominium", up in contrast to "imperium" techniques involving the unilateral imposition of rules: T Daintith, "The Techniques of Government", in J Jowell and D Oliver (eds.), *The Changing Constitution*, Oxford University Press, Oxford, 1994.

[80] The three agreements are the Conduct Code Agreement, the Competition Principles Agreement and the Agreement to Implement the National Competition Policy and Related Reforms. For a much

procedures of both Australian federal and state governments at both the legislative and formal administrative level. One of these agreements, the Competition Principles Agreement (CPA) seeks to eliminate all rules that restrict the operation of market forces unless a publicly reasoned case demonstrates the public interest that necessitates their existence. It does so firstly by imposing a set of largely procedural requirements on all levels of government rule-making, requirements that must be complied with before any rule becomes law and, secondly, by requiring that the rule must represent the option least restrictive of competition, unless a more restrictive option would be demonstrably more beneficial to the public interest[81]. Unlike those limbs of competition policy applicable to the economic power of the state, which take the form of legal rules (either in the form of competitive conduct laws or public procurement laws), the main outlines of the NCP Reforms are recorded in intergovernmental compacts, the legal status of which is not entirely clear. Compliance with the CPA is secured by a mix of layers of executive oversight and fiscal initiatives[82]. Morgan has commented that the scope of the CPA is "ambitious in the extreme", imposing an extra-political constraint on law-making which institutionalises skepticism about assumptions the welfare state tended not to question – the efficacy of command and control regulation and the positive social benefits flowing from such regulation[83]. Recently, the UK Cabinet Office together with the OFT have released *Guidelines for Competition Assessment*[84] requiring that all proposed regulations that may have an impact on business, charities or the voluntary sector must be accompanied by a "Competition Assessment", that is, a report evaluating the impact on competition of any proposed regulation in those sectors. The intention is that any detrimental effects on competition are identified early on in the policy making process, and any competition benefits of a regulation are acknowledged and the information so generated can then be used as a basis for policy-making. While the UK scheme is not as sweeping and expansive as its Australian counterpart, it appears motivated and underpinned by a similar vision and objective.

D. – "THIRD WAY" POLITICS AND COMPETITION POLICY

The expansion of competition law and policy to regulate and restrain the way in which the economic power of the state can be exercised may be seen as a manifestation of New Right ideology, grounded in a belief in the superiority of the competitive forces of the market. In this respect, it may appear somewhat ironic that the Thatcher administration failed to strengthen UK competition laws despite wide-spread acceptance of their inadequacy and in fact the UK

fuller discussion of the impact of NCP, see B Morgan, *Social Citizenship in the Shadow of Competition*, Dartmouth, New York forthcoming.

[81] *Ibid.* The agreement applies to new rules and programs coming into force after April 1995 but also, on a rolling basis over five years, to the totality of *existing* rules and programs across all levels of government.

[82] *Ibid.*, 9-10.

[83] *Ibid.*, ch. 1.

[84] Office of Fair Trading, *Guidelines for Competition Assessment,* February, 2002.

Competition Act 1998 was enacted under a Labour administration. However, Thatcher's reluctance to enact stronger competition laws illustrates that her commitment to the market mechanism was not entirely "pure", and it is generally thought that her attachment to big business provided a stumbling block in the path of competition law reform. Although several reform proposals were developed during the Thatcher administration (and under her Conservative government successors)[85], including proposals to prohibit anti-competitive agreements, big business successfully staved off the introduction of anti-monopoly provisions that would, no doubt, operate to their detriment[86]. The continued strengthening and expansion of competition law and policy under the Blair administration[87], espousing a "Third Way" which claims to chart a middle path between maximum governmental control of the economy associated with the post war consensus and the rugged market-driven individualism characterising Thatcherite ideology[88] may suggest that the quest for efficiency and the prominence of competition law in economic and social policy will endure well beyond the ideological rhetoric espoused from both the Left and the Right of the political spectrum.

V. – COMPETITION LAW AND POLICY: IMPLICATIONS FOR THE PUBLIC/PRIVATE DIVIDE

Now that we have considered significant shifts in both the justification for, and scope of, competition law and policy, we are in a position to reflect upon the implications of these two shifts for the public/private divide. In so doing, my aim is merely to raise, rather than resolve, a number of difficult and important questions. I will suggest that the combined effect of these two shifts serves not only to illustrate the uncertainty and ambiguity suffusing the public/private divide, but may point towards its increasing redundancy, at least in so far as it may be thought to provide a useful conceptual tool. In the following discussion, I refer to the public/private divide in three different but related senses (i) public and private values, (ii) public and private power, and (iii) public and private law. In short, I will suggest that by conceptualising modern competition law solely in terms of economic efficiency and by extending its reach into the realm of state power, economic efficiency may be acquiring what might loosely be termed "constitutional" status. By this I mean that the concern to maintain the integrity of competitive market processes in the quest for efficiency that lies at the foundation of modern competition law is becoming so powerful that it may be seen to provide a presumptive criterion for determining the legitimacy with which economic power in the modern state is exercised. While the presumption of efficiency may be rebutted in particular cases, the onus lies on those seeking to override the efficiency imperative to prove that by so doing the public interest

[85] R Whish, *Competition Law*, 4th ed. Butterworths, London, 2001, at 286-7.

[86] R Friel, "Blair's Third Way – Thatcher's Enduring Legacy", (2000) 48 *Kansas Law Review* 861, 886-7.

[87] Enterprise Act, 2002.

[88] R Friel, "Blair's Third Way – Thatcher's Enduring Legacy", (2000) 48 *Kansas Law Review* 861.

will be promoted. My concern is that the quest for efficiency threatens to conceal deeper political and constitutional questions behind the illusion of political neutrality and the technical precision of economic analysis. By focusing on efficiency, we risk overlooking questions concerning the appropriate distribution and balance of power between the state, enterprise and the individual in a democratic society and the values that should inform and shape that distribution. There is a need to confront directly deeper questions concerning how private power, and indeed economic power more generally, can be accommodated within a constitutional democracy and a market economy[89].

A. – Public and Private Values

In the preceding section, I referred to Margaret Thatcher's deeply-held belief in the superiority of private enterprise in delivering goods and services and her thinly-veiled contempt for what she perceived as the wasteful, unresponsive and obfuscatory character of the British civil service at it appeared to her at the time of her election. Within Thatcherite ideology, efficiency is portrayed as a quintessentially "private sector" value, grounded in a belief that the market compels private enterprise to strive for efficiency in its quest for survival. The two shifts in competition law to which I have referred serve both to reinforce and undermine this tendency. On the one hand, the characterisation of efficiency as a "private sector" value may be reinforced by the shift in justification for modern competition law, departing from its original concern to safeguard individual freedom from the power of large enterprise in favour of a concern to ensure the integrity of the competitive process in the pursuit of economic efficiency. But, on the other hand, the expansion of competition law into the realm of public power may counteract this tendency. Given the current and continuing trend towards extending the reach of competition law to regulate the economic power of the state (and even, with the application of competition policy principles to lawmaking power, the political power of the state[90]), it may no longer be appropriate to identify efficiency as a private sector value. Rather, it may be increasingly seen as a central criterion for assessing the legitimacy of the exercise of economic power generally, whether in the hands of private or public actors. Just as the accretion and exercise of power by private enterprise is considered illegitimate if it impedes economic efficiency, so also is a lack of efficiency in the exercise of state administrative power is claimed to undermine its legitimacy. In other words, it may no longer appropriate to regard efficiency as exclusively a "private sector" value – its increasing prominence in the public sector, at least in relation to the exercise of administrative power to acquire and produce goods and services, may suggest that efficiency is more appropriately characterised as a common or shared value across both the public and private sector[91].

---

[89] M Moran, "The Lost Legitimacy: Property, Business Power and the Constitution", (2001) 79 *Public Administration* 277.

[90] See section V C below.

[91] Cf D Oliver, *Common Values and the Public-Private Divide*, Butterworths, London, 1999.

The predominance of efficiency in modern competition law rests on an assumption that the primary threat to the community posed by market power, whether held by private or public actors, is its ability to restrict the efficient functioning of markets. We may need to reflect more carefully on this assumption. Is the threat to community welfare posed by the possession of significant economic power to be found only in its ability to impair the efficiency of markets? Or are there are other social values, besides efficiency, that may be threatened by the accretion and exercise of economic power? Although, as we have seen, trenchant criticism has often been directed at claims that a proposed merger or acquisition between private firms should be thwarted because it is likely to generate unemployment, regional decline and otherwise adversely affect social cohesion in the local communities affected, perhaps these concerns ought not be dismissed so lightly. In a similar, although arguably less compelling vein, I have noted that reliance on the fiscal power of the state as a means for pursuing social objectives other than efficiency has fallen out of favour on the basis that it is seen as distorting the competitive market processes. But perhaps there are particular benefits associated with this technique that may not be present in the use of other policy instruments?

The challenge then is to subject the concept of efficiency to more critical scrutiny, in order to identify whether there may be other social values potentially threatened by concentrations of economic power. As we have seen, although the attraction of efficiency as an organising principle for evaluating the legitimacy of commercial activity is readily apparent, promising a universal, "scientific" and value-neutral guide for decision-making, these attractions arise only at a superficial level. This is not to suggest, however, that efficiency is a redundant concept, or that economic theory should be ignored. Rather, it is simply to point out the importance of acknowledging that economic analysis does not provide a politically neutral guide to the content and application of competition law, or to the implementation of government policy. The difficulty is that the political content of economic theory is rarely made explicit but is readily hidden within its foundational assumptions and analytical processes. In other words, the challenge is first to *identify* those social values that may operate in tension with efficiency, and secondly, to examine the *relationship* of those values to each other. Is it possible to construct a normative framework to assist in resolving the potential conflict between efficiency and other social values? In particular, are there principled limits to the extent to which the goal of efficiency can legitimately be pursued within a constitutional democracy or can the goal of efficiency be relentlessly pursued? In rising to this challenge, and seeking to identify whether a satisfactory reconciliation between conflicting values may be achieved, it is unlikely that an attempt to characterise any particular value or set of values as either "public" or "private" in nature may be of real assistance.

B. – PUBLIC AND PRIVATE POWER

Not only is there a need to consider whether inefficiency is the only risk posed by the accumulation and exercise of economic power, but, at a more fundamental level, there may also be a need to consider how economic power can be accommodated within a constitutional democracy in which individual liberty and freedom from the exercise of arbitrary power are of paramount concern. While classical liberal theory has always been suspicious of state power as posing a threat to individual liberty, this suspicion has not traditionally surrounded the exercise of private power. According to classical liberalism, private actors ought to be free to conduct their affairs as they see fit: transactions carried out in the marketplace occurring through the consensual process of bargaining should be respected by the state, rather than disturbed. Nor should private actors be disturbed in their use of property rights, provided that such use does not inflict harm on others. But, as Amato points out:

> "citizens have the right to have their freedoms acknowledged and to exercise them; but just because they are freedoms they must never become coercion, an imposition on others. Power in liberal democracies is, in the public sphere, recognised only in those who hold it legitimately on the basis of law, while, in the private sphere, it does not go beyond the limited prerogatives allotted within the firm to its owner. Beyond these limits, private power in a liberal democracy... is in principle seen to be abusive, and must be limited so that no-one can take decisions that produce effects on others without their assent being given."

In a brave new globalised environment, in which some multinational enterprises possess more economic power than some nation states, the classical liberal premise may need to be reconsidered and further thought given to how a constitutional democracy should respond to vast disparities in economic power between private actors[92]. It may be worth considering more carefully how the central ideas of democracy can be located within a global society in which the nation state may be of declining importance. Within a refined concept of democracy, perhaps it is possible to identify the dispersion of power (whether state or non-state) as part of the democratic ideal in which individual freedom is respected[93]. In the context of industry regulation, "regulatory capture" theorists argue that regulated industries can successfully manipulate the regulatory system to operate to their own private advantage rather than in the broader public interest[94]. Capture theory is thus based on concerns similar to those that led ordoliberal scholars to emphasise the need for legal restrictions to safeguard against high concentrations of private economic power based on fears that they would manipulate the political process to their own advantage.

In short, there is a need to wrestle with what Amato describes as the "dilemma of liberal democracy within the dilemma of efficiency":

> "where is the boundary and hence risk to be run depending where it is set: the risk of 'too much' public power or 'too much' private power?"[95]

---

[92] G Teubner (ed.), *Global Law Without a State*, Dartmouth, Aldershot, 1996; J Crawford and S Marks, "The Global Democracy Deficit: An Essay in International Law and its Limits", in D Archibugi, D Held and M Kohler (eds), *Cosmopolitanism, Sovereignty and Citizenship, Polity*, Cambridge, 1998.

[93] R Dahl, *Democracy and its Critics*, Yale University Press, New Haven, 1989.

[94] R Baldwin, C. Scott, and C. Hood (eds.) *A Reader on Regulation*, Oxford University Press, Oxford, 1998, 10-11 and the literature cited at n. 51 therein.

[95] G Amato, *Antitrust and the Bounds of Power*, Hart Publishing, Oxford, 1997, 109.

If, on further reflection, we conclude that the unregulated accumulation and exercise of private economic power may not merely threaten efficient markets but may threaten the very democratic fabric of a liberal capitalist economy, then this generates a further set of challenging questions. For example, we must then decide how private power should be regulated. In other words, to what extent and in what respects should private actors be required to account for their possession and exercise of power? In this vein, a few commentators (including a former Director General of Fair Trading) have occasionally suggested that private enterprises should be subject to the full rigours of judicial review so as to fill an apparent gap in our law in which there is no remedy against the arbitrary action by a private sector body[96]. But if this is the case, then it is important to identify the theoretical justification for such intervention in order to regard it as legitimate. What normative standards can we legitimately demand of private enterprises which are nonetheless consistent with a market economy and which do not invest the state with excessive power over private actors? In seeking to identify the theoretical basis for intervention, perhaps we might draw from the aims and ideals that provided the foundation for early competition law in the USA and Germany briefly described in the first part of this paper. As we have seen, one of the prime concerns of early competition law was the dispersal of private economic power, fearing that its accumulation may threaten individual freedom. In other words, early competition law was regarded as an important legal mechanism for guarding against the potential threats to liberty posed by concentrations of private power. Although such ideas would not only be regarded as unfashionable in modern competition law, but positively damaging in so far as such political ideals are likely to be regarded as distortions from the perceived apolitical ideal of economic efficiency, they may well offer a fruitful line of inquiry.

While the classical liberal tradition has typically regarded private power as benign, it has not been so sanguine about the power of state. Both classical liberalism and New Right ideology share a minimalist vision of the state: its role is simply to reinforce market mechanism and ensure its integrity. In this respect, the extension of competition law to regulate the exercise of state power, both in its economic and legislative guise, so as to ensure that it does not distort the competitive market process, may be seen as supporting this vision. Yet the corollary of this development may be to elevate the concept of efficiency to have what might loosely be described as "constitutional" status. By this I mean that the accumulation and exercise of power in both the private *and* public realm is considered presumptively valid if it is thought to be efficiency-enhancing, and presumptively invalid if thought to be efficiency-reducing. The onus lies on those advocating the subjection of efficiency to other values to prove that this would be of public benefit, and the evidential burden appears to be increasingly difficult to discharge. In other words, perhaps efficiency is beginning to operate as a "trump" in debates about whether the exercise of power in a given instance

---

96 SG Borrie, "The Regulation of Public and Private Power", (1989) *Public Law* 552; H Woolfe, "Public Law – Private Law: Why the Divide? A Personal View", (1986) *Public Law* 220.

is legitimate[97]. In considering the sweeping reforms of Australia's National Competition Reforms, Morgan has argued that an analogy can be drawn between the rule of law and the rule of competition. Just as the rule of law provides a mode of "taming" politics, of ensuring that decisions conform to the calming dictates of legal reason, likewise the rule of competition insists on a particular type of rationality (in this case, economic rationality) in the exercise of economic power and, like the rule of law, may be seen as transcending the public power/private power divide.

C. – PUBLIC AND PRIVATE LAW

By regulating and constraining the exercise of economic power, competition law may be seen as an accountability mechanism, a legal device through which both private and public actors are made legally and publicly accountable for their exercise of market power. If competition law is concerned exclusively with ensuring that such power is used in a manner that promotes economic efficiency, then it provides a relatively narrow form of accountability. But there are many different accountability mechanisms operating as constraints on power in the modern democratic state. So, in constraining the exercise of *public* power, competition law operates alongside more "traditional" mechanisms of oversight, including judicial review and parliamentary scrutiny of executive action. But these additional forms of accountability do not operate in relation to the exercise of *private* economic power. If private economic power is thought to be a potential threat to social and democratic values besides efficiency, then private actors may need to be subject to additional forms of accountability. Once we have articulated these social and democratic values and located them within a normative framework, the challenge then is to devise institutional structures that secure the accountability of economic power in a manner consistent with democratic governance. One possibility may be to broaden the justification for competition law to encompass and attempt to safeguard these other values. But it is perfectly plausible to accept that competition law *should* be solely and exclusively concerned the pursuit of efficient markets, and thus seek to allocate the task of preserving these other social and democratic values to some other form of regulation, rather than through the medium of competition law. In other words, it might be argued that while competition law based on economic efficiency is one important constraint on the abuse of private power, it should not be the only constraint.

If competition law is viewed as an accountability mechanism, then this prompts us to consider whether it ought to be characterised as a "private" or "public" law mechanism for facilitating the accountability of economic power. On the one hand, it displays characteristics that suggest that it is a form of private law: a legal mechanism through which individuals harmed by anti-competitive conduct may seek compensation or restitution for any damage

---

[97] B Morgan, "Regulating the Regulators: Meta-Regulation as a Strategy for Reinventing Government in Australia", (1999) 1 *Public Management* 60; C Sunstein, *Free Market and Social Justice*, Oxford University Press, New York, 1997.

thereby caused. But on the other hand, it also displays a number of salient features that are more reminiscent of public law: its overriding purpose is primarily to promote a collective good (ie. economic efficiency) that may not otherwise be achieved in the absence of state intervention, it cannot be overreached by private agreement, its enforcement is typically the responsibility of a public agency/regulator entrusted with the task of investigating suspected contraventions of the law in order to ensure compliance[98], and violations of competition law typically attract some kind of penal sanction, usually in the form of financial penalties but in some jurisdictions criminal imprisonment may be imposed[99]. Thus attempting to pin either the label "public law" or "private law" to competition law is a rather slippery task.

Difficulties in classifying a particular body of law, such as competition law, as either "public" or "private" in nature may be partly attributable to the rise of the so-called "regulatory" state. Various commentators have observed that the drive for deregulation beginning in the late 1970s and continuing into the present day has not led to the complete withdrawal of the state from considerable social activities. While the state has withdrawn from direct provision of many services so that the latter are now provided by the private sector, it retains an oversight or "regulatory" role in many areas[100]. Power in the "regulatory state" is increasingly fragmented, mixed between public, private and hybrid actors. Although legal scholars from within the public law tradition have tended to focus almost entirely on accountability mechanisms in relation to public power, within the regulatory state several commentators have observed that the role of traditional public accountability mechanisms, which adopt a linear and hierarchical structure, has diminished and is being replaced by broader and more complex "accountability networks"[101]. These accountability networks are comprised of a mix of public, private and hybrid institutions, each facilitating a specific (and generally different) form of accountability. In this way, competition law may be seen as providing one of a range of accountability mechanism operating in complementary and supplementary ways. Whether or not it is more appropriately labelled as a "public law" or "private law" is unlikely to be a matter of importance. Rather, the critical questions concern the type of accountability competition law seeks to secure, and to identify how it relates, interacts and possibly overlaps with other mechanisms of accountability constraining the exercise of power.

---

[98] Although many regulatory schemes provide the scope for private enforcement of competition laws, private enforcement typically occupies a secondary role in ensuring compliance. Private actions nonetheless enable private litigants to vindicate the public interest in promoting economic efficiency: K Yeung, "Privatising Competition Regulation", (1998) 18 *Oxford Journal of Legal Studies* 581.

[99] The Enterprise Act 2002 creates criminal offences for certain competition law violations. See Office of Fair Trading, *Proposed Criminalisation of Cartels in the UK,* OFT 365, Nov 2001.

[100] This oversight role has led Majone to describe the modern state as a "regulatory state", in which the state's central role is, to use Osborne and Gaebler's famous metaphor, "steering but not rowing": G Majone, "The Rise of the Regulatory State in Western Europe", (1994) 17 *West European Politics* 77; D Osborne and T Gaebler, *Reinventing Government,* Addison Wesley, New York, 1992.

[101] C Scott, "Accountability in the Regulatory State", (2000) 27 *Journal of Law and Society* 38.

VI. – CONCLUSION

Two significant developments have occurred in evolution of competition law and policy which have particular relevance to the public/private divide: a shift in the justification for competition law from a concern that private economic power may threaten the liberty of individuals to a concern to maintain the efficiency of markets and, a shift in the scope of competition law, moving beyond its original focus on private economic power to encompass public power, at least in so far as it may impact on the competitiveness of markets. Thus, in its modern guise, competition law provides an important means by which economic power, primarily private economic power but increasingly also public economic power, is controlled and restrained. Both these developments build upon an assumption that economic theory, which provides the theoretical underpinnings for the pursuit of efficiency as collective goal, provides a technically precise and value-neutral basis for identifying the circumstances in which the exercise of economic power is likely to have harmful effects. On closer inspection, however, these attractions may be more apparent than real. This is not to suggest, however, that we should abandon the pursuit of economic efficiency nor, indeed, the use of economic analysis in competition law. Rather, I have merely sought to point to some of the limitations of relying on economic analysis and the tendency to assume that it can provide a straightforward solution to thorny questions.

In discussing the possible implications of these developments in competition law for the public/private divide, I have sought to raise, rather than to resolve, a number of important and difficult questions concerning the values and principles that should inform and shape the distribution of power between the state, enterprise and the individual in modern capitalist economies. In attempting to grapple with these questions, I have suggested that the elusive and uncertain public/private divide is unlikely to provide any real assistance, particularly as the quest for efficiency and the competitive integrity of markets embeds itself ever deeper in the fabric of modern industrial democracies.

4

MAKING SENSE OF THE *RAMSAY* PRINCIPLE: A NOVEL ROLE FOR PUBLIC LAW?

Edwin Simpson

This paper was presented at the seminar in Paris[1] in the hope that comparative insights, particularly those concerning the nature and validity of the distinction between the public and the private, might assist in understanding a particular response in United Kingdom law to the problem of tax avoidance. The problem is one which faces all taxing jurisdictions, and indeed arises in only a slightly different form *between* jurisdictions as taxable entities become increasingly able to make choices as to where to be taxed. But for the purposes of the discussion it was approached through the development by the House of Lords of the so-called *Ramsay* principle[2]: the principle of domestic law (broadly stated to begin with) that judges can treat certain transactions, designed with a view to reducing the incidence of tax, as ineffective for that purpose[3]. Such transactions – tax avoidance schemes[4] as they are known colloquially – may be perfectly effective for other purposes, for example in determining the location of property rights. Thus a number of the early cases involved the disposal of shares in a family company to a third party, and there was no suggestion that the shares were not effectively transferred[5]. Nevertheless, the taxpayer was prevented from relying upon the specific statutory provisions it was hoped would exempt the

---

[1] The Oxford/Paris II Research Seminar, 12-13th July 2001.

[2] So known following the unanimous decision of the House in the conjoined appeals of *WT Ramsay v. Inland Revenue Commissioners* and *Eilbeck v. Rawling* [1982] AC 300.

[3] There is an ongoing debate as to whether to introduce a statutory general anti-avoidance rule (or GAAR) in the UK, mirroring perhaps the Dutch notion of *richtige heffing* (correct imposition): "legal transactions not intended substantially to affect the actual relations between parties, or otherwise designed to avoid the whole or part of the imposition of taxation, are not to be taken into account in imposing direct taxation": Art. 31 *Algemene wet inzake rijksbelastingen* (General Tax Act), introduced in 1959. See also the Australian GAAR contained in Part IVA, Australian Income Tax Assessment Act 1936, and the Canadian GAAR in Section 245, Canadian Income Tax Act 1985. Any legislative provision would, of course, face many of the same difficulties encountered by the judicial principle considered here.

[4] What counts as tax *avoidance* in this sense will be considered further below. It is, however, to be distinguished from tax *evasion*, which involves criminal illegality, whether by fraudulent or non-declaration.

[5] See, for example, *Floor v. Davis* [1978] Ch 295, CA (affd [1980] AC 695, HL) and *Furniss v. Dawson* [1984] A.C. 474.

transactions concerned from capital gains tax[6]. The steps inserted into the transactions for no other purpose than to attract the favourable tax consequences sought were treated "as fiscally, a nullity"[7].

The development of the idea that otherwise lawful and effective transactions might have no effect when it comes to the application of a taxing statute has not been straightforward. Tax law is generally under-theorized in English law, and there has been little for the judges to draw upon as they have fashioned and sought to account for such a principle. Their intervention has accordingly lacked a coherent account either of its internal mechanics or its ultimate justification. Of course that difficulty might seem a local concern for United Kingdom judges, who may simply have overstepped their constitutional authority. But what has taken place also appears to contain the seeds for a comprehensive articulation of the public and private rights and duties of the taxed citizen, to be placed alongside those of the taxing state, and so may be of interest to a wider legal community than simply domestic tax lawyers. If this paper stimulates thought amongst such an audience about the rather curious legal move outlined here, and so assists towards a proper analysis of how tax law is really to be understood, then it will have fulfilled its purpose.

The original version of the paper was written before the decision of the House of Lords in *MacNiven v. Westmoreland Investments Ltd*[8], and so before the novel view of the *Ramsay* principle put forward in that case by Lord Hoffmann. Lord Hoffmann's analysis is that the decided cases can be understood on the basis that statutory language may bear a non-legal meaning in certain circumstances, something that might be called a "real" meaning or a "commercial" meaning[9]. That reasoning has now received less than whole-hearted support from the Court of Appeal, in *Barclays Mercantile Business Finance Ltd v. Mawson*[10], and so it has seemed appropriate to retain the thrust of the original argument of the paper in this published version. Lord Hoffmann's analysis is nevertheless taken fully into account at various stages below, in

---

[6] The provisions upon which the taxpayer was unable to rely were those contained in para 6, Sch. 7 to the Finance Act 1965, excepting share exchanges whereby the transferee company acquires control of the company whose shares it acquires from the general charge upon disposals under section 19. The provisions are designed to operate in the context of company reconstructions and result in the new share holding being treated as the original holding for capital gains tax purposes. Tax is accordingly deferred until that new share holding may be disposed of at a later date. In *Floor* and in *Furniss*, however, the exchanging company was itself controlled by the taxpayer, and sold on to the intended purchaser, leaving the parties concerned with their new shares in the now cash-rich intermediate company. In *Furniss*, tax was levied as if the consideration had been received directly on a disposal to the ultimate purchaser.

[7] See note 15 below for the origin of this description.

[8] [2001] 2 WLR 377.

[9] Lord Hoffmann used the phrase "non-juristic meaning". On such a basis it seems that the "disposal" Parliament had in mind on the facts of the *Furniss* case was one directly in favour of the ultimate purchaser: see Lord Hoffmann at [48].

[10] [2003] STC 66. See too, now, the response of Lord Millett, sitting in the Hong Kong Court of Final Appeal, in *Collector of Stamp Revenue v. Arrowtown Assets Ltd* (FACV No 4 of 2003). (This paper has not been further revised in the light of the HL decision in the *Mawson* case.)

particular towards the end of section IV and in sectionVI; and the author has considered it in greater detail elsewhere[11].

The argument comes in six stages. Following a brief outline of the methodology (section I), a small amount of the relevant constitutional history of the United Kingdom is sketched in section II, and its lingering influence assessed in section III. Following that, the development of the *Ramsay* principle in its various stages, and in its original terms, is described (section IV). In section V, certain other indications of the beginnings of a conceptualisation of the role of the citizen in the face of the taxing state are analysed; following which, in section VI, consideration is given to whether there is a role for public law thought in a proper understanding of the *Ramsay* principle.

I. – METHODOLOGICAL DIFFICULTIES

The existing debates within public law scholarship do not make it straightforward to consider bringing a public perspective to bear on a novel body of legal material. If it is the case that the categories of public and private law are beginning to outlive their usefulness, because the respective traditions have more in common than there is distinct between them[12], then there may be little to be gained by reaching from one tradition to the other. Adequate material to develop new techniques for the control of power (whatever the source or nature of the power may be) can be expected to be available within either body of law. But that position may not quite have been reached, and there may still be progress to be made identifying circumstances where cross-fertilisation is both appropriate and helpful[13]. Whether such an approach will prove to have been an interim one

---

[11] See McFarlane and Simpson, Tackling Avoidance, in *Rationalizing Property, Equity and Trusts, Essays in Honour of Edward Burn*, Getzler ed., 2003, p. 135. See, too, Simpson [2004] BTR 357 where the need for a legislated general anti-avoidance rule (or GAAR) is doubted given the scope for judicial development of the *Ramsay* principle. There the argument is made that aspects of the judicial principle may not only be "public" in nature, but fully "constitutional" in force – i.e. specifically resistant to legislative encroachment.

[12] A point of view reflected in a considerable literature. For an introduction to it see P Cane, "Public law and private law: A study of the analysis and use of a legal concept", in J Eekelaar and J Bell, *Oxford Essays in Jurisprudence*, Third Series (1987), p. 56. For development of "convergent" theses see, in particular, C Harlow, "Public" and "Private" Law: Definition without Distinction (1980) 43 MLR 241, *e.g.* at 256: "the truth is that the 'public'/'private' classification is wholly irrelevant to the organisation of modern society"; and, most recently, D Oliver, *Common Values and the Public-Private Divide*, London, 1999, *e.g.* from the preface: "It seems to me to be obvious that the distinctions between public and private law are artificial, and that it is more productive to concentrate on the similarities ... rather than the differences".

[13] The view that there is a distinct role for public law has its defenders too: see recently N Bamforth, "The Public Law-Private Law Distinction: A Comparative and Philosophical Approach", in P Leyland and T Woods, *Administrative Law Facing the Future: Old Constraints and New Horizons*, London, (1997), p. 136. Bamforth argues that the distinction is *presupposed* by the distinctive functions and justification of the state, such that "[t]he real questions are ... when public law-private law divides should come into play and where they should be set". Others have regarded it as a coherent task to seek, in the absence of precise prior definition, nevertheless to construct "the outlines of an appropriate public law critique" of a novel area. Thus Freedland, for example, in developing an analysis of the Private Finance Initiative at [1998] PL 288, conceptualised "the discipline of public law" in terms of a "notion of public accountability"; and asked first, whether "a suitable set of

along the path to convergence is not the main concern of this article. Its aim is simply to consider whether a rather peculiar strand of tax law, known sometimes as the *Ramsay* principle[14], occasionally as a developing principle of "fiscal nullity", and more often simply as the "new approach" to tax avoidance schemes[15], would benefit from being analysed from the existing perspective of "public" law.

The *Ramsay* principle is itself not the most straightforward legal phenomenon, and the various stages in its development will be examined in section IV below in their own terms. A little more can be said at this stage, however, by way of introduction to the principle. It has already been indicated that the House of Lords has concluded that citizens[16] entering into certain kinds of transaction, bearing indications in their legal structure of having being designed with a view to avoiding tax, *are* to be taxed, notwithstanding that the transactions apparently escape a strict application of the detailed provisions of the charging statutory regime. At first sight, such a conclusion appears quixotic, particularly to anyone versed in notions of the rule of law and of Parliamentary sovereignty. And the judges have not found it easy to explain this apparent abnegation of their role of applying Parliament's words. One way of accounting for it has been to suggest that citizens are to be taxed according to the *spirit* of the relevant fiscal legislation, rather than according to its strict literal *form*[17].

---

mechanisms ... of accountability has been created and maintained in relation to the PFI", and secondly, "whether the PFI is the subject of an appropriate normative discourse". It is perhaps close to that spirit in which this paper is written.

[14] *I.e.*, the principle associated with the decision of the House of Lords in *WT Ramsay v. Inland Revenue Commissioners* [1982] AC 300. The principle has been reconsidered by the House in *Inland Revenue Commissioners v. Burmah Oil Co Ltd* [1981] 54 TC 200; *Furniss v. Dawson* [1984] 1 AC 474; *Craven v. White* [1989] AC 398; *Ensign Tankers (Leasing) Ltd v. Stokes* [1992] 1 AC 655; *Fitzwilliam (Countess) v. Inland Revenue Commissioners* [1993] 1 WLR 1189; *Moodie v. Inland Revenue Commissioners* [1993] 1 WLR 266; *Inland Revenue Commissioners v. McGuckian* [1997] 1 WLR 991; *Inland Revenue Commissioners v. Willoughby* [1997] 1 WLR 1071; *Norglen Ltd v. Reeds Rains Prudential Ltd* [1999] 2 AC 1 and *MacNiven v. Westmoreland Investments Ltd* [2001] 2 WLR 377. Significant decisions by lower courts include *Whittles v. Uniholdings Ltd (No. 3)* [1996] STC 614, (CA); *Barclays Mercantile Business Finance Ltd v. Mawson* [2003] STC 66, (CA); *Young v. Phillips* [1984] STC 520, Nicholls J; *News International plc v. Shepherd* [1989] STC 617, Vinelott J; *Hatton v. Inland Revenue Commissioners* [1992] STC 140, Chadwick J; *Pigott v. Staines Investment Co Ltd* [1995] STC 114, Knox J; *Girvan v. Orange Personal Communications Services Ltd* [1998] STC 567, Neuberger J.

[15] All three descriptions result from Lord Wilberforce's speech in the *Ramsay* case, *supra*, at 323: "[i]n these circumstances, your Lordships are invited to take, with regard to schemes of the character I have described, what may appear to be a new approach. We are asked, in fact, to treat them as fiscally, a nullity, not producing either a gain or loss".

[16] The word "citizen" will be used throughout this article interchangeably with the, perhaps more usual in this context, "taxpayer". The citizen may, of course, after examination, be found not to owe any tax at all; and the word offers a better insight into an adequate conceptualisation of the relationship between the state and the individual. For an introduction to the growing literature on "citizenship", see Freedland and Sciarra, *Public Services and Citizenship in European Law*, Oxford, (1998); and note particularly analysis of the "public-service" sector, at 8-10, where Freedland sets out two rival conceptions of "constitutional" and "consumer" (or "market") citizenship, within the second of which "the individual person ... is identified as a citizen, more by reference to that person's role in its economy than by reference to his or her role in its political society". Taxation would seem to be as much an arena in which this contest of conceptions takes place as the public-service sector.

[17] Examples of such accounts include that of Lord Steyn in *Inland Revenue Commissioners v. McGuckian* [1997] 1 WLR 991, 1000G: "The new development was not based on a linguistic

Alternatively it has been suggested, although largely without explanation, that elements of a transaction designed only to attract a favourable tax treatment are to have no effect for tax purposes: they are to be "fiscal nullities"[18]. Yet a third analysis has been to deny that anything unusual is taking place in these cases at all, other than that the judges are extending our legal understanding of what it is that amounts to, say, "a disposal" or "a loss" or "a gain" (in the context of capital gains tax) or whatever other legal notion it is that is called to be applied by the particular fiscal legislation concerned[19]. Each of these "explanations", however, begs a number of questions. The first faces the twin intellectual difficulties of identifying the alleged spirit of the legislative scheme, and then preferring it over and above the express consequences apparently required by the details of the very same statutory regime. The second demands an explanation of why it is that a citizen's transactions should be "denatured" in this way. And the third, the danger that, in the attempt to frustrate particular avoidance schemes, our legal concepts will become stretched to breaking point – in other words, the old criticism that hard cases may make bad law.

The judges have moved towards one sort of analysis or another without overt reliance on "public" law styles of thought. Nevertheless the argument below will suggest that they might legitimately have chosen to do so; and, further, that certain aspects of the development of the new principle would have been more straightforward had they done so. Before the substance of that argument can be developed, it is important first to stress some of the prevailing practices and assumptions of judges deciding tax cases before the novel developments took place, and then to set those developments out in some detail in the terms in which they have actually taken place. It is only having done so that the operating assumptions of the judges can be properly understood, and the impoverishment of the constitutional analysis available to them as they have formulated the *Ramsay* principle fully appreciated.

II. – GOVERNING ASSUMPTIONS ABOUT THE PLACE OF TAXATION WITHIN THE CONSTITUTION

It would be an exaggeration to claim that the judicial approach to tax avoidance schemes before the development of the new approach reflected a fully-reasoned political theory of the practice and limits of taxation within the constitution; and no attempt to identify such a theory will be made in this section. What can be done, however, is to point to particular arguments – assumptions may be a better

---

analysis of the meaning of particular words in a statute. It was founded on a broad purposive interpretation, giving effect to the intention of Parliament". See too Millett LJ in *Ingram v. Inland Revenue Commissioners* [1997] STC 1234, 1270g: "the *Ramsay* doctrine is based on a broad purposive construction of the statute and a rejection of formalism in fiscal matters". Lord Hoffmann's analysis is clearly related to such accounts: the spirit of the legislation is to be found by giving its terms "real" meanings.

[18] The view developed in *Inland Revenue Commissioners v. Burmah Oil Co Ltd* (1981) 54 TC 200 and *Furniss v. Dawson* [1984] AC 474: see further section IV below.

[19] This appears to have been Lord Wilberforce's view in *Ramsay* itself; and see Lord Oliver's seminal analysis in *Craven v. White* [1989] AC 398, particularly at 502E-G.

word – that have dominated the judicial approach when hearing tax appeals. Whilst such assumptions might have been capable of contributing towards a complete theory, their role in it, and indeed its general shape, would have been the subject of considerable controversy. The fact that the two ideas now to be set out have been influential is, however, beyond serious dispute.

The first prevalent theme is that the imposition of a tax is peculiarly a matter for Parliament[20], and has found focus in a particular view of the effect of Article 4 of the Bill of Rights 1688. Article 4 provides:

> "That levying Money for or to the Use of the Crowne by pretence of Prerogative without Grant of Parlyament for longer time or in other manner than the same is or shall be granted is illegall"[21].

The House of Commons at the time clearly had restraint of the *Crowne* in mind rather than judges[22], but the principle was readily extended to constrain the modern executive generally[23], and has been taken further to support a limited conception of the *judicial* role when interpreting fiscal legislation. Despite the fact that that role, one of resolving disputes about the construction of legislation and its application to a set of facts, seems ill-described as "levying Money ... by pretence of Prerogative", Article 4 has been taken to restrict the judicial task, and

---

[20] "Parliamentary control of the purse is a basic principle of the constitution which has evolved historically. Statutory authorization is required for the expenditure of public funds and for the raising of finance through taxation": see McEldowney, "The Control of Public Expenditure, in Jowell and Oliver, *The Changing Constitution*, 3rd ed., 1994, 175 at 179. So far as expenditure is concerned, see too Daintith, "The Techniques of Government", in Jowell and Oliver, *The Changing Constitution*, 3rd edn, 1994, 209 at 211: "While the legal status of specific governmental actors and actions ... may be regrettably obscure ... government, in exercising [its] capacities, is subject to only one major and incontestable legal constraint: the consent of Parliament, in the form of legislation, must be obtained for any consequential expenditure of public funds". See further, generally, Daintith and Page, *The Executive in the Constitution: structure, autonomy and internal control*, Oxford, 1999.

[21] *1 Will. and Mar. Sess. 2, c. 2.* The influence of Article 4 has been extravagantly wide-ranging. In *Woolwich Building Society v. Inland Revenue Commissioners* [1993] AC 70 the House of Lords accepted that a taxpayer has an automatic right to restitution of money demanded by the Revenue without authority, relying in part on the argument that this should follow automatically from Article 4: see Birks, *An Introduction to the Law of Restitution,* Oxford, 1985, at 195 *et seq.*, and "Restitution from the Executive: a Tercentenary Footnote to the Bill of Rights", in *Essays in Restitution*, ed. Finn, 1990, at 164 *et seq.* Lord Goff, at 172, set out Birks' argument as follows: "the retention by the state of taxes unlawfully executed is particularly obnoxious, because it is one of the fundamental principles of our law – enshrined in a famous constitutional document, the Bill of Rights 1688 – that taxes should not be levied without the authority of Parliament, and full effect can only be given to that principle if the return of taxes enacted under an unlawful demand can be explained as a matter of right". Whether or not this automatic right to restitution follows from Article 4 is as intriguing a question as whether Article 4 should be taken to have restricted the role of the judges when construing subsequent fiscal legislation.

[22] See Goldsworthy, *The Sovereignty of Parliament*, Oxford, 1999, ch. 7. The relevant debates for a *Pepper v. Hart* exercise are to be found in *Cobbett's Parliamentary History of England*, vol. V, at columns 108 *et seq.*, from the Commons Journals dated 12th February 1688 (1689) and 13th February 1688 (1689). As to the manner in which the Bill of Rights was enacted, and for an explanation of the confusion as to its appropriate dating, see *Halsbury's Laws* (4th ed., reissue), Vol. 8(2), para. 35, note 3.

[23] *Attorney-General v. Wiltshire United Dairies* (1922) 38 TLR 781 in which a unanimous House of Lords held that a power given to a minister to make orders regulating the production, distribution, supply, sale and purchase of dairy products could not be used, even in war time, to impose a tax.

to require that judges stick particularly closely to the words of a taxing statute for fear of appearing to raise a tax themselves[24].

This school of thought merges with a second assumption, the origins of which lie more in notions of the rule of law than they do in the separation of powers. This is the argument, given effect generally as a principle of statutory construction, against what Bennion has called "doubtful penalisation". In his words, "by the exercise of state power the property or other economic interests of a person should not be taken away, impaired or endangered, except under clear authority of law"[25]. It may perhaps be doubted whether fiscal legislation is properly to be understood as *penal*, but concerns about the appropriate ambit of this principle of construction need not concern us. The undeniable fact is that the argument that the citizen should only be taxed by clear words (as well as only by Parliament) has been influential, such that the orthodox view is that the citizen will escape a charge to tax unless particular statutory words can be pointed to clearly meeting the facts found to have taken place.

These twin assumptions – that taxation is a matter for Parliament and that its imposition requires clear statutory words – are deeply ingrained in the tax community. Numerous judicial statements to similar effect could be cited, perhaps most notably a passage in the judgment of Rowlatt J. in *Cape Brandy Syndicate v. Inland Revenue Commissioners* that has frequently been cited since. The role of the judge is:

> "... to look merely at what is clearly said. There is no room for any intendment. There is no equity about a tax. There is no presumption as to a tax. Nothing is to be read in, nothing is to be implied. One can only look fairly at the language used."[26]

In turn, these twin assumptions reflect and reinforce what have come to be seen as essential *differences* between tax law and other law, although little sustained thought has been given to precisely what those differences are. Rather as is the case with criminal law, the raising of revenue by the state has come to be regarded as something of a special legal case, operating outside our conventional categories of public and private law. To the extent that the state chooses to tax legal entities and concepts (be it "a company" or "a body of trustees", or "a disposal"[27] or "a transfer of value"[28]) tax cases may of course raise issues of

---

[24] Given the orthodox formalistic approach to the construction of fiscal statutes, this generous analysis of Article 4 is particularly striking.

[25] FAR. Bennion, *Statutory Interpretation*, 3rd ed., London, 1997, Section 278; see also Section 321. On its own, and without the principle said to stem from Article 4, this argument would not necessarily rule out a sufficiently clearly expressed judicial, as opposed to statutory, imposition: but see generally the debate about the extent of the precepts *nulla poena, nulla crimen sine lege* generated by *Shaw v. Director of Public Prosecutions* [1962] AC 223, discussed in HLA Hart, *Law, Liberty and Morality*, Oxford, 1962, at 7 *et seq*.

[26] [1921] 1 KB 64, 71; cited with approval by Viscount Simon LC in *Canadian Eagle Oil Co. Ltd. v. R.* [1946] AC 119, 139-40; and, most significantly, incorporated into Lord Donovan's speech in *Mangin v. Inland Revenue Commissioners* [1971] AC 739, 746, in which he set out much-cited guidance to the construction of tax statutes in similarly restrictive terms. Such statements amount to an assertion that there is to be no common law (in the widest, judge-made, sense) of taxation.

[27] In the context of capital gains tax.

[28] In the context of inheritance tax (which, in certain circumstances, subjects lifetime transfers to a charge as well as those occurring on death).

private law. Equally, should the Revenue overstep its powers in some way, then a traditional public law remedy may be called for. But beyond that, or rather perhaps because of the possibility of both sorts of issues arising, tax law is to be studied and understood as the awkward, *sui generis* creature it can at first sight appear to be.

The belief that taxation is a special case is certainly not new[29]. An early influence that pushed our conceptual apparatus in that direction was the idea that, unlike the rest of (then) prerogative power, the imposition of taxation was somehow (even then) peculiarly dependent upon the consent of the subject. The notion that taxation was only lawful if the "common consent" of the realm was obtained in Parliament appears to have been almost universally accepted long before the Bill of Rights, from the mid-fifteenth century onwards. Sir John Fortescue stated that the King could not impose any burdens on his subjects "without the concession or assent of his whole realm expressed in his Parliament"; or, as Sir George Croke put it in 1638, the common law required that property not be taken from subjects "without their consent, (that is to say their private actual consent or implicitly in Parliament)"[30].

This now seems an unconvincing way to explain the difference between taxation and other instances of the exercise of governmental power, given the more modern notion that legislative power as a whole is founded upon the consent of the citizen. Certainly as general legislative authority has become more firmly located in Parliament, (albeit subject to executive control[31]), the significance of the idea that Parliament should be regarded as *consenting* to tax on behalf of the citizen, as opposed to *imposing* tax as an exercise of sovereign power over the citizen, has dwindled in significance[32]. But the distinction ought

[29] For a challenging modern account of the difference, see Prebble, *Ectopia, Tax Law and International Taxation* [1997] BTR 383: "Ectopia is used here as a label for a characteristic of income tax law that distinguishes it from most other forms of law. This characteristic is that income tax law is, in a fundamental sense, dislocated from the facts to which it relates".

[30] See the discussion in Goldsworthy, *supra*, note 22, at 69 *et seq*; and, for the earlier history of the requirement of "consent" to taxation see Brown, *The Governance of Late Medieval England 1272-1461*, London, 1989, at 224-30. For another view, clearly displaced by the Bill of Rights 1688, see the opinion of a majority of the common law judges in *R. v. Hampden* (1687) 3 State Tr. 825 (the *Case of Ship Money*) who thought that royal taxation for navy building might be justified by necessity even without Parliament's consent.

[31] "Due to strong party discipline and the general influence of ministers where the government has a majority in the House of Commons, the House of Commons' power of control is largely reduced to a right to criticize. In reality *both* political power and economic control [original emphasis] over public expenditure actually reside in the government of the day": see McEldowney, "The Control of Public Expenditure", in Jowell and Oliver, *The Changing Constitution*, 3rd ed., 1994, 175 at 179-180 (see also 4th ed., 2000, 190 at 197, taking account of updating supplement to *Government Accounting 1989 (Dec 1999)*; further consolidations have followed, but without affecting the point made here).

[32] The earlier "consent" view of sovereignty had become a minority view by the time of the American crisis, where one finds William Pitt (the elder), as a lone voice in the House of Commons, accepting that Parliament did not possess the power to *tax* the American colonies, a power which he distinguished from the power to legislate *generally*: "[t]axation is no part of the governing or legislative power". Consequently, because taxation was properly regarded as a *gift* to the Crown, made on the people's behalf by their representatives, Parliament could not rightfully tax colonists whom it did not represent. See generally Morgan, "Colonial Ideas of Parliamentary Power 1764-1766", in Greene (ed.), *The Reinterpretation of the American Revolution 1763-1789*, New York and

not to be lost entirely. The idea that the role of the citizen within the state differs when a tax is being levied, as opposed to when other species of governmental power are being exercised, contains a germ of truth at least, and offers a way into the argument about the *Ramsay* principle that will be developed in section III below. Whatever the merits of that argument may be, the displacement of the earlier conceptualisation of the Parliamentary "grant" (to use the language of the Bill of Rights) as one of consent, in favour of it as an imposition – even a somehow penal imposition – has played a key role in sustaining background assumptions about the judicial task. Prior to the development of the new approach, the principle concern of the judges was that citizens should be adequately protected from an imposition by the state to which they were not to be regarded as having consented in advance.

A further historical indication that tax cannot be assumed to be a routine exercise of sovereign power is found in the appropriately reluctant introduction of the first general income tax in England by William Pitt in 1799[33]. He was well aware of the non-consensual nature of such a tax, not (in the end) in the sense that Parliament might not be persuaded to agree to it, but in the sense that those subject to it would be less able to avoid paying than they were used to. Previous expenditure taxes, to which taxpayers had become well-accustomed, were primarily levied on luxuries. The defensive stance of today's policy-makers when contemplating the imposition of new taxes, or an increase in its existing rates, scarcely needs mention[34], but the modern politician perhaps does not face the level of rhetoric raised against Pitt in 1799. The introduction of the general income tax took place against the unpromising backdrop of Blackstone:

> "[t]he third absolute right, inherent in every Englishmen, is that of property: which consists in the free use, enjoyment, and disposal of all his acquisitions, without any control or diminution, save only by the laws of the land ... [s]o great moreover is the regard of the law for private property, that it will not authorise the least violation of it; no, not even for the general good of the whole community"[35];

London, 1968, 151-181; and, for Pitt's words, see Simmons and Thomas, *Proceedings and Debates of the British Parliaments respecting North America 1754-1783*, New York and London (1982-7, 6 vols), vol *ii*, at 85-6; and, at 286: "[a]ll acts must be submitted to, but taxes".

[33] Income Tax Act 1799, *39 Geo. 3, c. 13.*

[34] Most recently, in the context of introducing new taxes, influenced by the consequences of the introduction of the community charge or poll tax, as to which see D Butler, A Adonis, and T Travers, *Failure in British Government: The Politics of the Poll Tax*, Oxford, 1994.

[35] Blackstone's *Commentaries*, Book 1, Chap. 1. Book 1 was first published in 1765. Later in the same section: "... no subject of England can be constrained to pay any aids or taxes, even for the defence of the realm or the support of government, but such as are imposed by his own consent, or that of his representatives in Parliament".

and of Adam Smith:

> "... by subjecting the people to the frequent visits and the odious examination of the tax-gatherers, it may expose them to much unnecessary trouble, vexation and oppression."[36]

Pitt was not, of course, proposing to introduce taxation of any kind for the first time. Duties of customs and excise already existed, the latter including all manner of taxes on expenditure, and stamp duties had first been introduced in 1694[37]. Blackstone, it has to be said, had little time for these either[38]; but, in addition to the inevitable non-voluntariness of a tax on income rather than on expenditure, it was the prospect of identifying a citizen's actual income that was the real cause of concern in 1799[39]. Such a tax appeared bound to intrude too far into the citizen's private sphere, not only by forcing a proportion of private assets into the public sector, but also a wealth of confidential information. Pitt nevertheless appears to have been up to the political difficulties of the task. To meet objections against such an "intolerable inquisition"[40], he devised a system under which no precise disclosure of actual income was called for at all. The "general return of income" eventually required was in the following, really very reasonable, terms:

> "I .... do declare that I am willing to pay the sum of .... for my contribution from 5th April 1799 to 5th April 1800 in pursuance of [the 1799 Act] and I do declare that the said sum of .... is not less than one tenth part of my income, estimated according to the Directions and Rules prescribed by the said Acts, to the best of my Knowledge and Belief."[41]

As the historical introduction to Simon's Direct Tax Service notes, whatever may have been the contemporary criticism of the inquisitorial nature of the new tax, it would "be hard to conceive of a less inquisitorial return than the declaration required on the general statement of income"[42].

---

[36] Adam Smith, *The Wealth of Nations*, Book V, Chap. II. See William Phillips, "The Real Objection to the Income Tax of 1799" [1967] BTR 177.

[37] Stamp Duty Act 1694, *Will & Mary, c. 21*. Land taxes had a similarly long history, see General Aid Act 1688, *1 Will & Mary, c.20, s.14*; and Chandler, *The Land Tax* (1896).

[38] "The rigour and arbitrary proceedings of excise law seem hardly compatible with the temper of a free nation", Blackstone's *Commentaries*, Book 1, Chap. 8.

[39] See Kennedy, *English Taxation 1640-1799*, G. Bell & Sons Ltd. (1913), at 38-50.

[40] The phrase was the title of Hubert Monroe's Hamlyn Lectures, *Intolerable Inquisition? Reflections on the Law of Tax*, Stevens & Sons (1981); but, as he acknowledges at 6, note 16, it originates in Adam Smith, who referred to "the inquisition more intolerable than any tax" (*i.e.* that necessary to implement an income tax); see generally Phillips [1967] BTR 177.

[41] See generally Phillips [1967] BTR 177 and Monroe, *supra*, note 40, at 7 *et seq*. It is true that there was a system of surveyors in place (wholly inadequate to the task, but the forerunner of the modern tax inspector) encouraged, in Monroe's words, "to entertain doubts and to voice them". But even when such doubts were voiced, an oath before the local commissioners (soon to become the General Commissioners), confirming the accuracy of an assessment drawn up on the basis of a schedule of exemptions and deductions sworn to only by the taxpayer, as opposed to an assessing officer of any kind, enabled disclosure of actual accounts for scrutiny by a public official to be avoided: see BEV Sabine, "The General Commissioners" [1968] BTR 18.

[42] Simon's Direct Tax Service, A1.404.

Tax lawyers have therefore always been concerned about the limits of the boundary between the public and the private sphere[43], although today the balance may be struck a little differently. The structures involved have certainly come a considerable distance since the time of Pitt[44]. The Board of Inland Revenue (referred to in this paper as "the Revenue") is charged with the various tasks involved in the collection of tax[45], and its powers have steadily increased. Prior to the recent relaunch of the idea of self-assessment[46], assessments to income tax were *made* by an inspector, on the basis of returns provided by the citizen, which the citizen might then choose to contest before so-called General or Special Commissioners[47]; and from there, either the taxpayer or the Revenue could appeal to the High Court on a point of law. Under the latest regime, the citizen not only returns the necessary information, but formally *makes* the (self-) assessment[48] of both income and capital gains[49]. It is no longer necessary for the

---

[43] Note too the development of the Schedular system of income tax, designed so that no one tax inspector would know the entirety of ones affairs.

[44] The tax machinery of today is founded on that in Income Tax Act 1842, but see also Income Tax Management Act 1964, giving effect to certain recommendations of the 1955 Royal Commission, Cmd 9474; and, perhaps most significantly, Finance Act 1976, s. 57, Sch. 6, substituting Taxes Management Act 1970, ss. 20-20D, the exercise of which powers led to *Inland Revenue Commissioners v. Rossminster Ltd* [1980] AC 952 (HL) and the appointment in July 1980 of an independent inquiry, the Keith Committee: *Committee on Enforcement Powers of the Revenue Departments*, Cmnd. 8822. Many of the Committee's recommendation have since been implemented by Finance Act 1989, ss. 142-170. A Taxpayer's Charter was published in 1986 and reissued in 1991; and the Board now refer to taxpayers, not as citizens, but as customers: see, for example, 140th report of the Board of Inland Revenue, October 1998, Cmnd 4079.

[45] Charged with the "care and management" of income tax, corporation tax and capital gains tax by Taxes Management Act 1970, s. 1; of inheritance tax by Inheritance Tax Act 1984, s. 214; and of stamp duty by Stamp Duties Management Act 1891, s. 1 (as amended). From 1st April 1999, the Board has also been responsible for administering the system of national insurance contributions, following the transfer of responsibility from the Contributions Agency, pursuant to Social Security Contributions (Transfer of Functions) Act 1999. In addition, and by virtue of Inland Revenue Regulation Act 1890, s.1(2), the Board "shall have all necessary powers for carrying into execution every Act of Parliament relating to inland revenue, and shall in the exercise of their duty be subject to the authority, direction, and control of the Treasury, and shall obey all orders and instructions which have been or may be issued to them in that behalf by the Treasury". The Commissioners of Customs and Excise are charged with the "collection and management" of VAT by Value Added Tax Act 1994, s. 58 and Schedule 11, para. 1. For simplicity, the argument below is confined to the Revenue, but the *Ramsay* principle has been considered in the VAT context (*Customs and Excise Commissioners v. Faith Construction Ltd.* [1989] STC 539), and parallel arguments could be made.

[46] Pursuant to Taxes Management Act 1970, ss. 8 *et seq*, as amended by Finance Act 1994, chapters III and IV and Schs. 19 and 20, introducing self-assessment in respect of income tax and capital gains tax with effect from the tax year 1996-97, and in respect of corporation tax with effect from 1999-00. On the introduction of self-assessment generally, see James [1994] BTR 204; Sandford [1994] BTR 674; Green [1996] BTR 107; Mumford [1996] BTR 120. Mumford compares the position in the United States, "where they fought a war over a tax-related dispute and founded their country with the goal that income taxation would be illegal ... . The act of filing a self-assessed income tax return resonates with voluntariness ... [which] is what Americans are acculturated to accept", at 131.

[47] The statutory tribunals charged with hearing the first level of appeals.

[48] If the return is made sufficiently early (September 30th following the year of assessment), the Revenue will calculate the tax due. But in doing so the officer acts as the taxpayer's agent, and the assessment remains the taxpayer's. The Revenue has made clear that the service offered is no more than one of adding up figures. The self-assessment must in any case be made by the following 31st January.

[49] The significance of this terminological shift is considered further below at the beginning of section V.

Revenue to issue demand notices in order to collect the tax due; it falls due automatically on a due date. But the other half of the story of self-assessment is a statutory regime of Revenue enquires to test the veracity of the assessment, including both random audits and a statutory requirement to maintain accounting records[50]. The system of appeals remains virtually unchanged at the High Court level and above, although it is no longer possible for the citizen to appeal to the Commissioners against (what is now his or her own) assessment. The Revenue can challenge and vary the assessment, however, and appeal does then lie on the citizen's behalf to the Commissioners against any variations made.

The *Ramsay* principle has developed almost exclusively in the jurisdictional context of appeals from the Commissioners to the High Court, although exercises of the Revenue's functions are, of course, also subject to judicial review[51]. Appeals to the High Court take place by way of case stated, and are confined to questions of law[52]. It is perhaps an indication of how far things have come that judicial involvement was not thought necessary in Pitt's income tax at all[53], a general right of appeal to the judges being first introduced in 1874[54] – and the modern (self-)assessed individual can certainly no longer avoid further inquiry simply by swearing to the accuracy of a return. The citizen now faces legal sanctions for failure to make an accurate self-assessment, and is unavoidably subject to investigatory processes to confirm that the duty has been complied with. No one would argue, therefore, that there is not a role for judges

[50] Taxes Management Act 1970, as amended, ss. 9A and 12B. If an assessment is not filed, the Revenue can estimate the tax due, pursuant to s. 28C. The taxpayer can still displace the estimated figure by filing a return.

[51] Judicial review of the Revenue's powers is well known to public lawyers from, in particular *R. v. Inland Revenue Commissioners, ex p. National Federation of Self-Employed and Small Businesses Ltd* [1982] AC 617 and *R. v. Inland Revenue Commissioners, ex p. Preston* [1985] AC 835. As well as being subject to judicial review in the exercise of its "care and management" powers, it would seem that the Board is subject to review of the construction it adopts of the charging legislation as part of its "carrying into execution" function (see note 45 for the statutory basis of this distinction). In practice, however, the courts have required taxpayers to pursue available avenues of appeal instead. See, for the general principle, *R. v. Inland Revenue Commissioners, ex p. Preston* [1985] AC 835, *per* Lord Templeman at 862C-F; and see *R. v. Inland Revenue Commissioners, ex p. Bishopp* [1999] STC 531 and *Pawlowski (Collector of Taxes) v. Dunnington* [1999] STC 550 for recent recognition of possible exceptions to it. In the *Bishopp* case, where there was no existing open assessment; and, in *Dunnington*, where the taxpayer wished to raise a public law defence in the County Court in circumstances where there had been no avenue of appeal available to him. The suggestion that judicial review should be restricted because the Board is politically accountable to the Treasury has not been accepted: see the *Self-Employed* case at 644F-G, *per* Lord Diplock.

[52] Taxes Management Act 1970, ss. 56 and 56A. As well as for errors of law *stricto sensu*, appeal is available on what have become known as *Edwards v. Bairstow* grounds, where an error of fact is made by the Commissioners *amounting to* an error of law, *i.e.* where "the facts found are such that no person acting judicially and properly instructed as to the relevant law could have come to the determination under appeal", *per* Lord Radcliffe in that case at (1955) 36 TC 207, 229.

[53] Although there was such an avenue of appeal under the then existing regime of taxes on expenditure: see 43 Geo. III, c. 99, providing for a right of appeal to the courts against assessments to tax upon, *inter alia*, windows. There was the possibility of an appeal to so-called Commissioners of Appeals, but it would seem that this was in fact rarely, if ever, exercised: see generally Monroe, *supra*, note 40, at 1-12; and Phillips [1967] BTR 177 and 271.

[54] Customs and Inland Revenue Act 1874, s. 9, re-enacted as Taxes Management Act 1880, s. 59; see now Taxes Management Act 1970, ss. 56 and 56A.

to protect taxpayers from any improper exercise of the powers of the Revenue. But perhaps there is now evidence that the proper judicial role is becoming wider than that.

III. – THE SIGNIFICANCE OF THE HISTORICAL PICTURE

The historical material reviewed so far has been unavoidably selective. It does, however, illustrate that the orthodox judicial role has come to be conceived in terms of the protection of private rights and interests against unwarranted interference from the state. That conception is most obviously evident in the twin judicial assumptions considered above – that the imposition of taxation is somehow a matter peculiarly for Parliament, and that its implementation requires particularly clear words. In addition, it has been seen that there are reasons to think that taxation is a distinctive *exercise* from other instances of sovereign power. The distinctiveness may perhaps not have been understood very clearly, and whether it is adequately captured by an insistence upon some form of *particular* consent from the citizenry may be doubtful. But the belief that there is such a distinctiveness, and the fact that it has influenced the minds of judges and academics alike, is very clear. So far as the judges have been concerned, tax cases have come to be regarded as a matter of expert statutory construction to be left where possible to those versed in the specific discipline. So far as the academic community is concerned, one suspects that tax law is equally widely regarded as complex and obscure – ideal material to be relegated to the category of a special case with little to teach the community about the real nature of, say, the relationship between the citizen and the state.

Were one to attempt to unravel this morass of historical assumption and contemporary lack of interest, the obvious starting point (at least so far as the public lawyer is concerned) would seem to be that the process of taxation involves contribution *from* the citizen, rather than the conferral of any sort of benefit *upon* the citizen. In a nutshell, the flow of state assets takes place in the opposite direction from that to which public lawyers are used. Such contribution may, of course, go on to fund services which do confer benefits in the opposite direction, but the practice of taxation has become a logical prerequisite to any of the other exercises of public power with which public lawyers are familiar. The truth is simply that there could be no modern state without it. It also seems to be the case that taxation, perhaps more than any other instance of contact between citizen and state, fundamentally influences the way in which people *conceive* of that state at all. Anyone who has ever earned anything, or inherited anything, or simply gone out and bought (almost) anything, will have come into contact with the state in its role as taxing authority. And the effect is that our conception of what the state *is* unavoidably includes the notion of our participation within it through the transfer in its direction of a proportion of our assets.

Such observations tease out the fact that the practice of taxation is foundationally constitutive of the state in a double sense. Pragmatically, the state cannot *do* anything without revenue from the practice of taxation; and, accordingly, we cannot *conceive* of the state at all other than as a body which (at least) interacts with us by taxing us. The state is thus created, or constituted, both from our point of view and from its, by the practice of taxation. That recognition, that the act of taxation defines and circumscribes both what the state does and what it is, casts serious doubt upon a conception of the practice as simply a means by which the state acts against the interests of the citizen, and from which the citizen needs the protection of the judges. Such a view can only be an impoverished conception of what taxation is really about, since it fails to take account of the role of the taxation in the very creation of the public sphere. If that sphere is felt to be worthwhile *at all*, then it cannot be maintained at the same time that the state acts solely against the interests of the citizen as it exacts taxation. The historical focus on a specific form of democratic consent equally fails to explicate the difference between taxation and other instances of state activity. That insight was really no more than an early recognition that *all* exercises of public power must ultimately be democratically sourced and accountable. What makes taxation a special case is not the mechanism by which the citizen does (or does not) agree to it, but what it is that taxation *does*. As a result of the practice of taxation, the citizen passes a proportion of private assets into the public sphere, and so directly participates in the subsequent actions of the state. Alongside already well-understood instances of democratic participation, (for example the practice of voting or the practice of jury trial), the process of putting the state in funds ought to take its proper place[55]. To echo Daintith's use of the distinction between *imperium* and *dominium*[56], whilst the vote may be the source of the state's *imperium*, it is the practice of taxation that constitutes the state's *dominium*[57].

As already indicated, none of that is to suggest that one aspect of judicial concern is not very properly to control the exercise of state power involved in the process of taxation, but it is not clear that it should be the only concern. The proper role and responsibility of the citizen in constituting as well as responding to the taxing state needs to be thought through, and there appear now to be significant indications of a developing judicial willingness to do just that.

IV. – THE DEVELOPMENT OF THE *RAMSAY* PRINCIPLE

Prior to the evolution of the *Ramsay* principle, judges faced with tax avoidance schemes conceptualised the role of the citizen in terms heavily influenced by the limited perception of the appropriate judicial stance. If the judge were not in a position purposively to construe legislation, or to seek an equitable construction, then what possible reason could there be for the citizen to do so? The well-

[55] The argument here is not intended to have anything to say about the appropriate level or distribution of the tax base: at whatever level it is to be, a proportion of private assets is necessary to constitute the public sphere. The relevant participation meant here is certainly not affected by the level of contribution involved. Thus all citizens participate, in the relevant sense, in the practice of jury trial, whether or not they are actually called for jury service; and all citizens belong to the practice of democracy whether or not they choose to vote.

[56] Daintith uses "the term *imperium* to describe the government's use of the command of law in aid of its policy objectives, and the term *dominium* to describe the employment of the wealth of government for this purpose": see "The Techniques of Government", in Jowell and Oliver, *The Changing Constitution*, 3rd ed., 1994, Oxford, 209 at 213.

[57] Note that the first route such "public" assets take – the first point at which their use might be made publicly accountable – is from citizen to state.

known passage from the speech of Lord Tomlin in *Inland Revenue Commissioners v. Duke of Westminster* illustrates the result:

"Every man is entitled, if he can, to order his affairs so as that the tax attaching under appropriate Acts is less than it would otherwise be. If he succeeds in ordering them so as to secure the result, then, however unappreciative the Commissioners of Inland Revenue or his fellow taxpayers may be of his ingenuity, he cannot be compelled to pay an increased tax."[58]

The *Ramsay* principle certainly seems to involve *some* sort of inroad upon this point of view, but its development has not been at all straightforward. In the context of capital gains tax, where the early developments were made, the orthodox view was that the citizen was entitled to rely on the strict form of a transaction as carried into effect, and upon a literal construction[59] of the language of the statutory regime. If transactions were effected by a number of successive steps, and in the absence of a finding of sham[60], such an approach led to the courts assessing each stage in turn to determine any tax consequences that might follow. If at one point an apparent "disposal" gave rise to an apparent gain, the appropriate statutory provisions were applied to determine whether the gain was taxable; if it later gave rise to a loss, they were separately applied to determine whether the loss was allowable. The fact that, in economic terms, the gain was matched by the equivalent loss at the later stage was irrelevant. If the disposals were distinct the taxpayer was not, in the absence of statutory provision to that effect, taxed on the net result of the two transactions, but on each separately.

It was a particularly extreme type of scheme, depending for its success upon a precise application of just this approach, that initiated the recent developments. The magic so far as the (non-)taxpayer was concerned, came from following through a sequence of transactions which, in economic terms, achieved little or nothing, but which, on a step-by-step application of the capital gains tax legislation, created a non-chargeable gain and an allowable loss. The allowable loss could then be set off against the "real" gain the existence of which had led the taxpayer to purchase the scheme in the first place. Lord Wilberforce in the *Ramsay* case[61] memorably described the effect:

---

[58] [1936] AC 1, 19. The general approach represented by the *Westminster* decision, of taxing transactions according to their formal legal structure, rather than their substance, has repeatedly been stated by the House of Lords to have survived the development of the new approach. That must be at best doubtful if Lord Hoffmann's analysis in *MacNiven* becomes accepted.

[59] Subject to principles of construction designed to deal with ambiguity or absurdity: see Lord Donovan's speech in *Mangin, supra*, note 26; and, more recently, *Pepper v. Hart* [1993] AC 593.

[60] The notion of the sham will not be explored in any detail here. Suffice it to say that the *Ramsay* principle has been developed against the background of a narrow sham doctrine, virtually amounting to a finding of fraud: see Diplock LJ in *Snook* v. *London and West Riding Investments Ltd* [1967] 2 QB 786, 802C-D: "it means acts done or documents executed by the parties to the 'sham' which are intended by them to give to third parties or to the court the appearance of creating between the parties legal rights and obligations different from the actual legal rights and obligations (if any) which the parties intend to create". Transactions which have fallen foul of the new approach, on the other hand, have been those where the citizen clearly wished the expressed effect to be given to particular stages, precisely so as to secure the detailed tax treatment sought. For further analysis of the sham concept, see McFarlane and Simpson, *supra*, note 11.

[61] In fact two conjoined appeals heard and decided together: *WT Ramsay v. Inland Revenue Commissioners*; *Eilbeck v. Rawling* [1982] AC 300.

"In each case we have a taxpayer who has realised an ascertained and quantified gain: in *Ramsay*, £187,977, in *Rawling*, £355,094. He is then advised to consult specialists willing to provide, for a fee, a preconceived and ready made plan designed to produce an equivalent allowable loss. The taxpayer merely has to state the figure involved, i.e. the amount of the gain he desires to counteract, and the necessary particulars are inserted into the scheme.

The scheme consists, as do others which have come to the notice of the courts, of a number of steps to be carried out, documents to be executed, payments to be made, according to a timetable, in each case rapid: see the attractive description by Buckley L.J. in *Rawling* [1980] 2 All ER 12, 16. In each case two assets appear, like particles in a gas chamber with opposite charges, one of which is used to create the loss, the other of which gives rise to an equivalent gain which prevents the taxpayer from supporting any real loss, and which gain is intended not to be taxable[62]. Like the particles, these assets have a very short life. Having served their purpose they cancel each other out and disappear. At the end of the series of operations, the taxpayer's financial position is precisely as it was at the beginning, except that he has paid a fee, and certain expenses, to the promoter of the scheme."[63]

Given the perceived need to formulate the new approach in terms of statutory construction, or perhaps, more accurately, statutory application to appropriately characterised facts, the first move taken to frustrate the effectiveness of such schemes was to collapse a staged series of transactions into a single step for tax purposes. The legislation was then applied to the entire scheme as one potentially taxable disposal, giving rise however to no gain or loss at all, such that no question arose as to whether interim gains or losses should be regarded as chargeable or allowable. Lord Wilberforce reasoned as follows:

"If it can be seen that a document or transaction was intended to have effect as part of a nexus or series of transactions, or as an ingredient of a wider transaction intended as a whole, there is nothing ... to prevent it being so regarded ... It is the task of the court to ascertain the legal nature of any transaction to which it is sought to attach a tax or a tax consequence and if that emerges from a series or combination of transactions, intended to operate as such, it is that series or combination which may be regarded."[64]

Such an analysis can be understood as no more than the transaction characterisation inevitably required to identify the proper legal analysis of the taxpayer's actions before the statutory language can be applied to the facts[65]. In terms of the three possible approaches identified in section I above, this is an

[62] In *Ramsay*, on two loans made with money borrowed to enable the scheme to take place. Value was shifted from one loan to the other by means of a one-off change of interest rate. In *Eilbeck*, the taxpayer shifted value from a purchased interest in settled property to an interest in another settlement which had not been purchased, and so was exempt from capital gains tax.

[63] At 322-3.

[64] At 323-4.

[65] A process that we tend to think of as part of private law, although clearly similar processes are involved when we characterise the actions of a body subject to public law as, say, *Wednesbury* unreasonable. Difficulties of characterisation have perhaps been most carefully studied in the context of the conflicts of laws, and also arise particularly directly when limitation statutes are applied.

example of the third[66]. The House of Lords has simply clarified whether the facts before them count as a "disposal" for the purposes of capital gains tax, a process involving characterising the facts and interpreting the meaning of the relevant statutory terms. Reassuringly conventional though this may sound, there are risks of doing these two things at once. First, judges might be tempted to reach an untenable view of the facts in order to combat a particularly objectionable scheme; and secondly – and perhaps more dangerously – judges might be tempted to stretch key legal elements of the taxing regime beyond their coherent conceptual bounds. Accordingly, Lord Wilberforce was careful to confine his reasoning to the precise facts of these extraordinary "off-the-peg" schemes. In each case, the manufactured loss was dependent upon the corresponding gain (which it was the aim of the scheme to insure was not, if looked at alone, a chargeable gain): "[t]he one could not occur without the other"[67]; "[t]he loss could not be incurred without the gain..."[68]. The transactions were self-cancelling in this very precise sense; and it was this *interdependence* which was offered as the justification for applying the legislative terms to the scheme as a whole. Of *Ramsay*, "[t]he true view, regarding the scheme as a whole, is to find that there was neither gain nor loss, and I so conclude"[69]; of *Eilbeck*, "[t]he only conclusion, one which is alone consistent with the intentions of the parties, and with the documents regarded as interdependent, is to find that ... there was neither gain nor loss and I so conclude"[70].

Notwithstanding Lord Wilberforce's narrowly expressed principle, a wider range of schemes could be targeted if reliance were placed, not upon the criterion of factual interdependence, but instead upon the fact of schemes being planned to take place as a single whole (that is, their being *preordained*) by a single controlling will with a view to avoiding tax. In the *Burmah Oil* case[71], the House of Lords relied crucially upon this element of control, rather than the narrower triggering indication of inter-connectedness. Lord Fraser accepted that the transactions involved had to be regarded as two or more distinct series. Particular elements need not have been followed by others, and so specific findings of interdependence were simply not possible. Nevertheless, the presence of a controlling will seeking to take advantage of the details of the legislative regime was enough to justify the application of the new approach.

"... the reality was that the decision had already been taken to carry it through to completion, and that was unquestionably the intention of the directors in this case, just as it was the intention of all parties concerned in *Ramsay*."[72]

In targeting series of transactions which the taxpayer concerned regarded as a whole, and which were entered into with a view to avoiding tax, the House of Lords certainly extended the ambit of the new principle. But it arguably also

---

[66] See text preceding note 19 above.
[67] In respect of the *Ramsay* appeal, at 328D.
[68] In respect of the *Eilbeck* appeal, at 332C.
[69] At 328F.
[70] At 332E.
[71] *Inland Revenue Commissioners v. Burmah Oil Co Ltd* [1981] 54 TC 200, in which the scheme involved substituting equity (a chargeable asset) for simple debt (a non-chargeable asset).
[72] [1981] 54 TC 200, 220A.

changed its basis. In terms of the three possible accounts of the principle set out in section I above[73], the approach moved away from the third possibility (of clarifying the legal meaning of statutory terms such as "disposal") towards the second, an approach based upon regulating the conduct of citizens by "denaturing" particular elements of transactions for tax purposes. This move was later characterised by Lord Oliver as "the further ingredient" from the *Burmah Oil* case. As well as the court being "entitled to look at the composite transaction as a single transaction having a single legal result":

"[t]his establishes the further proposition that if you find ... a step inserted which has no other purpose than that of avoiding or minimising a liability to tax which, without that step, would be attracted by the transactions, you are entitled for fiscal purposes to ignore that step in assessing what is the true legal result of the series taken as a whole."[74]

Understanding the significance of this move is not straightforward. In terms of the schemes coming before the courts at the time, it enabled tailor-made, as well as off-the-peg, schemes to be targeted. In cases such as *Burmah Oil*, and indeed *Furniss v. Dawson*[75], the avoidance steps within the transactions concerned were not self-contained, but were embedded within otherwise genuine transactions[76]. In such circumstances it is simply not possible to combat the scheme by means of the same, limited "private law" technique of transaction construction made use of by Lord Wilberforce. It will always be possible for well-advised taxpayers to interweave schemed elements within a complex series of transactions in such a way as to prevent their collapse for the purpose of a true legal analysis capable of holding good for all purposes[77]. To prevent the intellectual coherence of our legal categories becoming unacceptably stretched, this inevitably led to the acceptance that the legal analysis required by the new principle need not hold good for all purposes[78], but only for the purpose of applying the taxing statute concerned. Thus, as mentioned at the outset of this paper[79], the fact that the tax avoidance element was ineffective on the facts of *Furniss v. Dawson* did not prevent the successful transfer of shares in the family company to a third party. But even this concession leaves the possibility of

---

[73] See text preceding note 19 above.

[74] *Craven v. White* [1989] AC 398, 514 B-C.

[75] [1984] AC 474: see further below.

[76] In *Burmah*, the refinancing of a bad debt; in *Furniss*, a disposal of shares.

[77] The best example of a scheme which successfully defeated all attempts to apply the *Ramsay* principle is *Fitzwilliam (Countess) v. Inland Revenue Commissioners* [1993] 1 WLR 1189. But see, too, the different analyses of Millett J. at first instance and the House of Lords in *Ensign Tankers (Leasing) Ltd. v. Stokes* [1992] 1 AC 655; and the difficulties in *Whittles v. Uniholdings Ltd (No. 3)* [1996] STC 614 and *Pigott v. Staines Investment Co Ltd* [1995] STC 114.

[78] Which was not clear from the *Ramsay* case itself. As this transition from an analysis holding good for all purposes towards one holding only for an analysis of the tax position has taken place there has been considerable confusion in the decided cases. Some judges have proceeded simply by ignoring the fiscally motivated steps (for example *Burmah Oil*, *McGuckian* and *Hatton*); in other cases the existence of enduring proprietary consequences has been seen as an insuperable difficulty to an application of the legislation to the facts with the inserted steps ignored (as, for example, in *Craven*, *Fitzwilliam*, *Pigott*, and *Whittles*). Full references to each of these cases are in note 14 above, and see further McFarlane and Simpson, *supra*, note 11, especially at 153-157.

[79] See text to note 5 above.

problems of coherence just within the tax system. Even on the relatively straightforward facts of *Furniss*[80], there was disagreement between the first instance judge, the Court of Appeal and the House of Lords as to whether the effect of an application of the new approach would in time lead to the taxpayer being subjected to a second tax charge in respect of the same gain[81]. Something else therefore appears necessary if real sense is to be made of the new principle in a manner that does not create more difficulties than it solves. The suggestion to be made in the concluding section of this paper is that a more helpful analysis can be arrived at if more attention is payed to the distinct analytical techniques of public and private law.

A different problem which emerged within the principle at this stage in its development is that the triggering requirements for fiscal nullity became ever more precisely defined. Of course, by making them so, the judges could claim to be complying more closely with orthodox precepts of the rule of law; but the risk of authoritative descriptions such as that of Lord Brightman in *Furniss v. Dawson*, is that they become ever more straightforward for taxpayers to manouevre around[82]:

"First, there must be a preordained series of transactions; or, if one likes, one single composite transaction. This composite transaction may or may not include the achievement of a legitimate commercial (i.e. business) end ... Secondly, there must be steps inserted which have no commercial (business) *purpose* apart from the avoidance of a liability to tax – not "no business *effect*". If those two ingredients exist, the inserted steps are to be disregarded for fiscal purposes."[83]

Thus, in cases such as *Craven v. White*[84], interruptions in the timetable of staged transactions were held to prevent the necessary finding of "preordainment". And it is easy to envisage the difficulties of deciding just how much of a non-avoidance purpose will be sufficient to prevent an application of the principle. A precise, almost statutory, formulation of this non-statutory complement to our tax law, may therefore better comply with a narrow conception of the rule of law; but at the risk of becoming no different from any other detailed, legislative charging provision, and of failing to achieve the very thing which a general anti-avoidance principle is required to do. That having been said, there is one element of the formulation of the principle following *Burmah Oil* and *Furniss* which seems to go beyond a narrow understanding of the rule of law, and this is that it calls for an examination of the taxpayer's *purposes* or *motives*. Although there have been frequent statements in the cases

[80] See note 6 above.

[81] The second to occur when the shares in the exchanging company were ultimately disposed of. Compare Lord Brightman's account at [1984] AC 474, 525 with that of Oliver LJ at [1983] 3 WLR 635, illustrating the difficulty of applying the extended principle in a coherent way amidst the rest of the fiscal regime. For a rather different view of how *Furniss* is to be understood, see Lord Hoffmann in *MacNiven* at [46] to [48].

[82] The formulation is still the leading account of the principle: see, for example, its approval by the House of Lords in *Inland Revenue Commissioners v. McGuckian* at [1997] 1 WLR 991. Lord Hoffmann does, however, seem to have doubted its explanatory force in *MacNiven*.

[83] [1984] AC 474, 527.

[84] [1989] AC 398.

that a motive of tax avoidance does not in itself render a step ineffective for tax purposes[85], following these cases there can be no doubt that such a motivation is at least *part* of what is necessary to trigger the new approach – what else can the disregarding of steps inserted into transactions with no "purpose apart from the avoidance of a liability to tax" be said to involve? The radical nature of this move should not be glossed over. Orthodox, private law characterisation simply does not take account of motive as opposed to direct intention. If the citizen's motives *are* being assessed in the face of the taxing regime, some explanation is required – which will have to come from beyond the confines of orthodox private law analysis – of why it is that it leads to the denaturing (the public lawyer might be tempted to say "quashing") of these "improper" elements within infected transactions[86].

Alongside the development of Lord Brightman's formulation of the principle, Lord Templeman has offered an analysis which seems even more explicitly to recognise that the citizen's motives are being regulated. In his view, the prime concern of the new approach is not to construe transactions and apply statutory words to them, but rather to distinguish between (legitimate) tax mitigation, and (illegitimate) tax avoidance. The distinction was first put forward in the Privy Council in *Commissioner of Inland Revenue v. Challenge Corpn Ltd.*[87], in the context of interpreting a general anti-avoidance provision in New Zealand law. But it has since been employed in the House of Lords, not only by Lord Templeman, but most recently by Lord Nolan in *Inland Revenue Commissioners v. Willoughby*[88]. In *Willoughby*, the context was again one of interpreting a statutory provision, in this case section 741 of the Income and Corporation Taxes Act 1988, which provides an exemption from a charging section[89], itself aimed at countering avoidance mechanisms, such exemption being available if "avoiding liability to taxation was not the purpose or one of the purposes" of the transaction. In that context, Lord Nolan expressed the proposed distinction between types of behaviour as follows:

"The hallmark of tax avoidance is that the taxpayer reduces his liability to tax without incurring the economic consequences that Parliament intended to be suffered by any taxpayer qualifying for such reduction in his tax liability. The hallmark of tax mitigation, on the other hand, is that the taxpayer takes advantage of a fiscally attractive option afforded to him by the tax legislation,

---

[85] See generally *Norglen Ltd v. Reeds Rains Prudential Ltd* [1999] 2 AC 1 and *MacNiven v. Westmoreland Investments Ltd* [2001] 2 WLR 377 at [15] *per* Lord Nicholls: "A genuine discharge of a genuine debt cannot cease to qualify as a payment for the purpose of section 338 by reason only that it was made solely to secure a tax advantage. There is nothing in the language or context of section 338 to suggest that the purpose for which a payment of interest is made is material".

[86] A pleasingly symmetrical account of the principle can be offered in terms of illegitimacy of purpose. A taxpayer's purpose is illegitimate if it conflicts with the underlying purpose of the legislation. See further the consideration of Lord Templeman's analysis below.

[87] [1987] AC 155, (PC). And see the speech of Lord Templeman in *R. v. Inland Revenue Commissioners, ex p. Matrix-Securities Ltd* [1994] 1 WLR 334 and his speeches, and those of Lord Goff, in both *Craven v. White* [1989] AC 398 and *Ensign Tankers (Leasing) Ltd v. Stokes*, [1992] 1 AC 655.

[88] [1997] STC 995.

[89] Income and Corporation Taxes Act 1988, s.739.

and genuinely suffers the economic consequences that Parliament intended to be suffered by those taking advantage of the option."[90]

It is, of course, one thing to *narrow* the meaning of "avoiding liability to taxation" in a particular statutory provision in this way (so as to prevent the application of the provision where taxation has been "mitigated" in the relevant sense rather than "avoided") and quite another to develop a judicial technique of combatting tax avoidance generally. But Lord Templeman clearly thinks that the distinction is capable of operating more widely[91], and it may be that the approach of identifying legitimate and illegitimate *purposes* of the citizen constructing transactions in the face of the fiscal regime, rather than claiming to do no more than apply statutory words to facts, will in the end prove more capable of explaining what it is that the *Ramsay* principle is really about[92]. In Lord Templeman's and Lord Nolan's terms, the illegitimacy is to be identified where parties avoid incurring the economic consequences Parliament intended if a tax advantage were to be secured; in Lord Brightman's terms, the parties' actions are ineffective for tax purposes where steps are inserted into transactions with the sole purpose of tax avoidance.

There are clearly minor differences between these two formulations, but less than the difference between approaches which rely upon taxpayers' motives, and those which specifically resist doing so. Lord Hoffmann's approach in *MacNiven* remains on the other side of the line. So as to avoid examining the taxpayers' motives, his analysis instead returns attention to the statutory language. But, rather than extending our understanding of the legal meaning of terms (the third approach outlined at the outset of this paper), instead the suggestion is that Parliament may have intended a deliberately non-legal meaning. There is no denying the cleverness of this move, which for one thing avoids the risk that our legal concepts may become stretched beyond their proper bounds[93]. It also taps in to the increasing willingness of judges to recognise non-legal expertise in defining the meaning of statutory terms. Allowing specialist tribunals a range of meaning in their application of statutory words will come as no surprise to public lawyers[94], and tax lawyers have had to become used to giving ground to accountants as expert witnesses in the defining of, say, accountancy standards, or the meaning of income and capital[95]. But Lord Hoffmann's move also creates real difficulties as well, and has already been doubted in the Court of Appeal[96]. Certainly it is far from clear that it is capable of accounting for either the

---

[90] [1997] STC 995, 1003-4. Tax avoidance within the meaning of s.741 was therefore a course of action designed to defeat the evident intention of Parliament.

[91] See Templeman, *Tax and the Taxpayer* [2001] LQR 575.

[92] See Oliver, "What is Happening to Relationships between the Individual and the State?", Jowell and Oliver, *The Changing Constitution*, 3rd ed., 1994, 441 at 455, analysing Lord Templeman's account as a contest between autonomy and good citizenship.

[93] See the third danger considered in the text following note 19 above.

[94] See, for example, *R v. MMC, ex p. South Yorkshire Transport Ltd* [1993] 1 WLR 23.

[95] See, for example, *Gallagher v. Jones* [1993] STC 537 and Freedman [1993] BTR 468.

[96] *Barclays Mercantile Business Finance Ltd v. Mawson* [2003] STC 66. See, too, *Collector of stamp Revenue v. Arrowtown Assets Ltd* (FACV No 4 of 2003).

outcome or the reasoning of a case such as *Furniss*[97]. In that case, the legal notion involved ("a disposal") was defined for the relevant purposes in very considerable detail by statutory schedule. The point of "the further ingredient" made use of by the House in *Furniss*[98], was that, if certain steps in the transactions were "nullities" for the purposes of applying the legislation, then the taxpayer would be unable to rely upon those detailed provisions. It is another matter, however, to maintain, in the face of the existence of such detailed, scheduled definitions of the legal concept of a "disposal", that in fact Parliament throughout had an "ordinary" or "commercial" meaning (or, in Lord Hoffmann's words, a "non-juristic" meaning) in mind.

These difficulties will be returned to in the last part of this paper. The root of the distinction, however, between, on the one hand Lord Wilberforce's and Lord Hoffmann's approach, and, on the other, Lord Brightman's and Lord Templeman's, is that the first relies upon the statutory language to bear the strain, whilst the second examines the taxpayer's motives. It seems inescapable, if sense is to be made of the *Ramsay* principle, that we must extend either our notions of statutory construction, or else our ideas of transaction characterisation.

V. – FURTHER INDICATIONS OF REGULATION OF THE TAXED CITIZEN

The final stage before drawing the arguments of this paper together is to point to two other recent indications of an increasing willingness to describe and explain the citizen's role within the taxing state. The first is apparently unrelated to the *Ramsay* principle, and is simply the very notion of *self*-assessment that has already been mentioned. The significance of the rhetoric of self-assessment should, of course, not be exaggerated. It does, however, indicate that not only is the citizen subject to public power, and required to reveal the relevant information and to pay the tax due, but equally, it is the individual who has the information necessary for tax to be gathered effectively, and, when the sums have been done, the resources needed to create the state and enable it to go about its business. The equivocation suggested by the conjunction of "self" and of "assessment" may be very much more revealing than is obvious at first sight.

The second indication is to be found in a particular line of judicial review, as opposed to appeal, cases. The existence of a distinct remedy of judicial review for unfairness (by the Revenue) amounting to an abuse of power has already been mentioned, and is well-known to the public law world from the *Self-Employed* and the *Preston* cases[99]. The significant cases for the purpose of the present argument are those considering the Revenue's position when it has made

[97] See further McFarlane and Simpson, *supra*, note 11.

[98] See Lord Oliver's account in *Craven v. White*, considered at text to note 74 above.

[99] *Supra*, note 51. The *Self-Employed* case is widely known for establishing the correct approach to standing questions following the 1981 reforms to (what was then) Order 53: see Supreme Court Act 1981, s.31(3), and Cane [1981] PL 322.

a representation of some kind towards the citizen[100]. Here the judges have begun to accept that the citizen may have obligations in its dealings with the Revenue, as well as the other way around, and have gone on to describe the extent of those obligations in some detail, and to reach conclusions flowing from the failure to live up to them. Taking the position of the Revenue first, Lord Scarman concluded, in the *Self-Employed* case, "that a legal duty of fairness is owed by the Revenue to the general body of taxpayers"[101]; and Lord Templeman in *Preston* agreed with the submission that "the commissioners must equally owe a duty of fairness to each individual taxpayer"[102]. But it is now clear that the Revenue's duty to act fairly is not "a one-way street"[103]. The citizen, too, has obligations which must be fulfilled before it will be possible to demand reciprocal fairness from the Revenue. Bingham L.J. judged the balance as follows[104]:

"If it is to be successfully said that ... the Revenue has agreed to forgo, or has represented that it will forgo, tax which might arguably be payable on a proper construction of the relevant legislation it would in my judgment be ordinarily necessary for the taxpayer to show that certain conditions had been fulfilled. ... First, it is necessary that the taxpayer should have put all his cards face upwards on the table. This means that he must give full details of the specific transaction on which he seeks the Revenue's ruling, unless it is the same as an earlier transaction on which a ruling has already been given. It means that he must indicate to the Revenue the ruling sought. It is one thing to ask an official of the Revenue whether he shares the taxpayer's view of a legislative provision, quite another to ask whether the Revenue will forgo any claim to tax on any other basis. It means that the taxpayer must make plain that a fully considered ruling is sought. It means, I think, that the taxpayer should indicate the use he intends to make of any ruling given. This is not because the Revenue would wish to favour one class of taxpayers at the expense of another but because knowledge that a ruling is to be publicised in a large and important market could affect the person

---

[100] See Black, "Talking about Regulation", [1998] PL 77 conceptualising regulation in terms of conversations, and briefly considering the relationship between citizen and Board in these terms, at 81 *et seq.*

[101] [1982] AC 617, 652H-653A. The House unanimously allowed the Revenue's appeal against the majority decision of the Court of Appeal that a body of taxpayers had shown a sufficient interest to question the Board's actions in respect of another body of taxpayers, but the decision was clearly influenced by the weakness of the alleged grounds. Lord Diplock in particular left open the possibility of such a challenge on stronger facts, at 644D-H; and see Lord Fraser at 647B, and Lord Scarman at 655A-B.

[102] [1985] AC 835, 864D. The rest of the House agreed with Lord Templeman's speech.

[103] *R. v. Inland Revenue Commissioners, ex p. MFK Underwriting Agents Ltd* [1990] 1 WLR 1545, 1570A, *per* Bingham LJ The Divisional Court was asked to review a decision by the Board to tax an increase in the value of certain securities as income rather than capital, having previously suggested in a press release, and in various items of general correspondence, (but not having given advance clearance of any specific transaction), that such gains would in general be regarded as being capital in nature.

[104] *R. v. Inland Revenue Commissioners, ex p. MFK Underwriting Agents Ltd supra*, 1569C-G. Lord Templeman had suggested something similar in the *Preston* case, at 867G: "[t]he inhibitory effect which the inspector's letter ... would, or might, have had on future Revenue action was lost to the appellant by the fact that [the appellant's letter] did not contain the full disclosure which the inspector had the right to expect and on which he plainly relied".

by whom and the level at which a problem is considered and, indeed, whether it is appropriate to give a ruling at all. Secondly, it is necessary that the ruling or statement relied upon should be clear, unambiguous and devoid of relevant qualification."

The House of Lords returned to the topic in *R. v. Inland Revenue Commissioners, ex p. Matrix-Securities Ltd*[105], and, as well as unanimously endorsing Bingham L.J.'s approach, extended it a little further to include a case where "advance clearance" (that a transaction would be treated in a particular way) had purportedly been given[106]. Lord Jauncey concluded that Bingham L.J.'s requirements had not been complied with[107], and Lord Browne-Wilkinson added:

"In my judgment a failure by the taxpayer to make full disclosure of the material circumstances is not the only case in which, notwithstanding that the Revenue has given an assurance, it will be no abuse of power for the Revenue to go back on the assurance given. Many of the transactions on which advance clearance is sought are extremely complex, both factually and legally. If the Revenue has made it known that in particular categories of transaction advance clearance can only be given effectively at a particular level and clearance is not obtained from that level, there is in my judgment no abuse of power if the Revenue seeks to extract tax on a basis different from that contained in the assurance. If the taxpayer either knows or (by reason of Revenue circulars) ought to have known that a binding clearance can only be obtained in a particular way and a purported clearance has been obtained in a different way, there is nothing unfair if the Revenue says that the purported clearance (being to the knowledge of the taxpayer given without authority) is of no effect and does not bind it."[108]

These cases begin to describe – in some detail it must be said – the obligations incumbent on the citizen who seeks clarification of the fiscal consequences of a planned transaction, or who otherwise relies on representations made on behalf of the Revenue. As at the subsequent stage of self-assessment of transactions once they have been carried into effect, the representation cases recognise the obligations of the citizen to be open and honest when dealing with the taxing machinery. Bingham L.J. referred specifically to the fact that "fairness is not a one-way street. It imports the notion of equitableness, of fair and open dealing, to which the authority is as much entitled as the citizen". The self-assessment structure, and now the cases fleshing out the circumstances when a citizen can rely on an abuse of power by the Revenue, provide ample evidence of an increasing willingness to describe and require a particular standard of behaviour in two distinct circumstances. The first, government led, bureaucratic in effect, and of relevance to the citizen at the

---

[105] [1994] 1 WLR 334.

[106] Contrast *R. v. Inland Revenue Commissioners, ex p. MFK Underwriting Agents Ltd*, *supra*, where no advance clearance had been given in respect of any particular transaction.

[107] At 354H-355A: "[t]he proposed sale by the receiver ... was a card of critical importance in the exercise which Matrix asked the Revenue to carry out and was never placed on the table".

[108] The street does still run in both directions. In *R. v. Inland Revenue Commissioners, ex p. Unilever plc.* [1996] 68 TC 205, in a case accepted as wholly exceptional, the Court of Appeal held that the Revenue's sudden reliance on time limits, in circumstances where for more than twenty years it had, in respect of a particular taxpayer, not done so, was so unfair as to amount to an abuse of power.

time of completing a return. The second, judicially led, more substantive in its effect, and of relevance to the citizen at the earlier stage of determining how to transact, rather than at the later stage of reporting on such transactions and their consequences to the Revenue. The *Ramsay* principle seems firmly to belong within these developing schools of thought[109], and again impinges on the citizen at the time of determining how to transact. Whilst its early formulations avoided any general conceptualisation of the citizen's role, more recent formulations may not be so readily constrained.

VI. – IS A NEW "PUBLIC" UNDERSTANDING POSSIBLE OF THE *RAMSAY* PRINCIPLE?

One thing that emerges very starkly from section IV of this paper is the sheer range of explanatory accounts of the *Ramsay* principle which the judges have employed. The most orthodox account insists that all that is taking place is clarification of the real meaning of certain legal concepts – a matter of routine private law analysis. Lord Hoffmann has added to this the possibility that certain statutory terms may bear *non*-legal meanings, around which the taxpayer may find it a little more difficult to manouevre with confidence. More controversially, the principle as expressed and applied in cases such as *Burmah Oil* and *Furniss* appears rather to involve some form of direct regulation of the taxpayer's improper purposes. Lord Templeman clearly thinks that this is what needs to be done, and Lord Steyn's acknowledgement in *McGuckian*[110] that purposive techniques of statutory construction are being used points in the same direction. Certainly this last recognition seems necessary if an examination of the citizen's purposes is to provide the basis for the *Ramsay* approach: there will be no other way to distinguish the legitimate purposes of a taxpayer from the illegitimate, other than by means of an appeal to general legislative intent. The illegitimate purpose of the citizen will then be one which runs contrary to the legislative purpose underlying the particular fiscal regime[111]. That said, there is an *Anisminic*-like strangeness in this appeal to legislative intentions[112], since it must be remembered that, in a case such as *Furniss*, there were detailed statutory provisions[113] relied upon by the taxpayer expressly to exempt the transaction from tax. Lord Steyn's acknowledgement alone may well therefore not in the end

---

[109] As do the news "disclosure" provisions contained in Part 7, Finance Act 2004 requiring "promoters" of "notifiable arrangements" to provide information about them to the Board of Inland Revenue.

[110] See note 17 above.

[111] It is also the case that this analysis will, at least in the face of the existing fiscal regime, profoundly limit the potential ambit of the "new approach". If a clearly ascertainable purpose is not to be found underlying a particular legislative scheme, then the *Ramsay* principle, understood in this sense, can have no application.

[112] In *Anisminic v. Foreign Compensation Commission* [1969] 2 AC 147 the House of Lords rendered a clause that a determination of the Commission "shall not be called in question in any court of law" ineffective, apparently on the basis of Parliamentary intention. See generally, Laws, *Law and Democracy* [1995] PL 72 at 79; Forsyth, *Of Fig Leaves and Fairy Tales* [1996] CLJ 122 and Forsyth (ed.), *Judicial Review and the Constitution*, (2000).

[113] Para 6, Sch. 7 to the Finance Act 1965.

be enough, because it cannot explain the real basis for such "regulation" of the citizen's purposes. Why should it be, when a taxpayer seeks to make use of formal legal construction to avoid, rather than to mitigate, taxation (or enters into composite transactions with steps inserted with no purpose other than to avoid taxation) that an orthodox formal construction is forfeited, and the citizen becomes subject instead to taxation according to the more general charging principles of the legislation, with the fiscally ineffective steps "disregarded"[114]?

This judge-made move towards regulating the conduct of citizens certainly goes beyond anything expressly demanded by the legislation. To that extent, it clearly involves the recognition that there is, after all, *some* common law (in the widest sense of that term) of taxation[115]. And this ought really to come as no surprise. The territory with which judges are required to concern themselves within the modern constitution is not readily constrained, and there is no sound reason why their role should be artificially restricted in the fiscal context. Previous suggestions to the contrary have simply been outflanked[116]. But as well as being a clear instance of a developing common law of taxation, there seem also to be obvious resonances of public law within the *Ramsay* principle. The use of the idea of "fiscal nullity" is the most obvious indication, along with the fact that the taxpayer's conduct is being regulated by reference to notions of illegitimacy of purpose. It seems that the citizen is no longer to be permitted the freedom to enter into transactions in an entirely unrestricted way when dealing with such wealth as is properly due to the state. Once engaged in transactions motivated to avoid tax, in such a way as to frustrate the clear purposes of the legislation, (always assuming that such can be identified[117]), the citizen crosses the line from the sphere within which Laws J. suggested[118] a private conception of the rule of law to be appropriate, to one where a public conception becomes applicable. The former conception, that "you may do anything you choose which the law does not prohibit", is replaced by the proposition that exercises of public power by the citizen are somehow liable to be reviewed by the judges. However, if this understanding is to be at all appropriate, then some explanation is needed of why it is that the citizen has moved from one side of Laws J.'s distinction to the other: why is that a citizen, when acting as a taxpayer, is to be treated as if some form of public agency, and subjected to a "public law critique"[119]?

There seem to be two ways of making this argument. First, one can point to the use by the citizen of a proportion of private wealth which is, in some sense, *already* public. If Parliament has spoken sufficiently clearly as to how this element is to be calculated and collected, then citizens can expect to be regulated by the judges in their dealings with that wealth as it is made over to the state. In

---

[114] See Lord Brightman's formulation, approved by both Lord Steyn and Lord Templeman, at text to note 83, *supra*.
[115] See end of note 26 above.
[116] Such as Article 4, Bill of Rights 1688, broadly construed: see text to note 24 above.
[117] See note 110, *supra*, for this very important self-limitation of the new approach if it is understood in these terms.
[118] *R. v. Somerset County Council, ex p. Fewings* [1995] 1 All ER 513, 524. Laws J.'s decision was affirmed on other grounds by the Court of Appeal: [1995] 3 All ER 20.
[119] See Freedland at note 13, *supra*.

more theoretical terms, this is simply to draw careful distinctions between the peculiarly intertwined roles of citizen and state in the difficult context of taxation, and so to clarify the proper extent of the private and public spheres. Section III of this paper considered various ways in which these roles can be teased out, and stressed the under-appreciated significance of the citizen as *creator* of the state who crucially participates within it by funding its enterprises. It may be that, as theories of citizenship develop to account for the citizen's role in endowing the state in this way, the application of regulatory principles of public law to dealings with this tranche of assets at this foundational stage will not seem exceptional.

The second way to identify a species of public power being exercised by the citizen in such circumstances is to focus on the use made, when crafting avoidance transactions, of the very practice of law itself. The citizen who seeks to take advantage of the purposes underlying a particular fiscal regime (again, always assuming that such underlying purposes can be adequately identified) does so by entering into legally definable transactions, and relies upon the judges to analyse and enforce them in a particular way. But perhaps the power to make use of law in this way can properly be limited in extent because it is itself an exercise of a species of public power. In the same way that there could be no state without taxation, there would equally be no legal system. Although therefore the citizen is in general able to make use of the entrepreneurial freedom that the common law's creativity and enforcement provides, the power to make use of law to frustrate other public purposes may be limited, just as are other instances of public power. On this basis, what is not to be permitted is the use of the public power to transact, and to have those transactions respected and enforced, for improper purposes. Civilian jurisdictions, of course, have already arrived at this view, through notions of *fraus legis*[120] and *l'abus de droit*[121]. But the lacuna in the common law created when it set its face against such notions of abuse of rights more than a century ago[122], is perhaps being filled today by thinking developed within public law across the same century.

Both of these ways of identifying a species of public power have a part to play in a proper elaboration of the public role of the citizenry in funding the state; the central idea being that it is an abuse of public power to use legal analysis artificially to reduce the proper funding of the state. The citizen's conduct when creating the state is accordingly, in effect, to be subject to some level of judicial review. Perhaps this may appear ill-defined, but in many ways it

---

[120] The act of someone *qui salvis verbis legis sententiam ejus circumvenit* (who without infringing the words of the law frustrates its purpose).

[121] A person exercising a right must "do so prudently, with ordinary precautions, without abusing it and without exceeding equitable (*justes*) limits": LL Larombière, *Théorie et pratique des obligations*, 1857, vol. V, p. 692.

[122] For consideration of the civilian notion see Perillo, "Abuse of Rights: a Pervasive Legal Concept" (1995) 27 *Pacific Law Review* 37. For its rejection by the common law, see *The Mayor, Alderman and Burgesses of the London Borough of Bradford v. Pickles* [1895] AC 587 (HL); *Allen v. Flood* [1898] AC 1 (HL). The principle is making some inroads into United Kingdom tax law through the need for a uniform basis of assessment of value added tax throughout the Community: see, for example, *Halifax plc v. Customs and Excise Commissioners* [2002] STC 402.

fits more comfortably with the way tax practitioners and tax-informed judges *feel* about such schemes[123]. There is a widely held professional view that, as things stand, the existing principle has not yet come into line with specialist convictions and intuitions. *Ramsay* was an egregious sort of scheme, which clearly ought not to be allowed to work if the constitutional principles governing our tax system have been properly sorted out; but there is much less certainty whether that is the correct view of *Furniss* or of *MacNiven.* It might be that a straightforward recognition that the citizen's use of public power is being reviewed, such that egregious misuses of power will be "quashed", would actually better accord with what it is that relevant legal specialists feel ought to be taking place. And it would be wrong not to pay attention to specialist perceptions in an area which may only be fully understood by specialists. Certainly the principle appears to need guidance from somewhere, and the judges have not found it straightforward to identify a solution within the orthodox techniques of private law. In terms of transaction construction, Lord Hoffmann has been driven to conclude that our legal concepts are not sufficiently robust for the task. And, so far as orthodox statutory interpretation is concerned, the existing approaches already seem to conclude that what is required must come from beyond the express words of the legislation. If that is so, then the recognition that what is happening is a form of *Wednesbury* review of the citizen's actions, based upon public law elements of fairness and reasonableness, ought not to appear so extraordinary. Over time, one can expect more clearly defined constitutional principles defining the citizen's obligations to emerge from beneath the *Wednesbury* umbrella[124], but reviewing the citizen's actions in unreasonably frustrating the constitution of the state does not seem an unreasonable role for public law. Equally, over time, one can expect that a more principled approach will correspondingly develop in the legislation itself. The state will not be able to expect the judges to identify the proper extent of the citizen's public duties in this area if the legislation itself remains convoluted, unprincipled and obscure.

It is interesting to speculate about the significance of this argument for public law more generally. To begin with, it seems that the *source* of the public power being reviewed here is one of two things, or possibly a combination of the two. It is either simply such proportion of the private assets of the individual as are required to fund the state[125], or it is the common law power to transact in the confidence that the state will recognise and enforce ones actions. There is, of course, nothing to surprise public lawyers in a public power having its source

---

[123] The cases have certainly led to a mixture of bewilderment and opportunism amongst the profession. In its present state of confusion the principle seems likely only to enable the well-advised citizen to use any particular detailed formulation of the new approach so as to avoid a charge: as McBarnet has put it "to use law to avoid law". For McBarnet's empirical studies of tax avoidance, see "Law, policy and legal avoidance", (1988) *Journal of Law and Society* 15(1); "The elusive spirit of the law: formalism and the struggle for legal control" (with Whelan) (1991) 54 MLR 848; "It's not what you do but the way that you do it: tax evasion, tax avoidance, and the boundaries of deviance".

[124] See, further, Simpson [2004] BTR 357, *supra*, note 11.

[125] A source of *dominium* power: see note 56 above.

elsewhere than in a statute[126]. What really marks the power out as a public one, however, is the fact that the state has an interest in the outcome of the litigation beyond simply that of providing the forum of a court to resolve any dispute. The state's role where the private, transacting powers of the citizen alone are in play extends no further than providing an effective legal system in the first place, and, within it, a system for resolving disputes. But where the subjection of the citizen to taxation is being adjudicated upon, the state has a different, and direct, interest in the matter – just as it does in all other instances where the availability of judicial review is appropriate. Sometimes that interest concerns exercises of the state's *imperium*, but on other occasions it is the state's *dominium* that must be reviewed. And the same may hold true where a private actor has responsibility for a tranche of that *dominium* and is unreasonably seeking to frustrate that responsibility[127].

So far as that citizen is concerned, it may perhaps be optimistic to think that this way of analysing the *Ramsay* principle will appeal particularly to either taxpayers or their advisers. But that is no reason for judges not to persevere. Home Secretaries, it seems, do not particularly enjoy being subject to judicial review, and it would be surprising if the wielder of any public power would not prefer to escape its scrutiny where possible. The advantage of the account is that it potentially offers a *justification* for the deployment by the judges of notions of nullity and of improper purposes. One way to account for such intervention may be to loosen the strictures of our techniques of statutory interpretation and transaction construction, but a better way may be to recognise and reflect upon the clear resonances with the well-established jurisdiction of the courts to subject exercises of public power to review.

One final point can be made. Although it may *seem* a necessary prerequisite to a public law analysis of the new approach to identify a "public" aspect to the actions of the citizen in the fiscal context, that need should not be exaggerated. It may be that arguments that the citizen who takes *Ramsay* steps to avoid tax is wielding a species of "public" power will be found unconvincing, and that the powers in play would be better understood as instances of private power. But even if that is so, one returns to where this argument began[128]. It may still be necessary in a legal system whose private law has rejected any civilian notion of abuse of rights, but nevertheless developed the *Ramsay* principle to deal with tax avoidance schemes, to draw upon principles developed within public law, but no longer artificially constrained by their origin, if that new approach of "fiscal nullity" is to be adequately understood.

---

[126] See, most significantly, *Council of Civil Service Unions v. Minister for the Civil Service* [1985] AC 374 and *R v. Panel on Take-overs and Mergers, ex p. Datafin Plc* [1987] QB 815.

[127] A point related to the argument, in cases considering whether private bodies can be subject to judicial review, that they can be where the state would have needed to undertake the task in the absence of a private body doing so: see generally Wade, *Administrative Law*, 8th ed., 2000, ch. 18.

[128] See text to note 12 above.

5

JUDICIAL CONTROL OF CONTRACTUAL DISCRETION

Ewan McKendrick

This essay takes the form of an extended case-note. Its aim is to examine, in the context of one particular decision, the fetters which a court may place upon the exercise of a contractual discretion. The decision to be examined is the decision of the Court of Appeal in *Paragon Finance plc v. Nash and Staunton*[1]. It was there held that a lender's entitlement to vary the interest payable under a contract of loan was subject to an implied term that the rate of interest would not be set dishonestly, for an improper purpose, capriciously or arbitrarily, or in way in which no reasonable mortgagee, acting reasonably would do. The difficulty with the case lies in finding a justification for the importation of what appear to be public law principles into a transaction concluded between two private parties in order to regulate the exercise of a contractual discretion. Does this case herald a much broader role for public law values in the control of a discretion conferred upon a contracting party by a term of the contract[2] or is it a case which will, in future, be confined to its own particular facts? These issues will be explored in more detail after an examination of the facts of the case.

---

[1] [2001] EWCA Civ 1466; [2002] 1 WLR 685. The issue has in fact arisen in a number of recent cases: see, for example, *Esso Petroleum v. Addison* [2003] EWHC 1730 (Comm); *Mallone v. BPB Industries plc* [2002] EWCA Civ 126; [2002] ICR 1045; *Equitable Life Assurance Society v. Hyman* [2002] 1 AC 408; *R v. Royal Borough of Kensington and Chelsea* [2001] EWHC (Admin) 896; *Gan Insurance Co Ltd v. Tai Ping Insurance Co Ltd (No 2)* [2001] EWCA Civ 1047; [2001] 2 All ER (Comm) 299; *Clark v. Nomura International plc* [2000] IRLR 766; *Ludgate Insurance Co Ltd v. Citibank* [1998] LRLR 221 (CA), [1996] LRLR 247 (Waller J); *Hume v. AA Mutual International Insurance Co Ltd* [1996] LRLR 19; *Abu Dhabi National Tanker Co v. Product Star Shipping Co Ltd (The Product Star)* [1993] 1 Lloyd's Rep 397; *Shearson Lehman Hutton Inc v. Maclaine Watson & Co Ltd* [1989] 2 Lloyd's Rep 570 and *The Vainqueur José* [1979] 1 Lloyd's Rep 557. For further discussion see H. Collins, "Discretionary Powers in Contracts", in D Campbell, H Collins and J Wightman (eds), *Implicit Dimensions of Contract*, Hart, 2003, p. 219.

[2] See generally J Beatson, "Public Law Influences in Contract Law", in J Beatson and D Friedmann (eds), *Good Faith and Fault in Contract Law*, OUP, 1995, 263, esp. pp. 266-274.

I. – THE FACTS

The claimant finance company advanced money by way of a loan to the defendants, Mr and Mrs Nash and Mr and Mrs Staunton. The loans were made for the purpose of enabling the defendants to purchase or re-mortgage their respective homes and each loan was secured by a legal charge over the property acquired with the money advanced. Both defendants fell into arrears on their loans. The claimant claimed possession of the houses. The defendants admitted that they were in arrears on the loans but defended the claims for possession on the ground that the rates of interest which they were required to pay under the loan agreements were extortionate credit bargains within the meaning of section 138 of the Consumer Credit Act 1974 and, by their counterclaims, they sought orders that the loan agreements be re-opened under section 139 of that Act[3]. The claimant applied for the defence and counterclaims to be struck out on the ground that they had no real prospects of succeeding at trial. Its applications were heard by Mr Recorder Havelock-Allan Q. C. who struck out the defendants' pleadings in both actions and refused the defendants' applications for permission to amend their defence and counterclaims[4]. The defendants appealed from this decision to the Court of Appeal. They did so on three grounds[5].

First, Mr and Mrs Nash submitted that the claimant had acted in breach of the express terms of the loan agreement in that it had applied different rates of interest to different loan agreements without having any or any sufficient grounds for discriminating in this way against the defendants. Second, both Mr and Mrs Nash and Mrs and Mrs Staunton submitted that there was an implied term in their loan agreements that, "in exercising its discretion to vary interest rates, the claimant was bound to make its judgment fairly, honestly and in good faith, and not arbitrarily, capriciously or unreasonably"[6]. Thirdly, both Mr and Mrs Nash and Mr and Mrs Staunton submitted that the loan agreement was an extortionate credit bargain within the meaning of section 138 of the 1974 Act[7].

The Court of Appeal dismissed the defendants' appeal. It held that Mr and Mrs Nash had no prospect of success with their submission that the claimant had breached an express term of the loan agreement and so refused permission to make an amendment to the pleadings in order to enable Mr and Mrs Nash to advance such a submission. More difficult was the issue relating to the implication of a term into the contracts of loan. The Court of Appeal held that a term was to be implied into the loan agreements but nevertheless held that, on the facts, the term did not provide the defendants with a defence to the claims brought against them by the claimant on the ground that the defendants had no

---

[3] [2001] EWCA 1466; [2002] I WLR 685, 687.

[4] The decision of Mr Recorder Havelock-Allan AC is unreported.

[5] Although not all grounds were common to both defendants.

[6] [2001] EWCA Civ 1466; [2002] 1 WLR 685 at [11].

[7] Mr and Mrs Staunton also submitted that the loan agreement grossly contravened ordinary principles of fair dealing and was therefore extortionate within the meaning of section 138(1)(b) of the Consumer Credit Act 1974 on the ground that the claimant did not sufficiently explain the effect of the stabilised rate facility. It is not necessary to enter into the merits of this submission for the purposes of this essay.

real prospect of being able to prove at trial that the claimant had acted in breach of the implied term. Finally, the Court of Appeal held that subsequent changes in the rate of interest payable by the defendants were not relevant to the question whether the credit bargains were extortionate within the meaning of section 138 of the 1974 Act. This being the case, the Act did not provide the defendants with a real prospect of success and so the Court of Appeal did not give permission to make the amendment.

The principal concern of this essay is with the second submission advanced on behalf of the defendants, namely that a term ought to be implied into the contract in order to place a limit on the ability of the lender to vary the interest rate payable by the defendants. The most significant findings of the Court of Appeal relate to the existence of the term and its scope[8]. Before examining these issues, it is necessary to deal with three preliminary issues. The first relates to the nature of the difficulty which confronted the Court of Appeal on the facts of the case; the second concerns the basis upon which the courts imply terms into contracts, while the third examines the options available to the court on the facts of *Paragon Finance.*

II. – THE NATURE OF THE PROBLEM

One of the problems which confronted the Court of Appeal in *Paragon Finance* is that English law does not directly confer upon courts a power to regulate the exercise of a contractual discretion. Thus English contract law does not recognise a doctrine of abuse of rights. Nor does it recognise the existence of a doctrine to the effect that contractual rights must be exercised reasonably. Yet it would be a mistake to conclude that the courts have no power to regulate the exercise of a contractual discretion. As we shall see, there have always been some controls which the courts can invoke. But it would probably be true to say that the starting point is that, in principle, a party can exercise his contractual rights (including here a discretion) as he sees fit. The point was well put by Brooke LJ in *Ludgate Insurance Co Ltd v Citibank NA*[9] when he stated:

> "It is very well established that the circumstances in which a court will interfere with the exercise by a party to a contract of a contractual discretion given to it by another party are extremely limited ... provided that the discretion is exercised honestly and in good faith for the purposes for which it was conferred, and provided also that it was a true exercise of discretion in the sense that it was not capricious or arbitrary or so outrageous in its defiance of reason that it can properly be categorised as perverse, the courts will not intervene."[10]

[8] That is to say, the significance of the fact that the Court of Appeal decided to imply such a term exceeds the significance of the fact that the court decided that there had been no breach of the term on the facts of the case. That said, the significance of the finding that there had been no breach should not be under-estimated; in particular, the latter finding demonstrates that it is permissible to have regard to, and even give priority to, self-interest in the exercise of a discretion.

[9] [1998] LRLR 221.

[10] *Ibid.*, at [35].

It can be seen that this statement does not deny the existence of a judicial power to regulate the exercise of a contractual discretion. On the contrary, it recognises the existence of such a power, albeit that its scope is limited.

The difficulty which confronts the courts is that their power to regulate the exercise of a contractual discretion lacks an obvious jurisprudential basis. The absence of a secure legal basis makes the outcome of the cases somewhat unpredictable. There are a number of possible outcomes. The principal possible outcomes are as follows:

(a) the court could conclude that the width of the discretion conferred upon one party by the contract is so broad that the clause (or possibly the contract itself) is not binding on the parties;

(b) the court could conclude that it has no power to place a limit on the exercise of a contractual discretion so that the party exercising the discretion can do so as he sees fit;

(c) the court could, through the process of interpretation of the clause containing the discretion, cut down or limit the scope of the discretion so conferred;

(d) the court could imply a term into the contract, the effect of which term is to limit the scope of the discretion so conferred; or

(e) the court could make use of public law controls for the purpose of restricting the scope of the discretion conferred upon one party.

We shall not explore the first of these options in any detail in this essay. There are cases which stand as authority for the proposition that the existence of a broad discretion may be incompatible with the existence of a valid, binding contract[11]. But courts are likely to be reluctant to invoke these cases. The conclusion that no contract has in fact been concluded between the parties is frequently a commercially unattractive option, particularly in the case where the parties have acted for a period of time on the basis that a contract has in fact been concluded between the parties. We shall examine the last option at the end of this essay. The focus of this essay will be upon the fourth option, given that it was the one that was invoked by the Court of Appeal in *Paragon Finance.*

III. – The implication of terms

Implied terms are customarily divided into two categories, namely terms implied in law and terms implied in fact[12]. The distinction between the two categories is not water-tight[13], but can be expressed as follows. A term is implied in fact when it is implied into the contract in order to give effect to what is deemed by the court to be the unexpressed intention of the parties. A term implied in fact is

[11] See, for example, *Taylor v. Brewer* [1813] 1 M & S 290, in which a promise to pay "such remuneration ... as should be deemed right" was held not to give rise to a right to payment. Cf. *Powell v. Braun*, [1954] 1 All ER 484. See more generally, *Chitty on Contracts*, 29th ed., 2004, para 2-169.

[12] See generally E McKendrick, *Contract Law Text, Cases and Materials*, OUP, 2nd ed, 2005, Chapter 10.

[13] Indeed, it is not altogether clear whether the term implied in *Paragon Finance* was a term implied in law or a term implied in fact. It was probably a term implied in law. See further, pp. 195-196 below.

generally, but not necessarily, specific to the particular transaction between the parties to the litigation. By contrast, a term implied in law is of more general application. Terms implied in law "are those terms that are consistently implied into all contracts of a particular type because of the nature of the contract, rather than the supposed intention of the parties"[14]. Examples of terms implied in law can be seen in cases involving employment contracts[15] and contracts between landlords and their tenants[16].

The principal significance of the distinction between terms implied in law and terms implied in fact lies in the test applied by the court when deciding whether or not to imply a term into the contract. The difference between the two tests is not easy to state. The cause of this difficulty is the courts' insistence that the test to be applied in both cases is one based on "necessity" rather than "reasonableness"[17]. In other words, it does not suffice for the party seeking to imply a term into a contract to show that the term sought to be implied is a reasonable one; it is necessary to go further and show that it is "necessary" to imply the term into the contract in order to make the contract work or to give effect to the intentions of both parties[18]. This test is generally applied strictly in the case of terms implied in fact because it has to be demonstrated that, on the facts of the individual case, it is necessary to imply the term into the contract in order to give effect to the intention of the parties. But when we turn to terms implied in law, the approach adopted by the courts is slightly more relaxed in that, as Lord Bridge acknowledged in *Scally v. Southern Health and Social Services Board*[19], the search for a term which the law will imply as a necessary incident of a definable category of contractual relationship is based on "wider considerations"[20] than simply necessity. No attempt has been made to define these "wider considerations". But it should not be thought that they give to the courts *carte blanche* to imply a term into a contract whenever they deem it appropriate to do so. As Lord Bingham observed in *Philips Electronique Grand Publique SA v. British Sky Broadcasting Ltd*[21] "it is because the implication of terms is so potentially intrusive that the law imposes strict constraints on the exercise of this extraordinary power"[22]. That is to say, the courts continue to adopt a cautious approach towards the implication of terms into a contract, but they can take account of matters such as the desirability or appropriateness of the term sought to be implied when deciding whether or not it is "necessary" to imply the term into the contract.

---

[14] E Peden, "Policy Concerns Behind Implication of Terms in Law" (2001) 117, *LQR*, 459.

[15] See, for example, *Scally v. Southern Health and Social Services Board* [1992] 1 AC 294; *Mahmud v. Bank of Credit and Commerce International SA* [1998] AC 20.

[16] *Liverpool City Council v. Irwin* [1977] AC 239.

[17] *Liverpool City Council v. Irwin* [1977] AC 239.

[18] See, for example, *The Moorcock*, (1889) 14 PD 64; *Reigate v. Union Manufacturing Co (Ramsbottom) Ltd* [1918] 1 KB 592, 605 and *Shirlaw v. Southern Foundries (1926) Ltd* [1939] 2 KB 206, 227.

[19] [1992] 1 AC 294.

[20] *Ibid.*, at p. 306.

[21] [1995] EMLR 472.

[22] *Ibid.*, at p. 481.

IV. – THE OPTIONS

The final preliminary matter relates to the options open to the Court of Appeal on the facts of *Paragon Finance*. There were a number of options open to them. The first was to conclude that the law did not impose any constraints upon the exercise of the lender's discretion and instead leave any "control" upon the exercise of the discretion to the market place. In other words, the market will control any abuses by a lender. The basis for this submission is that a borrower who is subject to an exorbitant rate of interest can borrow money from another lender and then pay off the loan that now attracts exorbitant rates. A lender who charges a very high rate of interest will thus find itself priced out of the market. While neat in theory, it may not work in practice. The borrower may be locked into the transaction or only able to exit it on payment of a substantial sum of money by way of a "penalty" for early redemption of the loan. The market is thus an imperfect regulator and the Court of Appeal rightly refused to leave the borrowers to the vagaries of the market.

The second option was to look to statute in order to control the exercise of the lender's discretion. Two possible sources of control present themselves. The first was considered by the Court of Appeal, while the second was not. The first is to be found in the Consumer Credit Act 1974 which confers upon the courts extensive powers to regulate consumer credit agreements, in particular "extortionate credit bargains"[23]. The Court of Appeal considered the relevant provisions of this Act in some detail and it is not necessary to rehearse these arguments for the purposes of this essay. It suffices to note that the Court of Appeal concluded that, in deciding whether or not a credit bargain is "extortionate" under the Act, the court must have regard to factors present at the time when the credit bargain was made and that subsequent changes in interest rates were therefore irrelevant to the question whether or not a credit bargain was extortionate[24]. It followed that the borrowers were not entitled to protection under the 1974 Act. A second potential source of statutory control was the Unfair Terms in Consumer Contracts Regulations 1999[25], enacted in implementation of the EC Directive on Unfair Terms in Consumer Contracts[26]. The 1999 Regulations were first enacted in the form of the Unfair Terms in Consumer Contracts

---

[23] See sections 137-139 of the Act.

[24] The correctness of the decision was subsequently challenged in the Court of Appeal in *Broadwick Financial Services Ltd v. Spencer* [2002] EWCA Civ 35 but the Court of Appeal affirmed the decision in *Paragon Finance*. Dyson LJ did, however, enter one qualification. He stated (para [56]) that the existence of a discretionary variation of rate clause can be relevant to the question whether a credit bargain is extortionate. In particular, such a clause has "the *potential* to make the bargain extremely burdensome for the borrower if a wide gap opens up between the interest rates payable under the bargain and the market rates prevailing from time to time". So, if the lender has a policy of operating the clause in a certain way or of not operating the clause at all whether market rates go up or down, then ordinary principles of fair dealing require the lender to inform the borrower of that policy before the bargain is made.

[25] SI 1999 No. 3159.

[26] 93/113/EC.

Regulations 1994[27]. But neither the 1994 nor the 1999 Regulations were in force at the time that the contracts were concluded in *Paragon Finance.* Mr and Mrs Nash entered into their contract with the defendants on 30 March 1987, while Mr and Mrs Staunton entered into their contract on 21 December 1990. The Unfair Terms in Consumer Contracts Regulations only apply to contracts made after 1 July 1995. So the reason for the fact that no reliance was placed on the Regulations was that they were not applicable on the facts of the case. Nevertheless, were the facts of the case to recur today, the Regulations would be applicable and could potentially be applied in order to place a limit on the exercise of a discretion by a lender in the case where the borrower is a consumer. Thus it has been held that the Regulations can apply to price variation and price escalation clauses[28] and therefore, presumably, can also apply to clauses which entitle the lender to vary the rate of interest payable.

Given that statute did not provide the borrowers with any protection, what was the response of the common law? One potential response was that it did not provide the borrowers with any relief: statute was the sole source of protection. On this view statute creates an exclusive code with the result that the borrower who cannot avail himself or herself of statutory protection is entitled to no other protection. He or she falls back on the common law with its laissez-faire foundation. This is not an entirely satisfactory solution because it leaves the borrower in an extremely vulnerable position in the event that his or her case falls outside the scope of the statutory regime. On the other hand, this approach has the virtue of clarity: it is tough law but it is clear law. But the common law is not necessarily powerless. There were various possibilities open to the Court of Appeal. The option used by the court was the implied term. But there were at least three other options possibly open to them. It is important to canvass these options briefly before turning to the implied term technique.

The first option related to the construction or interpretation of the clause which entitled the lender to vary the rate of interest payable. The rules relating to the interpretation of contracts have recently been re-stated by the House of Lords in *Investors Compensation Scheme Ltd v. West Bromwich Building Society*[29]. The effect of this re-statement has been principally to widen the range of materials to which the court can have regard when interpreting a contract[30] and to emphasise the fact that a court is not required to adopt a literal interpretation of the words used by the parties where, to do so, would not give effect to the

[27] SI 1994 No. 2083. The 1994 Regulations were revoked by the 1999 Regulations. The latter regulations came into force on 1 October 1999.

[28] *Falco Finance Ltd v. Gough*, (28 October 1998, Macclesfield County Court); *Director General of Fair Trading v. First National Bank* [2001] UKHL 52; [2002] 1 AC 481, at [34] ; cf *Kindlance v. Murphy* (1997, High Court of Northern Ireland).

[29] [1998] 1 WLR 896, 912-913. See also *Bank of Credit and Commerce International SA v. Ali* [2001] UKHL 8; [2002] 1 AC 251 at [39], *Lord Napier and Ettrick v. R F Kershaw Ltd* [1999] 1 WLR 756, 763; *Total Gas Marketing Ltd v. Arco British Ltd* [1998] 2 Lloyd's Rep 209, 221; *Mannai Investment Co Ltd v. Eagle Star Life Assurance Co Ltd* [1997] AC 749, 770 and *Deutsche Genossenschaftsbank v. Burnhope* [1995] 1 WLR 1580, 1589.

[30] The so-called "matrix of fact". However it is important to point out that English law is still more conservative than many other legal systems in that evidence of pre-contractual negotiations and of conduct subsequent to the making of the contract remain generally inadmissible.

intention of the parties. The emphasis is thus moving towards the adoption of a "commercially sensible" construction of the terms of the contract[31]. Clause 3.3 of the claimant's standard conditions was in the following terms:

> "Interest shall be charged at such rate as the company shall from time to time apply to the category of business to which the company shall consider the mortgage belongs and may accordingly be increased or decreased by the company at any time and with effect from such date or dates as the company shall determine provided that the company will take such steps as it considers to be reasonable and appropriate to bring any such increase or decrease to the attention of the borrower and further provided that without prejudice to the generality of the foregoing either written notice given in accordance with the provisions in that behalf hereinafter contained or publication of such notice in at least two national daily newspapers shall constitute reasonable and appropriate notice for the purposes of this clause…"

On behalf of Mrs and Mrs Nash it was submitted that the claimant had breached clause 3.3 in that

> "the claimants applied different rates of interest to the defendants' loan from those which were applied to later borrowers falling within the same category of business as did the defendants without having any or any sufficient grounds for discriminating in this way against the defendants."[32]

The Court of Appeal concluded that there had been no breach of clause 3.3. The phrase "category of business" used in clause 3.3 was not a "term of art"[33], nor was it defined. Further a subjective element was to be found in the clause in so far as it referred to a category "to which the company shall consider the mortgage belongs". While the defendants could show that the rate of interest which they paid compared unfavourably with blue chip borrowers or subsequent borrowers (when the claimant offered more competitive rates of interest in order to attract new customers) this did not of itself establish a breach of clause 3.3. The clause did not oblige the claimant to charge the same rate of interest to all borrowers[34]. Further, the defendants' submission ignored the fact "that the clause defines the category of business by reference to the opinion of the claimant"[35]. Finally Dyson L.J. stated that the submission made on behalf of the defendants involved the

[31] See generally G. McMeel, "The Rise of Commercial Construction in Contract Law", (1998) *LMCLQ*, 382.

[32] [2001] EWCA Civ 1466; [2002] 1 WLR 685 at [13].

[33] *Ibid.*, at [16].

[34] The courts have thus far refused to imply a term into a contract the effect of which is to prohibit discrimination in the exercise of a contractual discretion. In *Shell UK Ltd v. Lostock Garage Ltd* [1977] 1 All ER 481, 486-488 Lord Denning refused to imply a term into the contract between Shell and a garage owner that Shell would not "abnormally discriminate" against the buyer/lessee. But Bridge LJ (at p. 494) was prepared to countenance the implication of a term to the effect that Shell would not discriminate against the garage "if the effect of the discrimination is, so long as it continues, such as to render it commercially impracticable for Lostock to continue to trade on the express contractual terms". The latter dicta was invoked by Moore-Bick J. in *Esso Petroleum v Addison*, [2003] EWHC 1730 (Comm).at [145] – [149].

[35] [2001] EWCA Civ 1466; [2002] I WLR 685 at [17].

> "proposition that the claimant would have agreed to charge the same rate of interest to all borrowers who had granted first charges on residential property regardless of the other terms of the loan, the credit rating of the borrower and matters of that kind. That is a most unlikely commercial arrangement which I would not impute to the claimant without clear express words."[36]

It is interesting to note that the Court of Appeal did not attempt, via the interpretative process, to place a limit on the discretion of the claimant in relation to its definition of a 'category of business.' Cases can be found in which the courts have done this, particularly where words such as 'reasonable belief' have been used in the clause which purports to confer a discretion upon a contracting party.[37] In *Skidmore v. Dartford & Gravesham NHS Trust*[38] Lord Steyn referred to

> "decided cases where the court interpreted a contractual term dependent on the exercise of the will of one party as by implication restricted to a decision taken in good faith and on reasonable grounds, eg a clause entrusting a decision to the adequacy of performance to the absolute discretion of one party. The foundation of such an implication is to satisfy the reasonable expectations of the parties."[39]

Lord Steyn here mentions both "implication" and "interpretation" without formally distinguishing between the two processes. In other contexts, it may be important to distinguish between the two[40], but here it suffices to point out that both techniques can be employed in pursuit of the same goal, namely to cut down the scope of a discretion apparently conferred upon a contracting party.

The other two options would have involved the Court of Appeal in substantial innovation of the common law and it is therefore not surprising to find that the Court of Appeal did not utilise either of these options. The second option was to invoke a doctrine of good faith and fair dealing in order to place a limit on the ability of the lender to vary the interest rate. The difficulty is the obvious one, namely that English law does not, as yet, recognise the existence of

---

[36] *Ibid.*

[37] See, for example, *Peregrine Fixed Income Ltd v. Robinson Department Store Public Co Ltd*, [2000] CLC 1328.

[38] [2003] UKHL 27; [2003] 3 All ER 292.

[39] *Ibid.*, at [16]. The desire to give effect to the reasonable expectations of the parties has been a consistent theme in the judgments of Lord Steyn. For an extra-judicial expression of his views on the issue see Lord Steyn, "Contract Law: Fulfilling the Reasonable Expectations of Honest Men", (1997) 113, *LQR*, 433. See also the reference to the "reasonable expectations of the parties" in the judgment of Dyson LJ in *Paragon Finance* at [36] and [42]. See further, note 55 below.

[40] Interpretation is concerned to identify the meaning of the words used by the parties to the contract, whereas implication is concerned with gap-filling. The court must first ascertain the meaning of the words used by the parties and, having done that, decide whether or not it is necessary to imply further terms into the contract in order to give effect to the unexpressed intention of the parties. As a general rule, the courts cannot imply a term into a contract which contradicts an express term of the contract. Thus, where a contract term purports to confer an "absolute discretion" upon a party to a contract, the meaning of that phrase is a question of interpretation. Separate from that inquiry is the issue of whether or not it is permissible to imply a term into a contract, the effect of which is to curtail the scope of an express term of the contract. The latter issue is discussed at pp. 206-207 below.

a doctrine of good faith and fair dealing[41]. The third was to invoke a general doctrine of (substantive) unfairness. Once again, we encounter the difficulty that English law recognises no such general doctrine[42]. Rather, it provides piecemeal solutions to particular problems[43] and thus recognises individual doctrines, such as duress[44] and undue influence[45], but no over-arching general principle.

The Court of Appeal chose the safer option of an implied term in order to place a limit on the discretion of the lender. Difficult issues arise in relation to the circumstances in which such a term will be implied into the contract and in relation to the scope of the implied term. We now turn to these issues.

V. – When will such a term be implied into the contract?

The term implied into the contract in *Paragon Finance* was that the rate of interest would not be set dishonestly, for an improper purpose, capriciously or arbitrarily, or in way in which no reasonable mortgagee, acting reasonably would do. When will such a term be implied into a contract of loan and, more generally, in what circumstances will such a term be implied into a contract in order to place a limit on the exercise of a contractual discretion?

One view is that such a term will be implied into all contracts. This is to go too far. In *Esso Petroleum v. Addison*[46] Moore-Bick J. accepted that it was possible to envisage a contract that did not include an implied term, the effect of which was to curtail the exercise of a contractual discretion. Thus he stated that

> "I do not doubt that parties are free to make an agreement under which one of them effectively puts himself in the power of the other in relation to some aspect of the contract – see the comments of Staughton L.J. in *Lombard Tricity Finance Ltd v. Paton* [1989] 1 All ER 918 at page 923 – but it would be an unusual thing to do and I do not think that one should readily accept that it was what the parties intended. In deciding the matter it is, of course, necessary to examine both the language of the contract and its commercial context."[47]

---

[41] [1992] 2 AC 128. English law may yet change. Recent cases appear to adopt a more sympathetic stance towards a good faith obligation (see *Timeload Ltd. v. British Telecommunications plc* [1995] EMLR 459; *Philips Electronique Grand Publique SA v. British Sky Broadcasting Ltd* [1995] EMLR 472; *Balfour Beatty Civil Engineering Ltd. v. Docklands Light Railway Ltd* (1996) 78 BLR 42, 67-68; and *Re Debtors (Nos.4449 and 4450 of 1998)* [1999] 1 All ER (Comm) 149, 157-158) and a doctrine of good faith and fair dealing also enjoys some support from academics and practitioners (see, for example, A. Berg, "Promises to Negotiate in Good Faith" (2003) 119, *LQR*, 357).

[42] *National Westminster Bank plc v. Morgan* [1985] AC 686, 707-708.

[43] *Interfoto Picture Library Ltd v. Stiletto Visual Programmes Ltd* [1989] QB 433, 439. Some of these "individual cases" are discussed in E. McKendrick, *Contract Law Text, Cases and Materials*, 2nd ed. 2005, Chapter 20.

[44] E McKendrick *Contract Law Text, Cases and Materials*, 2nd ed. 2005 Chapter 18.

[45] E McKendrick *Contract Law Text, Cases and Materials*, 2nd ed. 2005 Chapter 19.

[46] [2003] EWHC 1730 (Comm).

[47] *Ibid.*, at [132].

The implication of a term is not therefore an inevitable response. But it is the probable response of the court. Moore-Bick J. explained the reason for this in the following terms:

> "In general people enter into contracts on the understanding that the other party will act honestly and rationally (albeit in his own interests) rather than arbitrarily or capriciously, but whether it is necessary to imply a term to that effect is likely to depend on the nature of the contract and the circumstances in which it is made."[48]

Three points should be noted in relation to the latter statement. The first is that it makes no reference to the concept of reasonableness. It suggests that a party is generally entitled to assume that the other party will exercise his discretion honestly and rationally and not arbitrarily or capriciously. But it stops short of suggesting that a contracting party is entitled to assume that the other party will exercise any discretionary power reasonably. This distinction is borne out by the case-law, which suggests that the courts are more willing to imply a term that a discretion will not be exercised dishonestly, for an improper purpose, arbitrarily or capriciously than they are to imply a term that a discretion will not be exercised unreasonably. Secondly, it suggests that the nature of the contract is an important factor in deciding whether or not a term ought to be implied into the contract. Unfortunately, Moore-Bick J. does not suggest which types of contract are most likely to attract such an implied term. It would appear that employment contracts are particularly likely to attract such an implied term[49] but it has also been implied into contracts between commercial parties, for example a contract of re-insurance[50] and a charterparty[51]. Thirdly, the implication of a term depends, ultimately, on all the facts and circumstances of the case. This dependence upon the facts of the individual case has generated a degree of uncertainty in this area of law, with the consequence that it is no easy task to advise a party upon whom a discretion has been conferred by the terms of a contract as to the extent of the power that has been conferred upon him.

If a term placing a limit on the exercise of a contractual discretion is not to be implied into all contracts, into which contracts will it be implied? The answer depends on whether or not the test for the implication of a term into a contract has been satisfied on the facts of the case. This in turn depends upon whether the term is one implied in law or implied in fact because, as we have seen[52], the test applied in the case of terms implied in law is less stringent than that applicable to terms implied in fact. Was the term implied in *Paragon Finance* a term implied in law or a term implied in fact? The answer is not clear and it would appear that it was not necessary for the Court of Appeal to decide the issue in order to dispose of the appeal, in the sense that, whichever test was applicable to the

---

48 *Ibid.*, at [136].

49 See, for example, *Mallone v. BPB Industries plc* [2002] EWCA Civ 126; [2002] ICR 1045 and *Clark v. Nomura International plc* [2000] IRLR 766.

50 *Gan Insurance Co Ltd v. Tai Ping Insurance Co Ltd (No 2)* [2001] EWCA Civ 1047; [2001] 2 All ER (Comm) 299.

51 *Abu Dhabi National Tanker Co v. Product Star Shipping Co Ltd (The Product Star)* [1993] 1 Lloyd's Rep 397.

52 See pp. 198-199 above.

implied term, it was satisfied on the facts. In some parts of the judgment of Dyson L.J. emphasis is placed upon the intention or expectations of the parties to the litigation[53], thereby suggesting that the term satisfied the test for the implication of a term in fact but, at other points, the judgment appears to deal with issues of more general application, which might suggest that the term was one implied in law[54].

What was the test applied by the Court of Appeal when deciding whether or not to imply a term into the contract? It was a test based on necessity. The difficulty is that it was not strictly necessary to imply such a term into the contracts of loan, in the sense that, while some limit on the power of a lender to vary interest rates is clearly highly desirable, it is possible to envisage a contract of loan without such an implied term. But the test applied by the court was not one of strict necessity. The question which Dyson L.J. asked himself was whether the term was "necessary to give effect to the reasonable expectations of the parties"[55]. This test combines elements of necessity and reasonableness and represents a more relaxed approach to the implication of terms (thereby suggesting that the term was one implied in law rather than fact).

A party seeking to imply a term into a contract in order to place a limit on the exercise of a contractual discretion must therefore show that the term is necessary to give effect to the reasonable expectations of the parties. This should not be a particularly difficult test to satisfy. A problem may, however, arise from the fact that a term will not generally be implied into a contract if the term is inconsistent with an express term of the contract[56]. This proposition may give rise to difficulty in the case where the contract uses words such as "sole discretion" or "absolute discretion". In such a case the implication of a term cutting down the scope of the discretion may be said to be inconsistent with the express words of the contract which purport to confer an absolute discretion on the contracting party. In *Reda Ltd v. Flag*[57] Lord Millett referred to

> "the general principle that an express and unrestricted power cannot in the ordinary way be circumscribed by an implied qualification: see *Nelson v. British Broadcasting Corporation* [1977] IRLR 148 (where it was sought to imply a restriction of location into a contract which contained an unqualified mobility clause). Roskill LJ said at p 151: '... it is a basic principle of contract law that if a contract makes express provision . . . in almost unrestricted language, it is impossible in the same breath to imply into that contract a restriction of the kind that the industrial tribunal sought to do'."[58]

Thus if a contract contains a clause which uses words such as "sole discretion and without cause" a court might find it difficult to imply a term the effect of which is to qualify the apparently unfettered discretion that has been conferred upon one party by a term of the contract. The use of the word "qualification" in

---

[53] See, for example, [2001] EWCA Civ 1466; [2002] 1 WLR 685 at [36].
[54] *Ibid.*, at [39].
[55] *Ibid.*, at [36] and [42].
[56] *BP Refinery (Westernport) Pty Ltd v. Shire of Hastings* [1978] 52 ALJR 20, 26.
[57] [2002] UKPC 38; [2002] IRLR 747.
[58] *Ibid.*, at [45].

the judgment of Lord Millett in *Reda* may prove to be problematic. It is certainly the case that an implied term cannot be inconsistent with an express term of the contract, but there do appear to be cases in which the courts have used an implied term in order to cut down, or qualify, the scope of an express term which appeared to be capable of a wider construction[59]. This is a difficult issue, the resolution of which is beyond the scope of this essay. It suffices for present purposes to note that, in the case where an express term of the contract purports to confer a broad discretion on a party to the contract, the task of implying a term, the effect of which is to regulate the exercise of the discretion, becomes more difficult and the issue for the court becomes one of interpretation of the express term[60] rather than the implication of a term.

VI. – THE SCOPE OF THE IMPLIED TERM

When deciding whether or not to imply a term into a contract, a court will have regard to the scope of the term sought to be implied. The more exacting the term, the more difficult it is likely to be to persuade a court to imply it into the contract. Difficult issues can arise when attempting to formulate the term to be implied into the contract. The term may be capable of expression in different ways, as *Paragon Finance* demonstrates. In the pleadings before the Recorder, the defendants submitted that there was an implied term that the claimant would determine the rate of interest "in line with interest rates being charged from time to time by mortgage lenders within England and Wales to status borrowers"[61] and, alternatively, that there was an implied term that "the interest rate would only vary in accordance with the changes in the interest rate of the Bank of England from time to time"[62]. The Recorder rejected both of these submissions and the defendants did not appeal against his decision on these issues. Further, the defendants submitted that the claimant was bound to exercise its discretion to vary the interest rate "fairly as between both parties to the contract, and not arbitrarily, capriciously or unreasonably"[63]. Once again, the Recorder refused to imply such a term and there was no appeal against that finding either. Before the Court of Appeal the defendants pleaded an implied term as follows:

> "It was an (or a further) implied term of the contract, to be implied into the clause conferring the discretion to vary interest rates referred to at paragraph 3 above being an obvious qualification or to give business efficacy to or to give effect to the reasonable expectation of the parties that that discretion was a discretion which the claimants were bound to exercise fairly honestly and in good faith as between both parties to the contract, and not arbitrarily,

[59] See, for example, *Johnstone v. Bloomsbury Health Authority* [1992] 1 QB 333.
[60] For example, in the case where the term makes reference to the "sole discretion" or the "absolute discretion" of a contracting party an issue may arise as to whether or not the term is to be interpreted literally (so that the exercise of the discretion is in fact unfettered) or whether, as a matter of construction, a limit is to be placed on the scope of the clause (for example, that the discretion cannot be exercised dishonestly, arbitrarily or capriciously).
[61] [2001] EWCA Civ 1466; [2002] 1 WLR 685 at [18].
[62] *Ibid.*
[63] *Ibid.*, at [19].

> capriciously or unreasonably; and that in making a decision or decisions under the said power the claimants would give proper consideration to the matter, taking into account all relevant matters and ignoring irrelevant matters."[64]

The term that was actually implied by the Court of Appeal was phrased as follows by Dyson L.J.: "rates of interest would not be set dishonestly, for an improper purpose, capriciously or arbitrarily"[65]. He rejected the implication of a term that the lender would not set unreasonable rates[66] but acceded to the implication of a term that "a lender will not exercise his discretion in a way that no reasonable lender, acting reasonably, would do"[67]. This implied term can thus be broken down into four components, namely (i) the discretion must be exercised honestly, (ii) it must not be exercised for an improper purpose, (iii) it must not be exercised in an arbitrary or capricious manner and (iv) it must not be exercised in a way that no reasonable contracting party, acting reasonably, would do. These components require separate analysis because some may be more readily implied than others.

(a) dishonestly

The proposition that a contractual discretion must be exercised honestly (or that it cannot be exercised dishonestly) has substantial support in the authorities[68]. In some of the cases a reference to "honesty" is combined with a reference to "good faith" or to *bona fides*[69]. The meaning of good faith in this context is not entirely clear. It seems that good faith and *bona fides* are frequently used simply as a synonym for honesty. Thus in *Weinberger v. Inglis*[70] Lord Buckmaster stated that

> "the honesty of the action is not challenged. The Committee acted bona fide in what they believed to be the discharge of their duties, and that is to my mind the complete and sufficient answer to the whole appeal."[71]

It would appear that a court will readily imply a term to the effect that a discretion will be exercised honestly. Indeed, it is difficult to envisage a court sanctioning the dishonest exercise of a discretion. Further, a court may refuse to give effect to a term which expressly purports to entitle a party to exercise a discretion dishonestly[72].

---

[64] *Ibid.*, at [20].
[65] *Ibid.*, at [36].
[66] *Ibid.*, at [41].
[67] *Ibid.*
[68] See, for example, *Weinberger v. Inglis* [1919] AC 606, 617, 621, 624, 637, 641; *Abu Dhabi National Tanker Co v. Product Star Shipping Co Ltd (The Product Star)* [1993] 1 Lloyd's Rep 397, 404, *Ludgate Insurance Co Ltd v. Citibank NA* [1998] LRLR 221 at [35]; *Paragon Finance plc v. Nash and Staunton* [2001] EWCA Civ 1466; [2002] 1 WLR 685, at [36] and *Mallone v. L. BPB Industries plc* [2002] EWCA Civ 126; [2002] ICR 1045.
[69] See, for example, *Weinberger v. Inglis* [1919] AC 606, 617, 621, 624, 637, 641 and *Abu Dhabi National Tanker Co v. Product Star Shipping Co Ltd (The Product Star)* [1993] 1 Lloyd's Rep 397, 404.
[70] [1919] AC 606.
[71] *Ibid.*, at p. 621.
[72] In this respect it may be possible to draw an analogy with cases concerned with the exclusion of liability for fraud where the courts have refused to conclude that a contract term has the effect of

An issue may also arise in this context as to the meaning of the word "dishonestly". A straightforward case is one in which the discretion is exercised in pursuit of a purpose which is unlawful (for example, in order to discriminate against a person on grounds of their race or sex). A more difficult case is, perhaps, the case in which a false reason is given for the exercise of a contractual discretion. Take a variation of *Paragon Finance.* Interest rates were higher than the norm because the lender was in a difficult financial position. But suppose that the lender decided to increase the interest rate payable and put forward a false reason for doing so. Would this constitute "dishonesty"? There is an obvious argument that it is dishonest: the lender has knowingly given a false reason for increasing the interest rates. On the other hand, there is no general contractual duty to give reasons and, in the absence of such a duty, it may be argued that a lender does not commit a wrong in giving an incorrect reason for the exercise of its discretion. But the fact that the lender is not subject to a duty to give reasons should not provide it with a defence when it chooses to give reasons but does so falsely.

(b) for an improper purpose

The proposition that the discretion must be exercised for the purpose for which it was given can be stated in a positive or a negative form: either the discretion must be exercised for the purpose for which it was given or the discretion must not be exercised for an improper purpose. This proposition, in its positive or its negative form, enjoys some support in the authorities[73]. In *Paragon Finance* Dyson L.J. gave as an example of an "improper reason" a case "where the lender decided that the borrower was a nuisance (but had not been in breach of the terms of the agreement) and, wishing to get rid of him, raised the rate of interest to a level that it knew he could not afford to pay"[74]. The willingness of the court to imply such a term into a contract will depend, in part, upon the meaning to be ascribed to "improper". Where the "improper purpose" is also "arbitrary or capricious" the implication is likely to be relatively straightforward on the basis that people generally enter into contracts "on the understanding that the other party will act ... rationally ... rather than arbitrarily or capriciously"[75]. More difficult is the case where the "impropriety" is alleged to assume a form which is neither arbitrary nor capricious. Provided that it is recognised that a party who acts in pursuit of his own interest does not act for an "improper purpose"[76], and

---

excluding liability for a party's fraud: see generally *HIH Casualty and General Insurance Ltd v. Chase Manhattan Bank* [2003] UKHL 6 [2003] 2 Lloyd's Rep 61.

[73] See, for example, *Equitable Life Assurance Society v. Hyman* [2002] 1 AC 408, 460; *Paragon Finance plc v. Nash and Staunton* [2001] EWCA Civ 1466; [2002] 1 WLR 685 at [36] and *Ludgate Insurance Co Ltd v. Citibank NA* [1998] LRLR 221 at [35].

[74] [2001] EWCA Civ 1466; [2002] 1 WLR 685 at [31].

[75] *Esso Petroleum v. Addison* [2003] EWHC 1730 (Comm) at [136]: see note 44 above.

[76] There may, however, be a limit to the extent to which one party can prefer his interests to the interests of the other party to the contract. Thus in *Esso Petroleum v. Addison* [2003] EWHC 1730 (Comm) Moore-Bick J recognised (at [149]) the existence of an implied term that "Esso....was not entitled to make adjustments the combined effect of which was to render the operation of the service station commercially impossible". It will be no easy task to prove the breach of such a term but it does at least put outer limit on the ability of a party to give priority to its own commercial interests.

due respect is accorded to the express terms of the contract[77], it may not be unduly difficult to persuade a court to imply such a term into the contract.

(c) arbitrary or capricious exercise

The proposition that the exercise of a discretion must not be arbitrary or capricious also finds support in the case law[78]. An example of a "capricious" reason was given by Dyson L.J. in *Paragon Finance* in the following terms: a case "where the lender decided to raise the rate of interest because its manager did not like the colour of the borrower's hair"[79]. In *Clark v. Nomura International plc*[80] Burton J stated that "capriciousness … is not very easy to define" but added that it "can carry with it aspects of arbitrariness or domineeringness, or whimsicality or abstractedness"[81]. As was the case with the implied term to the effect that a contractual discretion cannot be exercised dishonestly, a court should generally be willing to imply a term into the contract to the effect that a discretion cannot be exercised arbitrarily or capriciously.

(d) unreasonableness

Much more difficult is the proposition that the discretion must not be exercised in an unreasonable manner or in a manner that is so unreasonable that no reasonable person, acting reasonably, would exercise the discretion in such a way. The courts are clearly more reluctant to imply a term of this nature into a contract. But the cases do not speak with one voice. In some cases judges have stipulated that a discretion must be exercised reasonably[82], while in other cases the courts have been more hesitant. The balance of authority supports a cautious approach; while the courts will not generally imply a term into the contract to the effect that a discretion must be exercised reasonably, they are more likely to imply a term that a discretion must not be exercised in a way in which no reasonable person, acting reasonably, would do. The inspiration for the latter term is clearly to be found in administrative law, in particular the decision of the Court of Appeal in *Associated Provincial Picture Houses Ltd v. Wednesbury Corporation*[83] where it was held that a court was entitled to interfere with the exercise of a discretion conferred by statute upon a local authority where the

---

[77] For example, the use of words such as "sole" and "absolute" in the term which confers the discretion upon a contracting party.

[78] See, for example, *Mallone v. BPB Industries plc* [2002] EWCA Civ 126; [2002] ICR 1045, *Paragon Finance plc v. Nash and Staunton* [2001] EWCA Civ 1466; [2002] 1 WLR 685 at [36], *Clark v. Nomura International plc* [2000] IRLR 766, *Ludgate Insurance Co Ltd v. Citibank NA* [1998] LRLR 221 para [35] and *Abu Dhabi National Tanker Co v. Product Star Shipping Co Ltd (The Product Star)* [1993] 1 Lloyd's Rep 397, 404.

[79] [2001] EWCA Civ 1466; [2002] 1 WLR 685 at [31].

[80] [2000] IRLR 766.

[81] *Ibid.*,at [40].

[82] See, for example, Leggatt J, in *Abu Dhabi National Tanker Co v. Product Star Shipping Co Ltd (The Product Star)* [1993] 1 Lloyd's Rep 397, 404 (the discretion "must not be exercised arbitrarily, capriciously or unreasonably") and Lord Steyn in *Skidmore v. Dartford & Gravesham NHS Trust* [2003] UKHL 27; [2003] 3 All ER 292 at [16] ("restricted to a decision taken in good faith and on reasonable grounds").

[83] [1948] 1 KB 223.

decision of the local authority was so unreasonable that no reasonable authority could ever have come to it.

The weight of authority supports the implication of a term based on *Wednesbury* unreasonableness rather than unreasonableness *per* se. In *Gan Insurance Co Ltd v Tai Ping Insurance Co Ltd (No 2)*[84] Mance L.J. considered a number of cases in which an implication based on reasonableness appears to have been implied into the contract. He concluded that

> "In all of them, it seems to me that what was proscribed was unreasonableness in the sense of conduct or a decision to which no reasonable person having the relevant discretion could have subscribed."[85]

A similar conclusion was reached by Dyson L.J. in *Paragon Finance.* He stated that prior judicial reference to unreasonableness "must be understood in a sense analogous to unreasonably in the *Wednesbury* sense"[86]. While he accepted that "the scope of an implied term will depend on the circumstances of the particular contract"[87] he rejected the submission that a term should be implied into the contract to the effect that rates of interest should not be set unreasonably. However he accepted that a term should be implied to the effect that it should not be set unreasonably in a *Wednesbury* sense. Thus he concluded:

> "It is one thing to imply a term that a lender will not exercise his discretion in a way that no reasonable lender, acting reasonably, would do. It is unlikely that a lender who was acting in that way would not also be acting dishonestly, for an improper purpose, capriciously or arbitrarily. It is quite another matter to imply a term that the lender would not impose unreasonable rates."[88]

What factors are likely to persuade a court to imply a *Wednesbury* unreasonableness term into a contract? It is very difficult to provide a clear answer to this question. The short answer is that the courts will imply such a term where to do so will give effect to the intention of the parties. When will such a term give effect to their intention? This very much depends upon the standard of review applied by the courts. If the standard is a low one (linked to impropriety, capriciousness or arbitrariness, as suggested by Dyson L.J. in *Paragon* Finance) then the implication is likely to be relatively common, but the higher the standard of the review, the less likely will be the implication (on the basis that it is less likely that both parties would in fact agree to the term). It may also be the case that a court will be more willing to imply a term based on

---

84 [2001] 2 All ER (Comm) 299.

85 *Ibid.*, at [64].

86 [2001] EWCA Civ 1466; [2002] 1 WLR 685 at [38].

87 *Ibid.*, at [41].

88 *Ibid.*, See to similar effect the judgment of Moore-Bick J. in *Esso Petroleum v. Addison* [2003] EWHC 1730 (Comm) at [135]. In the view of Moore-Bick J, Dyson LJ's reference to "unreasonableness" should be understood in the "limited sense" that the lender "would not base its decision on considerations wholly extraneous to the commercial circumstances in which it came to be made". This view comes close to equating unreasonableness with an irrational decision or one that has not been made in good faith. Further support for the equation of unreasonableness with irrationality or perversity can be found in the judgment of Burton J. in *Clark v. Nomura International plc* [2000] IRLR 766 at [40].

Wednesbury unreasonableness where one party is entirely dependent upon the other and in the case where the value of the right which hinges upon the exercise of the discretion is particularly high.

The cases suggest that the standard of review imposed by a *Wednesbury* unreasonableness test is not in fact exacting[89] and, in particular, that it does not prevent a party from having regard to his own interest when exercising the discretion[90]. The latter proposition is illustrated by the facts of *Paragon Finance.* The reason for the interest rates being set at a higher rate by the lender was that the lender had to have regard to its own financial interests. It had run into financial difficulty as a result of a high level of borrower default and it was necessary for it to raise its interest rates in order to recoup the losses that it had sustained. Dyson L.J. stated that

> "If a lender is in financial difficulty, for example, because it is obliged to pay higher rates on interest to the money market, then it is likely to have to pass those increased costs on to its borrowers. If in such circumstances the rate of interest charged to a borrower is increased, it is impossible to say that the discretion to set the rate of interest is being exercised for an improper purpose, capriciously, arbitrarily or in a way in which no reasonable lender would reasonably do."[91]

He continued that there was no evidence to suggest that the decision to increase the interest rates in comparison with other lenders "was motivated by *other than purely commercial considerations*"[92]. The latter sentence is an important one because it suggests that a contracting party who acts in pursuit of its own commercial interests will have little to fear from a *Wednesbury* unreasonable implied term. However, as has been pointed out, this relatively low standard of review may in fact lead to greater use of the term by the courts on the basis that it will more easily pass the test for the implication of a term into the contract.

VII. – THE INFILTRATION OF PUBLIC LAW VALUES INTO PRIVATE LAW?

Does *Paragon Finance,* together with the cluster of recent cases concerned with the limits placed by the courts on the exercise of a contractual discretion[93], provide evidence of the infiltration of public law values into private law? Not necessarily. In so far as a term is implied to the effect that a discretion cannot be

---

[89] The low standard of review can also be seen in administrative law which, as has been noted, is the origin of the test. In *R (Daly) v. Secretary of State for the Home Department* [2001] UKHL 26; [2001] 2 AC 532 Lord Cooke of Thorndon suggested (at [32]) that in his opinion "the day will come when it will be more widely recognised that *Associated Provincial Picture Houses Ltd v. Wednesbury Corpn* [1948] 1 KB 223 was an unfortunately regressive decision in English administrative law, in so far as it suggested that there are degrees of unreasonableness and that only a very extreme degree can bring an administrative decision within the legitimate scope of judicial invalidation".

[90] Subject to the limit recognised by Moore-Bick J. in *Esso Petroleum v. Addison* [2003] EWHC 1730 (Comm), discussed at note 76 above.

[91] *Ibid.*, at [46].

[92] *Ibid.*, at [47] (emphasis added).

[93] Referred to in note 1 above.

exercised dishonestly, arbitrarily or capriciously, there is no need to look to public law for the source of this implication. It can, in all probability, be located in the intention of the parties, objectively ascertained. The inference that contracting parties enter into contracts on the assumption that the other party is acting rationally and not arbitrarily or capriciously seems an entirely reasonable one. Greater support for the influence of public law values or principles can be found in the implication of a term based on *Wednesbury* unreasonableness. But it would be going too far to see *Paragon Finance* as some kind of triumph of public law values over private law principles. It is suggested that it is more accurate to conceive of *Paragon Finance* and similar cases as an example of private law "borrowing" from public law in order to fill a gap in the armoury of private law. In other words, the courts, lacking a secure legal basis for the regulation of the exercise of a contractual discretion, turned for a solution to public law, which has developed a substantial jurisprudence on the regulation of the exercise of discretionary powers.

This borrowing has not been unthinking. On the contrary, Dyson L.J. in *Paragon Finance* was careful to have regard to the particular transactional context of the case when deciding whether or not it was appropriate to imply into the contract a term based on *Wednesbury* unreasonableness. Thus he examined whether or not the implication of such a term was necessary to give effect to the reasonable expectations of the parties to the contract. In concluding that it was necessary to give effect to their reasonable expectations he paid close attention to the commercial objectives of the parties to the contract and concluded that the term was in fact consistent with these objectives. It is clear that the experience of public law has played a critical role in the formulation of this implied term. But it is unlikely that the implication can be attributed solely to public law. The term is consistent with a judicial concern for the fairness of the contract concluded by the parties and reflects a judicial perception that it is unlikely that the parties to a contract intended to place one party entirely at the mercy of the other in relation to the exercise of a contractual discretion. Some limit must be placed on the exercise of a contractual discretion and the vital question now relates to the extent of that limit rather than its existence.

Paragon Finance cannot be dismissed as an isolated case. There have been a number of cases recently in which the issue before the court has related to the exercise of a contractual discretion by a contracting party. The issue has given rise to some concern in modern commercial practice in that there is now a degree of uncertainty as to the best approach to take when drafting a clause that confers upon one party to a contract a discretion. Given that the courts are likely to place some limits on the exercise of a discretion, should the draftsman follow the lead given by the courts and attempt to structure the discretion by stating explicitly that the discretion must not be exercised dishonestly, arbitrarily or capriciously? Or should he continue to draft as broadly as possible (through the use of words such as "sole discretion" and "absolute discretion") in the hope that this will suffice to exclude subsequent regulation of the contractual discretion by a court? The difficulty with the latter approach is that "absolute" probably does not mean absolute in that a court is likely to conclude that, notwithstanding the use of a broad word such as "absolute", the discretion must nevertheless not be exercised dishonestly (and, possibly, that it must not be exercised arbitrarily or capriciously[94]). It is therefore probably necessary to advise a client that "absolute" does not mean absolute in that it will not suffice to shut out the possibility of subsequent review by a court[95]. This being the case, the safer approach may be for contracting parties to take greater steps to structure the exercise of a discretion in the contract itself, by spelling out for themselves the factors that are to be taken into account in the exercise of a contractual discretion. A term which purports to structure the exercise of a contractual discretion should largely shut out the possibility of the implication of a wider term, given that the courts will not imply into a contract a term which is inconsistent with an express term of the contract. In so far as *Paragon Finance*, and its associated case-law, has caused commercial practitioners to re-consider the limits within which a contractual discretion may be exercised, it has performed a useful function.

[94] It would be possible for a court to conclude that the use of "absolute" was intended to exclude the possibility of review on the basis of "reasonableness" or "*Wednesbury* unreasonableness" but that it was not intended to entitle one party to exercise a discretion in an arbitrary or capricious manner on the basis that both parties assumed that the parties would act in a rational, albeit self-interested manner in the performance of the contract. On the other hand, a court could conclude that, provided the discretion was not exercised dishonestly, the use of the word "absolute" or "sole" was intended to exclude the possibility of subsequent judicial review, including review based on "arbitrariness" or "capriciousness".

[95] See, for example, *Mallone v. BPB Industries plc* [2002] EWCA Civ 126; [2002] ICR 1045 where the fact that the discretion was declared to be "absolute" did not prevent the implication of a term, the effect of which was to circumscribe the exercise of the discretion.

6

UNPACKING THE TOOLBOX: OR WHY THE PUBLIC / PRIVATE DIVIDE IS IMPORTANT IN EC ENVIRONMENTAL LAW

Elizabeth Fisher*

In the last decade there has been an explicit policy to promote a greater range of regulatory strategies in European Community (EC) environmental law[1]. A dominant feature of these "new" instruments has been a significant role for market-based mechanisms, private actors and private law[2]. EC environmental law, while once a near empty toolbox containing a few blunt tools, is quickly becoming jam packed full of well-calibrated instruments that are designed to achieve the seemingly non-controversial goal of environmental protection in the most efficient and effective way as possible. This imagery of instrumentality unconstrained by the public/private divide or national sovereignty seems particularly apt and profoundly progressive in a jurisdiction in which governance structures bear little relationship to traditional understandings of the liberal democratic state[3]. Moreover, it also provides a solution to the "implementation deficit" that has beleaguered EC environmental law[4]. Past failures, it would

---

* I would like to thank the attendees at the Oxford-Paris Colloquium and a seminar at Florida State University College of Law for comments on previous drafts of this paper. Any errors or omissions remain my own. The law described is as it was in August 2001.

[1] E.g. Commission of the European Communities (CEC), *Towards Sustainability: A European Community Programme of Policy and Action in Relation to the Environment and Sustainable Development*, COM(92) 23 final and CEC, *Environment 2010: Our Future, Our Choice: The Sixth Action Programme Proposal*, COM (2001) 31 final. Note here that for obvious reasons the discussion is directed at the EC not the EU context.

[2] For a discussion of the new range of instruments see J Golub (ed), *New Instruments for Environmental Policy in the EU*, Routledge, London, 1998.

[3] For discussion of this see E Erikson & J Fossum (eds), *Democracy in the European Union*, Routledge, London, 2001.

[4] CEC, *Implementing Community Law: Communication to the Council of the European Union and the European Parliament*, COM (96) 500 final at paras 5-6 and CEC, *Second Annual Survey on the Implementation and Enforcement of Community Environmental Law Jan 1998-Dec 1999*, Office for Official Publications of the European Communities, Luxembourg, 2000. Also see C. Demmke, "Towards

seem, are attributable to poor design and thus solutions can be found through better design.

This chapter is concerned with "unpacking" this toolbox to highlight that while its simplicity and focus on regulatory design are both deeply appealing they are largely based on flawed assumptions about the nature of environmental problems and EC environmental law. The structure of this chapter is as follows. First, there is an overview of the different public and private actors involved in EC environmental law. These play a role at all levels of governance and interact with each other in a variety of ways. Second, there is a discussion of the "new" approach to EC environmental law and policy[5]. It has been the basis for reform over the last decade and has given a central role to private actors as well as emphasising regulatory diversity. This "new" approach is grounded on a certain vision of environmental problems and environmental law that characterises EC environmental law as a regulatory toolbox – the regulatory instruments in it addressing static and uncontroversial environmental problems.

The third to fifth sections "unpack" different aspects of this toolbox and in so doing emphasise the inappropriateness of such instrumental imagery. In the third section the different socio-political forces that have led to the promotion of private actors in regulation are discussed. Those forces are diverse, overlapping and contradictory. An increased role for private actors is promoted because it addresses existing implementation problems, corresponds to a variety of management policies, and is consistent with a range of legal and political theories. In the fourth section, the complexity and conflict of environmental problems is examined, both of which are highlighted by the litigation brought before the ECJ and national courts. Following on from that, the fifth section shows how the primary question in EC environmental law is not regulatory design but rather questions of governance, and in particular administrative legitimacy. EC environmental law is thus first and foremost about public law. The final section proposes a new paradigm for EC environmental law, one that recognises that much of EC environmental law is concerned with the role that law plays in constituting and limiting administrative power, or in other words, administrative constitutionalism.

A number of points should be made before starting. First, nothing here should be taken as discounting the importance of private actors in EC environmental regulation. The question is thus not whether they should be involved in environmental regulation but rather how as lawyers and legal commentators we should make sense of, and accommodate that involvement. Nor, on similar grounds, is this chapter an argument against regulatory diversity or flexibility. Both are to be encouraged but what matters is that both are understood in a primarily public law context. Finally, it should be stressed that this chapter is concerned with public and private actors rather than public and private law as it has been the embracement of "private" actors that has been the central tenet of

---

Effective Environmental Regulation: Innovative Approaches in Implementing and Enforcing European Environmental Law and Policy", (2001), *Jean Monnet Program Working Papers* 5.

[5] Golub, *supra*.

the "new" approach[6]. Moreover, throughout the bulk of this chapter the terms "public" and "private" are used quite loosely and in particular no distinction is made between those private actors pursuing their own self-interest and those pursuing the "public interest"[7]. The reason for this lax terminology is that these terms are used with very little precision in the "new" approach to EC environmental law. This is because the "new" approach de-shackles questions of environmental law from the concept of the state, and as such, the public/private distinction is viewed as largely irrelevant. As this chapter will show however, that is far from being the case.

I. – THE ROLE OF PRIVATE AND PUBLIC ACTORS IN EC ENVIRONMENTAL LAW

Environmental protection has been a matter for Community legislative action since at least the late 1960s[8]. There are now over two hundred directives and regulations concerned with a range of issues including waste[9], air pollution[10], water pollution[11], nature conservation[12], environmental impact assessment[13], and a range of other issues[14], Legislative provisions regulate product standards[15], industrial processes[16], administrative decision-making processes[17], and ambient environmental quality[18]. Moreover, many of these legislative provisions date from before the Community was given explicit competence in regards to the environment by the Single European Act (SEA) in 1987[19]. The dominant legislative instrument is the directive and most regulation takes places at the national and sub-national level. With that said, environmental law directives have tended to be highly

---

[6] Implicit in the term private actor is that in certain cases private law and private norms will to a limited degree govern behaviour.

[7] For some thoughtful views on the public/private divide see C Sampford, "Law, Institutions, and the Public/Private Divide", (1992) 20 *Federal Law Review* 185 and P. Cane, "Public Law and Private Law: A Study of the Analysis and Use of a Legal Concept", in J Eekelaar & J Bell (eds), *Oxford Essays in Jurisprudence 3rd Series*, Clarendon Press, Oxford, 1987.

[8] On the history of EC environmental law and policy see J McCormick, *Environmental Policy in the European Union*, Palgrave, London, 2001, at Chapter 2; and A Weale et al., *Environmental Governance in Europe*, Oxford University Press, Oxford, 2000, at Chapters 1 and 2. For a discussion of legal developments see J Jans, *European Environmental Law*, 2nd revised edition, Europa, 2000, at 3-10.

[9] E.g. Directive 94/62 on packaging and packaging waste [1994] OJ L365/10.

[10] E.g. Directive 84/360 on air emissions from industrial installations [1984] OJ L188/20.

[11] E.g. Directive 91/271 on urban waste water treatment [1991] OJ L135/40

[12] E.g. Directive 79/409 on the conservation of wild birds [1979] OJ L33/36.

[13] Directive 85/337 on the environmental impact assessment of certain public and private projects [1985] OJ L175/40

[14] For a general overview of substantive areas see Jans, *supra* at Chapter Eight and L. Kramer, *EC Environmental Law*, 5th ed., Sweet & Maxwell, 2003, at Chapters 4-10.

[15] E.g. Directive 85/210 on the lead content in petrol [1985] OJ L96/25

[16] E.g. Directive 78/319 on waste from titanium dioxide production [1978] OJ L54/19.

[17] E.g. Directive 90/313 on freedom of access to environmental information [1990] OJ L158/56.

[18] E.g. Directive 76/160 on bathing water quality [1976] OJ L31/1.

[19] Arts 130s (now Art 175).

prescriptive and set out precise minimum standards[20] and thus the discretion given to Member State administrations is often only in deciding what exactly a directive applies to[21].

Furthermore, EC environmental law cannot be considered without regard to policy and as Weale et al have noted there has been an explicit attempt to develop a detailed "policy paradigm" in regards to environmental protection[22]. Article 174 of the Treaty Establishing the European Community (EC) sets out a number of policy principles that guide environmental action[23] and since 1973 the Community has published six environmental action programmes that set the agenda for regulatory reform[24]. These programmes flesh out particular principles, identify areas for regulatory action, and develop an overall framework for the development of EC environmental law. They are also supplemented by a series of communications on particular topics[25].

Putting to one side the range of new regulatory strategies that have been implemented in the last decade, a startling feature of EC environmental law is the wide array of public and private actors involved in all its aspects[26]. This includes developing policy agendas, legislating, standard setting (including risk appraisal), implementation, enforcement, and dispute resolution. The involvement of a variety of actors is due to the multi-level nature of Community governance[27] and the socio-political character of environmental problems[28]. In regards to the former, public actors are involved from the Community, national and sub-national levels and come from all divisions of government. Thus for example, at the Community level the Commission, Parliament, the Council and European Court of Justice (ECJ) have all, through their decision-making procedures, had a significant influence[29] and similar patterns can be seen at the national level. Likewise, there is a considerable amount of interaction of actors between each

---

[20] On implementation generally see C. Demmke & M. Unfried, *European Environmental Policy: The Administrative Challenge for the Member States*, European Institute of Public Administration, Maastricht, 2001.

[21] E.g. C-56/90 *Commission v. UK* [1993] ECR I-4109 (what are "bathing waters") and *R v. SS for the Environment, ex parte Kingston Upon Hull City Council* [1996] Env LR 248 (what is an "estuary").

[22] Weale et al, *supra* at 53. These policy principles were first included in 1987 but were amended by the Maastricht Treaty in 1992.

[23] These include the polluter pays principle, the principle of prevention, that environmental damage should be rectified at source, and the precautionary principle. For a discussion see Weale, et al., *supra* at Chapter 2.

[24] For a discussion of these see Weale et al., *supra* at 56-62. Due to Treaty reform in Maastricht the Sixth Action programme has the force of a legally binding decision: Art 175(3). Kramer, *supra* at 7 arguing they will become a source of law in the future.

[25] E.g. CEC, *Communication from the Commission on the Precautionary Principle*, COM (2000) 1 final.

[26] This is not say they do not play a role in other jurisdictions. For the US see the discussion in J. Freeman, 'The Private Role in Public Governance' (2000) 75 *New York University Law Review* 543 talking generally about the role of private actors in administrative law.

[27] Recognising Community governance as being multilevel distinguishes it from more state centric models. See L. Hooghe & G. Marks, *Multi-Level Governance and European Integration* Rowman & Littlefield Publishers, Lanham, 2001 at Chapter One.

[28] For further discussion of this see Section IV.

[29] For a discussion see Weale et al, *supra* at Chapter Three.

level due to the need for harmonised law and policy as well as resources such as expertise and information. These forms of multi-level cooperation include preliminary references[30], administrative co-operation[31], and high-level policy making[32].

Such relationships break down traditional hierarchical public arrangements, particularly in the administrative context where EC environmental law both expands the role for public administration and transforms it. It expands it because environmental issues tend to be matters that require an on-going decision-making process for specific problems in which considerable information needs to be amassed and for which wider deliberation needs to be carried out[33]. Public administration is the obvious site for such an activity because the legislature is unable to mobilise expertise or engage in detailed deliberation and the courts cannot take the initiative, are too post hoc, and are unable to deal easily with polycentric issues[34]. Likewise, EC environmental law also transforms public administration because of the need for harmonisation and co-operation between the administrative systems of the twenty five Member States and the Community on complex and evolving issues. Implicit in that process is the "interference with the norm structures" of each administrative system[35]. Indeed, the development of EC environmental law has often been driven by different Member States putting forward proposals based on their own national regulatory systems and thus their own "norm structures"[36].

As such, EC environmental law has resulted in the evolution of administrative institutions at all levels of government through the need to adapt Member State administrations to a "common" environmental law[37]. It has also given rise to a new range of administrative bodies at the Community level that include the

---

[30] E.g. See the Lappel Bank litigation *R v. Secretary of State for the Environment, ex parte Royal Society for the Protection of Birds* [1997] *Env LR* 431 and C-44/95 *R v. Secretary of State for the Environment, ex parte Royal Society for the Protection of Birds* [1996] ECR I-3805

[31] E.g. the committees for drafting new directives and comitology committees involved in implementation. See G Schäfer, "Linking Member State and European Administrations – The Role of Committees and Comitology", in M Andenas & A Türk, *Delegated Legislation and the Role of Committees in the EC*, Kluwer Law International, The Hague, 2000.

[32] E.g. The role of the European Council (as opposed to the Council) in directing policy: D Chalmers, "Inhabitants in the Field of EC Environmental Law", (1998) 5 *Columbia Journal of European Law* 39 at 60.

[33] See C Sunstein, *The Partial Constitution*, Harvard University Press, Cambridge, 1993, at 334-8 and E Fisher, *Risk Regulation and Administrative Constitutionalism*, Hart Publishing, Oxford, forthcoming. Note that the historical rise of EC environmental law is often equated with the creation of Environmental Ministries and environmental agencies. E.g. Chalmers, *supra* at 43.

[34] A Chayes, "The Role of the Judge in Public Law Litigation", (1976) 89 *Harvard Law Review* 1281.

[35] Salzwedel & Reinhardt as quoted in C Demmke, "Towards Effective Environmental Regulation", *supra* at 12.

[36] E.g. Integrated Pollution Prevention and Control is based on the UK's integrated pollution control system. See N Haigh, "Integrated Pollution Prevention and Control: UK and EC Approaches and Next Possible Steps", (1996) 8 *Journal of Environmental Law* 301.

[37] A Jordan, "The Impact on UK Environmental Administration", in P Lowe & S Ward (eds), *British Environmental Policy and Europe*, Routledge, London, 1998.

European Environment Agency[38], the Network for the Implementation and Enforcement of Environmental Law (IMPEL)[39], regulatory committees concerned with drafting legislation, and comitology committees to whom specific implementation tasks are delegated[40]. While the latter three of these are at the Community level they primarily consist of representatives from national administrations.

Indeed, a considerable bulk of EC environmental law, as with any body of environmental law[41], is concerned directly with the role and nature of public administration whether it is through constituting administrative bodies[42] or placing limits on their discretion by legislation[43], policy[44] or court cases[45]. Much of that law is concerned with negotiating the inherent legitimacy problems of public administration – the "awkward family heirloom" of any governance system[46]. This problem is made more acute in the EC environmental context because of the need for expert advice[47], scientific uncertainty[48], and the general "democratic deficit" of Community institutions[49]. There is thus at the heart of EC environmental law a fundamental *public* law problem – the legitimacy of public institutions. Moreover, it is a problem that is only just beginning to be formally recognised by Community institutions[50].

---

38 Regulation 1210/90 on the establishment of the European Environment Agency and the European environment information and observation network [1990] OJ L120/1. Note the Agency did not begin functioning until 1993

39 http://www.europa.eu.int/comm/environment/impel/index.htm. IMPEL is an informal network set up by the Fifth Action Programme. See Resolution of the Council and the Representatives of the Governments of the Member States, meeting within the Council of 1 February 1993 on a Community programme of policy and action in relation to the environment and sustainable development [1993] OJ C138/1 at Chapter Nine. See McCormick, *supra* at 149-150.

40 For a discussion of these different committees see B Flynn, "Postcards From the Edge of Integration?: The Role of Committees in EU Environmental Policy-making", in T Christiansen & E Kirchner (eds) *Committee Governance in the European Union*, University of Manchester Press, Manchester, 2000; E Vos, *Institutional Frameworks of Community Health and Safety Legislation*, Hart Publishing, Oxford, 1999; and C Demmke, 'Comitology in the Environmental Sector' In Andenas & Turk *supra*.

41 E.g. T Jewell, "Public Law and the Environment: Prospects for Decision Making", in T Jewell & J Steele (eds) *Law in Environmental Decision-Making*, Clarendon Press, Oxford, 1998 and JB Ruhl, "The CoEvolution of Administrative Law with Everything Else", (2000) 28 *Florida State University Law Review* 1.

42 E.g. the European Environment Agency and comitology committees. See Schäfer, *supra*.

43 E.g. Directive 90/313 on freedom of access to environmental information [1990] OJ L158/56.

44 E.g. CEC, The Precautionary Principle, *supra*.

45 For Community institutions see C-341/95 *Bettani v. Safety Hi Tech Srl* [1998] ECR I-4435 and T-105/95 *WWF (UK) v. Commission* [1997] ECR-II-313. For national institutions see C-44/95 *R v. Secretary of State for the Environment, ex parte Royal Society for the Protection of Birds* [1996] ECR I-3805 and C-203/96 *Dusseldorp*, [1998] ECR I-4075.

46 C Farina, "The Consent of the Governed: Against Simple Rules for a Complex World",(1997) 72 *Chicago Kent Law Review* 987 at 987.

47 C Joerges, "Law, Science, and the Management of Risks To Health at the National, European and International Level – Stories on Baby Dummies, Mad Cows, and Hormones in Beef", (2001) 7 *Columbia Journal of European Law* 1 at 15.

48 B Wynne, "Uncertainty and Environmental Learning", (1992) 2 *Global Environmental Change* 111.

49 J Weiler, *The Constitution of Europe* CUP, Cambridge, 1999 at Chapter Eight.

50 E.g. CEC, *European Governance: A White Paper*, COM(2001) 428 final.

Alongside these public bodies are a range of private actors involved in environmental regulation and again these operate at all levels of governance and at all stages of the policy and law making process. These include regulated industries, industry associations, public interest groups, consumers and concerned citizens[51]. Again, the interaction between public and private actors will take place largely in the administrative context and will depend on existing administrative, regulatory and legal frameworks. The presence of private actors is due to both the intentions of those actors to influence the decision-making process[52] and/or because they are, through institutional design, accommodated into it[53]. However, different public and private actors will often have diverse and contradictory views over the adequacy and legitimacy of the legal framework[54]. Likewise there are numerous and contradictory reasons for public/private interaction and it may be justified on many grounds including those of pragmatic resource need, crude ideology, or deeper understandings of democratic legitimacy[55].

The role of private actors may take a variety of forms and vary in terms of formality, frequency and passivity. In some cases the role of private actors will be legally mandated, ongoing and requiring public bodies to actively seek their input[56]. In other cases, that role may be far more ad hoc and on the private actor's own initiative[57]. It may take the form of "mass" participation[58] or it may be highly selective[59]. The influence of private actors on the decision-making

---

[51] There is a large literature on the role of interest groups. See J Richardson, "Policy-making in the EU: Interests, Ideas and Garbage Cans of Primeval Soup", in J Richardson (ed), *European Union: Power and Policy-Making*, 2nd ed., Routledge, London, 2001. Also see R Webster, "What Drives Interest Group Collaboration at the EU Level? Evidence From the European Environmental Interest Groups", (2000) 4 *European Integration Online Paper* 17; Kramer, *supra* at 46-9; and McCormick, *supra* at 60-1.

[52] E.g. judicial review, protest and lobbying.

[53] E.g. The public participation requirements in Art 6 of the Directive 85/337 on the environmental impact assessment of certain public and private projects [1985] OJ L175/40

[54] E.g. C Hey, *Towards Balancing Participation: A Report on Devolution, Technical Committees and the New Approach in EU Environmental Policies*, 2000/4, European Environmental Bureau, Brussels, 2000.

[55] On different perspectives on this see B Williams & A Matheny, *Democracy, Dialogue and Environmental Disputes: The Contested Languages of Social Regulation, Yale* University Press, New Haven, 1995.

[56] E.g. The use of private standard bodies although this is more in the product regulation field. See M Egan, *Constructing the European Market, Oxford* University Press, Oxford, 2001, at Chapter Seven. For an example of the role of private actors in policy formulation see the European Consultative Forum on the Environment and Sustainable Development. This was also set up by the Fifth Action Programme. See CEC, Towards Sustainability, *supra* at Chapter Nine. See Kramer, *supra* at 41, McCormick, *supra* at 60.

[57] E.g. the bringing of judicial review actions before national courts e.g. *R v. SS for Trade and Industry, ex parte Greenpeace* [2000] 2 CMLR 94. There is also a very limited ability to bring actions before the ECJ. See Art 230(4) and T585/93 *Stichting Greenpeace Council (Greenpeace International) & ors v. European Commission* [1998] ECR I-1651. Also see Decision 93/731/EC Code of Conduct on Access to public documents.

[58] J Rossi, "Participation Run Amok: The Costs of Mass Participation for Deliberative Agency Decision-making", (1997) 92 *North Western University Law Review* 173.

[59] E.g. hand picked representatives on advisory committees.

process will also vary. Public consultation may be largely tokenism[60] or it may directly influence the final result[61]. Moreover the way they interact with other public and private actors may vary. In some cases it may be largely a form of information dispersal[62] and in others it may take the form of dialogue or a form of bargaining[63].

The diverse range of public and private actors involved in EC environmental law means that any description of the subject that focuses solely upon what is contained in directives and regulations is considerably deficient. Rather its "successes" and "failures" must be understood as part of these broader interactions"[64]. The role of public *and* private actors must be taken seriously. This point is of course not limited to either the EC or to environmental decision-making and has spurred a great deal of academic writing in the political science[65], legal[66], and regulation spheres[67]. Thus, from a descriptive perspective there is no doubt, as Freeman has noted in regards to administrative law more generally, that there is a need for administrative lawyers "to reckon with private power, or risk irrelevance as a discipline"[68].

II. – FILLING THE TOOLBOX: THE "NEW" APPROACH TO EC ENVIRONMENTAL LAW

In the last decade that reckoning has occurred in relation to EC environmental law. The end result has been what has been commonly described as the "new" approach to EC environmental law and policy[69]. In 1992 the Community

---

60 A criticism levelled at Art 6 of Directive 85/337 on the environmental impact assessment of certain public and private projects [1985] OJ L175/40. But see, Directive 2003/35/EC significantly amending Art 6.

61 E.g. Directive 96/61 on integrated pollution prevention and control [1996] OJ L257/26.

62 E.g. Directive 90/313 on freedom of access to environmental information [1990] OJ L158/56.

63 For a discussion of this see Richardson, *supra*.

64 Which is in a sense the lesson of exploring "legal culture". See D Nelken, "Disclosing/Invoking Legal Culture", (1995) 4 *Social and Legal Studies* 435; P Legrand, *Fragments on Law as Culture*, WEJ Tjennk Willink, Deventer, 1999; and E Fisher "Precaution, Precaution, Everywhere: The Precautionary Principle, Comparative Legal Analysis, and a EU Research Agenda", (2002) 9 *Maastricht Journal of European and Comparative Law*,7.

65 E.g. the literature on issue networks, policy communities and epistemic communities. See Richardson, *supra*, K Dowding, "There Must Be End to Confusion: Policy Networks, Intellectual Fatigue, and the Need for Political Science Methods in British Universities", (2001) 49 *Political Studies* 89; J Richardson, "Government, Interest Groups and Policy Change", (2000) *Political Studies* 1006; and D Marsh (ed.), *Comparing Policy Networks*, Open University Press, Buckingham, 1998.

66 E.g. J Freeman, "The Private Role in Public Governance", (2000) 75 *New York University Law Review* 543 and M Aronson, "A Public Lawyer's Response to Privatisation and Outsourcing", in M Taggart (ed.), *The Province of Administrative Law*, Hart Publishing, Oxford, 1997.

67 E.g. I Ayres & J Braithwaite, *Responsive Regulation – Transcending the Deregulation Debate*, New York: Oxford University Press, 1992 and N Gunningham & P Grabosky, *Smart Regulation* Clarendon Press, Oxford, 1998. Also see the literature on regulatory space: C Scott, "Analysing Regulatory Space: Fragmented Resources and Institutional Design", [2001] *Public Law* 329 and L Hancher & M Moran, "Organising Regulatory Space", in L Hancher & M Moran (eds), *Capitalism, Culture and Economic Regulation*, Clarendon Press, Oxford, 1989.

68 Freeman, *supra* at 545.

69 Golub, *supra*.

published the Fifth Action Programme on the Environment – *Towards Sustainability*[70]. The main thrust of that programme was that a "broader mix" of regulatory "instruments" should be developed and applied[71]. The reason for this was it was recognised that there was a need for "shared responsibility". This concept was described in the following terms:

"The concept of shared responsibility requires a much more broadly based and active involvement of all economic players including public authorities, public and private enterprise in all its forms, and, above all, the general public, both as citizens and consumers."[72]

"Shared responsibility" was not the only theme of the new approach. Alongside it there was a greater emphasis on regulatory flexibility[73], effectiveness[74] and the need to integrate environmental concerns into all forms of decision-making[75]. Moreover it was stressed that any regulatory strategy would operate at the level of governance most appropriate to it[76]. The new emphasis was thus on finding the "best" solution to any particular problem and the result was a diversification of regulatory instruments and techniques.

The Fifth Action programme was not the only statement of the new approach but it captured and stated the new philosophy like no other document did in the EC context. It contained numerous recommendations for action based on this "new approach"[77]. It identified, however, market based mechanisms, financial support mechanisms and 'horizontal supporting instruments' as areas for specific development[78]. While there has much discussion concerning market mechanisms there has been little regulatory development in this area[79]. However, a range of mechanisms were created to provide funding support for environmental projects[80] and a system of environmental monitoring and reporting was set up and overseen by the European Environmental Agency[81].

---

70 Resolution of the Council and the Representatives of the Governments of the Member States, meeting within the Council of 1 February 1993 on a Community programme of policy and action in relation to the environment and sustainable development, [1993] OJ C138/1.

71 CEC, Towards Sustainability, *supra* at Chapter Seven.

72 CEC, Towards Sustainability, *supra* at Chapter Three.

73 J Scott, "Flexibility in the Implementation of EC Environmental Law", (2000) 1 *Yearbook of European Environmental Law* 37.

74 The impact of the OECD is particularly interesting in this regard. See M Bothe, "Economic Instruments for Environmental Protection: Introduction to the European Experience", in K Bosselmann & B Richardson (eds), *Environmental Justice and Market Mechanisms*, Kluwer Law International, London, 1999, at 251.

75 Art 6 of the TEC that was included with the Amsterdam Treaty.

76 CEC, Towards Sustainability, *supra* at Chapter Three

77 CEC, Towards Sustainability, *supra* at Chapter Three

78 CEC, Towards Sustainability, *supra* at Chapter Seven.

79 E.g. European Commission, *Environmental Taxes and Charges in the Single Market*, COM(97) 9 [1997] OJ C224/6 and see the discussion in Kramer, *supra* at 121-2. One reason for the lack of development in this area is that environmental measures of a fiscal nature require unanimous voting under Art 175(2).

80 E.g. *L'instrument financier pour l'environnement*, (LIFE) set up in 1992. See McCormick, *supra* at 59-60 for a discussion.

81 See http://www.eea.eu.int/.

Yet regulatory innovation did not stop there. In the last decade, there have been a number of different regulatory schemes created. These include a co-operative system of integrated pollution prevention and control[82], a voluntary environmental management and audit scheme (EMAS)[83], an eco-labelling scheme[84], and a framework for environmental agreements[85]. There have also been a number of experiments in negotiated policymaking such as the Auto Oil programme[86] and these innovative forms of regulation have been encouraged at both the Community and Member State level[87]. There have been proposals for greater public participation[88] and a strict liability regime for environmental damage[89]. As well there has been a greater emphasis on access to environmental information[90]. At present there is also a proposal for an integrated product policy designed to create "green" consumer demand and thus market pressure for eco-friendly product innovation[91]. Moreover, policy documents since then have reinforced the principles of the Fifth Programme, in particular the Commission's proposals in relation to the Sixth Action Programme[92] and the EU's Sustainable Development Strategy[93].

As Demmke and Unfried note the new approach is a "conscious effort by regulators to enlarge their toolbox"[94]. The expansion of the "toolbox" is viewed as part of the growing sophistication of EC environmental law and the diversification of regulatory strategies as resulting in more innovative,

---

[82] Directive 96/61 on integrated pollution prevention and control [1996] OJ L257/26. For a discussion see A Gouldson & J Murphy, *Regulatory Realities: The Implementation and Impact of Industrial Environmental Regulation*, Earthscan, London, 1998, at Chapter 3.

[83] Regulation 1836/93 allowing voluntary participation in the industrial sector in a Community eco-management and audit system [1993] OJ L168/1. For a discussion see Gouldson & Murphy, *supra* at Chapter 4.

[84] Regulation 880/92 on a Community ecolabel scheme [1992] OJ L99/1. For a discussion see C Hilson, *Regulating Pollution: A UK and EC Perspective*, Hart Publishing, Oxford, 2000, at 108-110.

[85] Commission of the European Communities, *Communication from the Commission to the Council and European Parliament on Environmental Agreements*, COM(96) 561 final. For a discussion of environmental agreements see J Verschuuren, "EC Environmental Law and Self Regulation in the Member States: In Search of a Legislative Framework", (2000) 1, *Yearbook of European Environmental Law*, 103 and R Khalastchi & H Ward, "New Instruments for Sustainability: An Assessment of Environmental Agreements Under Community Law", (1998) 10 *Journal of Environmental Law* 257.

[86] A Friedrich et al., "A New Approach to EU Environmental Policy-making? The Auto Oil I Programme" (2000) 7 *Journal of European Public Policy* 593.

[87] A Mol et al, *The Voluntary Approach to Environmental Policy* Oxford University Press, Oxford, 2000.

[88] These have largely been pursuant to the international Aarhus Convention on Access to Information, Public Participation in Decision Making and Access to Justice in Environmental Matters 1998.

[89] CEC, *"White Paper" on Environmental Liability*, COM(2000) 66 final. For a discussion see M Wilde, "The EC Commission's White Paper on Environmental Liability: Issues and Implications", (2001) 13 *Journal of Environmental Law* 21.

[90] Directive 90/313 on the freedom of access to environmental information [1990] OJ L158/56. For a discussion see C Kimber, "Understanding Access to Environmental Information: The European Experience", in Jewell & Steele, *supra*.

[91] CEC, *Green Paper on Integrated Product Policy*, COM(2001) 68 final at 3.

[92] CEC, Environment 2010, *supra*.

[93] CEC, *A Sustainable Europe for a Better World: A European Union Strategy for Sustainable Development*, COM (2001) 264 final.

[94] Demmke & Unfried, *supra* at 88.

imaginative and flexible approaches to regulation. Indeed the imagery of instrumentality and choice has come to pervade the new policy and academic literature[95]. Environmental regulation is concerned with choosing from an "arsenal"[96] so as to design of the most optimal regulatory instrument[97]. Moreover, such regulation is "smart" because it recognises and takes seriously the role of private actors and is not hemmed in by entrenched and "outdated" conceptions of the administrative state[98].

The greater attention given to the role of private actors has been accompanied by a certain depiction of the environmental law and policy landscape and this image is important in justifying and legitimising private power, and as such validating the concept of "shared responsibility" as it is set out in official policy. Environmental issues and environmental regulation are understood as matters for neutral and objective inquiry. Environmental protection is a non-controversial goal over which there is universal consensus[99]. Environmental problems have lost their "ideological character"[100] and any conflict is due to actors acting irrationally so that win-win solutions cannot be found[101]. Likewise, there is no suggestion that there may be conflict over questions of "shared ownership"[102] of environmental problems or that the worldviews of different actors may be incommensurable.

Following on from this, the purpose of EC environmental law is primarily a functional one concerned with achieving this non-controversial goal. EC environmental law exists as a mechanism for addressing market failure or, because of the trans-boundary nature of environmental problems, the Community is the most efficient site for governance[103]. Environmental problems are recognised to be physically complex and scientific uncertainty is acknowledged but neither of these translates into socio-political complexity or conflict. The interrelationship between environmental media is one of the reasons why public and private actors should be involved[104] and scientific uncertainty can be addressed by science and management of the decision-making process[105].

---

[95] E.g. CEC, Environment 2010, *supra* at 61; Golub, *supra*; and C Knill & A Lenschow (eds), *Implementing EU Environmental Policy: New Directions, Old Problems*, Manchester University Press, Manchester, 2000.
[96] Golub, *supra* at 4 and Gunningham & Grabosky, *supra* at 14.
[97] CEC, A Sustainable Europe, *supra*.
[98] Gunningham & Grabosky, *supra* at Chapter One.
[99] The Commission cite the fact that 70 % of those surveyed in a Eurobarometer survey saw it as important. See CEC, *Global Assessment: Europe's Environment: What Directions for the Future?*, Office for Official Publications of the European Communities, Luxembourg, 2000, at 9.
[100] Demmke & Unfried, *supra* at 91 and E Rehbinder & R Stewart, *Environmental Protection Policy*, Walter de Gruyter, Berlin, 1985, at 323.
[101] CEC, A Sustainable Europe, *supra* at 5.
[102] CEC, A Sustainable Europe, *supra* at 8.
[103] M Faure , "Regulatory Competition vs. Harmonisation in EU Environmental Law", in D Esty & D Geradin (eds), *Regulatory Competition and Economic Integration: Comparative Perspectives*, Oxford University Press, Oxford, 2001 and Rehbinder & Stewart, *supra* at 3-5.
[104] CEC, Implementing Community Environmental Law, *supra* at para 7.
[105] CEC, Precautionary Principle, *supra*.

As the function of environmental law is primarily concerned with achieving that pre-ordained goal then "good" environmental law will be that which achieves it. Criteria such as those of effectiveness and efficiency must be used to objectively assess the merits of any regulatory option[106]. Such an assessment must be comprehensive and take into account knock-on effects[107]. The consequence of this is that collection of information concerning the impact of policies becomes an important feature of environmental regulation and the Fifth Action Programme placed a great emphasis on this[108]. There is thus now a comprehensive system for State of the Environment reporting as well as the use of environmental indicators to measure progress[109]. As the European Environment Agency (EEA), who was set up to carry out that task note, "indicators are important because we can manage only what we can measure"[110]. Moreover, such information is an accountability mechanism and an important one where regulatory innovation has led to the decentralisation of decision-making[111]. Thus for example in their communication on environmental agreements the Commission stressed the importance of objective monitoring and access to information concerning the performance of environmental agreements[112].

Issues of democratic governance are viewed as important but because of the neutrality of environmental law few questions of democratic legitimacy need to be raised. Indeed the greater role given to private actors is viewed as offsetting any problems of democratic deficit particularly when the processes are transparent. Democracy, as such, is a hazy backdrop. Voting and public participation are mentioned but rarely elaborated upon beyond discussion of access to environmental information[113]. Rather, 'good governance' is largely an operational goal[114] and one directly concerned with policy design to achieve pre-ordained targets rather than more difficult questions of the role of democratic institutions. Thus a reason to inform citizens is that they are a "powerful new force in achieving environmental results"[115]. As such public participation is

[106] CEC, Environment 2010, *supra* at 63-4. It is interesting to note that in this regard OECD discussion on environmental policy has had an impact. See Bothe, *supra* at 251. Also see Gunningham & Grabosky, *supra* at 25.

[107] Thus the Commission note "careful assessment of the full effects of a policy proposal must include estimates of its economic, environmental and social impacts inside and outside the EU": CEC, A Sustainable Europe, *supra* at 6.

[108] CEC, Towards Sustainability, *supra* at Executive Summary and 7.5. See V Heyvaert, "Access to Information in a De-regulated Environment", U Collier (ed), *Deregulation in the EU: Environmental Perspectives*, Routledge, London, 1998.

[109] European Environment Agency, *Environmental Signals*, 2001 EEA, Copenhagen, 2001.

[110] European Environmental Agency, *supra* at 5.

[111] D Jiménez-Beltrán, "Making Sustainability Accountable: The Role and Feasibility of Indicators: *From Gothenburg to Barcelona*", Speech by Executive Director, European Environment Agency, 9 July 2001.

[112] CEC, Environmental Agreements, *supra* at 12-3.

[113] CEC, Environment 2010, *supra* at 21.

[114] European Consultative Forum on the Environment and Sustainable Development, *EU Sustainable Development Strategy: A Test Case for Good Governance*, Office for Official Publications of the European Communities, Luxembourg, 2001, at 8.

[115] CEC, Environment 2010, *supra* at 20.

largely viewed as interchangeable with an "expanded space for private responsibility"[116] and citizens with the concept of consumers[117].

The sum total of these different factors is that EC environmental law is characterised as being primarily about functional concerns – about efficiency and effectiveness, and as noted above, about instrumentality. It is a legal arena in which the physical and socio-legal backdrop is a largely static one and the primary question is one of legislative design. In such a context, discussion of state power or an undue emphasis on the integrity of legal procedures seem both outdated and irrelevant. Moreover, the public/private divide is rendered largely obsolete – an artificial divide that was and is a barrier to regulatory development. The EC environmental law experience of "reckoning with private power" is thus about recasting "good" EC environmental law as about the sophisticated manipulation of both public and private institutions in the pursuit of a preordained goal.

III. – UNPACKING THE APPEAL OF THE TOOLBOX

The focus on the design and utility of regulatory strategy is in no way limited to the EC[118] or to environmental law[119] but its use has been fervent in that context and in the last decade the "new" approach has become the widely accepted paradigm. The role of private actors is no longer simply an interesting feature of the regulatory landscape but a non-negotiable requirement of regulatory action[120]. Indeed, the concept of "shared responsibility" must mean that traditional command and control regulatory strategies are inherently suspicious. Moreover, the emphasis on private actors is not only understood to be descriptively accurate but also tends to be favoured because it corresponds to certain prescriptive theories about what EC environmental law should look like. The central role given to private actors has become the prescriptive dogma of law and policy reform.

This increased focus upon the interaction of public and private parties is for a number of reasons that can be broadly arranged into three categories. These categories are based on the theoretical depth of the different ideas rather than that

---

116 European Consultative Forum on the Environment and Sustainable Development, *supra* at 12.

117 CEC, Environment 2010, *supra* at 20-1.

118 E.g. Gunningham & Grabosky, *supra* and also see the emerging US debate on the new regulatory instruments. E.g. D Dana, The "New 'Contractarian' Paradigm in Environmental Regulation", (2000) *University of Illinois Law Review* 35; C Schroeder, "Third Way Environmentalism", (2000) 48 *University of Kansas Law Review* 801; and R Stewart, "A New Generation of Environmental Regulation", (2001) 29 *Capital University Law Review* 21.

119 E.g. N Gunningham & R Johnstone, *Regulating Workplace Safety: Systems and Sanctions*, Oxford University Press, Oxford, 1999; J Freeman, "The Contracting State", (2000) *Florida State University Law Review* 155; and Ayres & Braithwaite, *supra*.

120 E.g. See the way in which those roles are interpreted by AG Cosmas in C- 343/95 *Diego Calo & Figli Srl v Servizi ecologici porto di Genova SpA*, [1997] I-1547 at footnote 58. For further policy discussion of the concept of shared responsibility see CEC, Environment 2010, *supra*; CEC, *Global Assessment – Europe's Environment: What Directions For the Future?*, Office for Official Publications of the European Communities, Luxembourg 2000; and CEC, A Sustainable Europe, *supra*.

the reasons within each have any ideological affinity with each other[121]. These three categories both overlap and contradict and emphasise the fact that the increased descriptive and prescriptive emphasis on public and private parties is not the product of a single socio-political force[122]. A focus on the different reasons for supporting the new paradigm begins to highlight the problems with assuming that EC environmental is simply about instrumentality.

First, the emphasis on the role of private parties offers a series of solutions to *existing implementation* problems[123]. Those problems being more severe than in any other EC regulatory area and have over the last decade been subject to considerable discussion and scrutiny[124]. The "new" approach attributes responsibility for these problems to the widespread use of command and control regulation before 1990[125]. Such a traditional form of regulation, it is argued, placed too great an emphasis on the exercise of formal state power and rigid rules. Focusing on private parties provides a possibility for greater innovation and creativity in regulatory strategies. The imagery of the toolbox offers both an explanation for past problems (poor design) and also a solution (better design)[126]. Likewise, characterising EC environmental law as a "toolbox" is a way of overlooking governance structures and rendering them seemingly irrelevant. As such the problems of implementation are viewed as largely superficial and surmountable. There is no need to engage in more politically sensitive issues concerning questions of power sharing, legitimacy, and the "democratic deficit"[127] while adding greater force to "flexible" principles such as those of subsidiarity[128]. As such, the "new" approach provides a politically convenient way of progressing EC environmental law without needing to engage in some of the more difficult governance issues.

Second, the greater emphasis on private parties is due to developments in *public management* both in the specific environmental field and in the more general realm of the public sector. In regards to the former, sustainable development has emphasised the importance of the private sector as a means of

---

[121] As such they might be likened to Harlow's distinctions between deep and shallow theories. See C Harlow, "Changing the Mindset: The Place of Theory in English Administrative Law", (1994) 14 *Oxford Journal of Legal Studies* 419.

[122] For a more general discussion of these factors see Mol et al, *supra* at Chapter Two; J Golub, "New Instruments for Environmental Policy in the EU: Introduction and Overview", in Golub, *supra* at 4-8; A Lenschow, "Transformation in European Union Governance", (1997) *EUI Working Papers, RSC* No 97/61; and Knill and Lenschow, *supra*.

[123] CEC, Implementing Community Law, *supra* at paras 5-6 and CEC, *Second Annual Survey on the Implementation and Enforcement of Community Environmental Law Jan 1998-Dec 1999*, Office for Official Publications of the European Communities, Luxembourg, 2000. Also see Demmke, "Towards Effective Environmental Regulation", *supra*.

[124] Demmke, "Towards Effective Environmental Regulation", *supra* at 2.

[125] Hilson, *supra* at 101-3.

[126] E.g. Gunningham & Grabosky, *supra* at Chapter One; CEC, Environment 2010, *supra* at 13; and CEC, A Sustainable Europe, *supra*.

[127] G Majone, "Europe's 'Democratic Deficit': The Question of Standards", (1998) 4 *European Law Journal* 5.

[128] Art 5. See I Bailey, "Flexibility, Harmonisation and the Single Market in EU Environmental Policy: The Packaging Waste Directive", (1999) *Journal of Common Market Studies* 549. For a discussion of the development of the directive see Weale et al, *supra* at Chapter 12.

maintaining development that meets the needs of today without sacrificing the needs of future generations[129]. Other environmental policies such as ecological modernisation[130], have also recognised the importance of the private sector, and in particular creating a 'green market' in technological innovation[131]. "Shared responsibility" is thus central to these policies. In regards to public management, new public management has also placed great emphasis on the role of the private sector[132]. The "reinvention" of government necessitates that government "steers" rather than "rows" and facilitates rather than actually operates. The OECD programme of regulatory reform[133], the European Commission's policy on simplifying regulation[134], and national regulatory experiences[135] have all also contributed to the greater emphasis being placed on private actors. As well there have been numerous groups arguing for greater deregulation and the removal of regulatory "red tape"[136].

Finally, the greater attention given to private parties in EC environmental law is due to various *theoretical shifts* in both legal and political theory. In regards to the former, reflexive law emphasises the importance of developing mechanisms so that private organisations can internalise environmental norms[137]. These autopoietic theories of law have been derived from systems theory[138]. They place greater emphasis on information, the evolving nature of regulatory strategies, and the importance of organisational learning. As such, private parties are central to the development of regulatory frameworks[139].

Likewise the role of private parties and public participation has also been increasingly emphasised in political theory and in particular theories of

---

[129] E.g. The Agenda 21 programme that emerged out of United Nations Conference on Environment and Development 1992 has had a powerful influence. See S Baker, "The European Union: Integration, Competition, Growth – and Sustainability", in W Lafferty & J Meadowcroft (eds), *Implementing Sustainable Development*, Oxford University Press, Oxford, 2000.

[130] Ecological modernisation is a theory that positive economic development can occur through the pursuit of environmental goals. See Gouldson & Murphy, *supra* at Chapter 1.

[131] A rationale that can be seen in CEC, Integrated Product Policy, *supra*.

[132] D Osborne & T Gaebler, *Reinventing Government: How the Entrepreneurial Spirit is Transforming the Public Sector*, Addison-Wesley Publishing Co. Westport, 1992. In the environmental field see Demmke & Unfried, *supra* at 220

[133] Bothe, *supra*.

[134] Molitor Group Report. CEC, *Report of the Group of Independent Experts on Legislative and Administrative Simplification*, COM (95) 288 final.

[135] E.g. Dutch environmental policy. See Gouldson & Murphy, *supra* at Chapter Six.

[136] U Collier, "The Environmental Dimensions of Deregulation", in U Collier (ed), *Deregulation in the EU: Environmental Perspectives*, Routledge, London, 1998 and Better Regulation Taskforce, *Environmental Regulation and Farmers*, HMSO, London, November 2000.

[137] G Teubner et al (eds), *Environmental Law and Ecological Responsibility: The Concept and Practice of Ecological Self Organisation*, John Wiley & Sons Ltd, London, 1994; Stewart, *supra* at 127-140; and E Orts, "Reflexive Environmental Law", (1995) 89 *North-western University Law Review* 1227.

[138] G Teubner, *Autopoietic Law: A New Approach to Law and Society*, Walter de Gruyter, Berlin, 1988. See also the work of Niklas Luhmann, *Risk: A Sociological Theory*, de Gruyter, New York, 1993.

[139] Also see Gunningham & Grabosky, *supra* at Chapter One.

deliberative democracy[140] and political modernisation[141]. The EU is a "profound mutation of democracy"[142] and thus has given rise to theories attempting both to describe and justify it[143] as well as responding to the more general "crisis" of regulatory politics[144]. Deliberative and discourse theories make sense in the supranational context of the EU in which traditional concepts of liberal democratic constitutionalism do not operate[145]. Deliberation is a way of fostering legitimacy when there are no democratic representative institutions to serve that function[146]. Yet to do so it requires involvement of an array of actors from both the public and private spheres. Indeed, to a certain degree, it requires mobilisation of the citizenry[147].

As can be clearly seen the reasons for the support of the "new" approach operate on many different theoretical levels and come from both the left and right of politics. In this sense there is consensus. Everyone recognises that a black-box mentality to regulation is not appropriate and that private actors do have a role to play. Yet as also must be clear, those reasons begin to highlight that consensus in EC environmental law is only at the most superficial level and that there are some very real contradictions at the core of the subject. Thus while the role of private actors may be favoured by some because of deregulatory ideology (and thus because of the way private actors limit public power) others, such as those supporting discourse theories, favour it because of the way it transforms and strengthens public authority. The different justifications for the "new" approach thus promotes fundamentally different roles for public and private actors. Market integration and the environmental policy of ecological modernisation have promoted those strategies that have attempted to use the invisible hand of the market or the power of consumer choice[148]. Yet for many, the market cannot give expression to a range of non-quantifiable values and what is required is greater participation by those operating in the public interest[149]. Subsidiarity has been a catalyst for a more flexible approach to regulation and

140 Erikson & Fossum, *supra*. These theories are often called discourse theories and should be distinguished from US civic republican theory. See E Erikson, "The Question of Deliberative Supranationalism in the EU", (1999) *Arena Working Papers*, WP99/4.

141 Mol et al, *supra* at 14-16.

142 J Vignon, "Governance and Collective Adventure", in O de Schutter et al (eds), *Governance in the European Union*, Forward Studies Unit, Office for the Official Publications of the European Communities, Luxembourg, 2001 at 3.

143 P Craig, "The Nature of the Community: Integration, Democracy and Legitimacy", in P Craig and G deBurca (eds), *The Evolution of EU Law*, Oxford University Press, Oxford, 1998.

144 See the collection in de Schutter et al, *supra*.

145 C Joerges, "Deliberative Supranationalism – A Defence", (2001) 5, *European Integration Online Papers*, 8 and J Dryzek, *Deliberative Democracy and Beyond*, Oxford University Press, Oxford, 2000.

146 Erikson & Fossum, *supra* and C. Joerges & J. Neyer, "From Intergovernmental Bargains to Deliberative Political Processes: The Constitutionalisation of Comitology", (1997) 3 *European Law Journal* 273.

147 Although this is an issue hotly contended among theorists. Likewise the concept of the "citizen" in the EU is deeply problematic despite the inclusion on Art 17. See D Grimm, "Does Europe Need a Constitution?", (1995) 1 *European Law Journal* 282.

148 E.g. Eco-labelling and environmental taxes.

149 AJ Brown, "Prayers of Sense and Reason: Mining, Environmental Risk Assessment and the Politics of Objectivity", (1992) 9 *Environmental Planning and Assessment Journal* 387.

enforcement that has incidentally accommodated a greater role for private actors[150] and a belief in more participatory decision making processes have influenced the setting up of schemes such as the Auto Oil programme[151]. Yet, while these and environmental agreements have been hailed as more deliberative forms of policy making they have also been heavily criticised for their opaqueness and technocratic approach to problem solving that threatens governance through opportunities for agency capture[152]. These differences are essentially differences of governance and not easily reconcilable. The role of private actors then is not as straightforward as the "new" approach suggests and nor is it simply concerned with performance. From any particular perspective, some forms of public/private interaction will be viewed as acceptable while other forms will not. As such, the distinction between public and private actors is important for each of these different theories.

IV. – UNPACKING THE COMPLEXITY AND CONFLICT OF THE TOOLBOX

Yet it is not only in this regard that the "new" approach is a misrepresentation of EC environmental law. As a form of description the "new" approach glosses over the physical and socio-political complexities and conflicts at the heart of EC environmental law. As Dryzek notes: "[e]nvironmental problems by definition are found at the intersection of ecosystems and human social systems, so one should expect them to be doubly complex"[153]. This can be seen in a number of areas and manifests itself in the type of issues that are litigated before both national courts and the ECJ.

The new approach rarely engages in discussion concerning the uncontrollability of environmental problems. Environmental problems are inherently messy and thus not easily managed by engineered solutions[154]. The non-linear processes of ecosystems, the unpredictability of human behaviour and the problems of scientific uncertainty[155] all make the process of assessing environmental harm an intricate and often intractable business[156]. Scientific uncertainty, in such circumstances, is not simply a "data gap" but a whole series

---

[150] E.g. Directive 96/61 on integrated pollution prevention and control [1996] OJ L257/26. For a discussion see Scott, 'Flexibility in the Implementation of EC Environmental Law' *supra*.

[151] Freidrich et al, *supra*. See Mol et al, *supra* at Chapter Two for the different impetuses for joint environmental policy making.

[152] See Freidrich et al, *supra* on the Auto Oil I Programme.

[153] J Dryzek, *The Politics of the Earth*, Oxford University Press, Oxford, 1997 at 8.

[154] A good example of this is the failure of risk assessment in a variety of circumstances. See President's Commission on the Accident at Three Mile Island, *Final Report* (Government Printing Office, Washington D.C., 1980)

[155] On scientific uncertainty see Wynne, *supra* and M Smithson, 'Ignorance and Science' (1993) 15 *Knowledge: Creation, Diffusion and Utilisation* 133.

[156] E.g. National Research Council, *Understanding Risk: Informing Decisions in a Democratic Society*, National Academy of Sciences, Washington DC, 1996.

of methodological, epistemological and ontological uncertainties that are inherent in the practice of science[157].

The problems created by complexity and scientific uncertainty can be seen throughout the enforcement, judicial review, and preliminary ruling case law of the ECJ. Complexity and scientific uncertainty can lead to disagreements over the legitimacy of Community[158] and Member State action[159], disagreement over methodologies[160], and disagreements over whether there is actually a problem in the first place[161]. The inclusion of the precautionary principle in the EC Treaty[162] is recognition of the problems that scientific uncertainty can cause for decision-making but the Commission's recent Communication on the principle has tended to cast the problem of scientific uncertainty as one largely of regulatory design[163] rather than one that requires reflection on understandings of legitimate authority[164].

Moreover, in regards to any particular environmental problem there will be divergent socio-political conceptions of what is the cause and what is at stake. These are due to the complexities, uncertainties and the different social values placed on environmental protection[165]. Conflicts over values will also translate into different understandings of how communities should act collectively[166]. These differences are magnified in the EC context by having twenty five jurisdictions in which environmental politics has developed quite differently[167]. Likewise, the polycentric[168] nature of environmental problems contributes both to the complexity and the conflict. Environmental problems can impact upon a wide number of people in often quite indirect ways and also over borders[169]. It is not just that the new discourse oversimplifies complexities however. It also

---

[157] For a lengthier discussion see E Fisher, "Drowning by Numbers: Standard Setting in Risk Regulation and the Pursuit of Accountable Public Administration", (2000) 20 *Oxford Journal of Legal Studies* 109 at 115-6.

[158] E.g. In C-293/97 *R v. Secretary of State for the Environment, ex parte Standley*, [1999] I-2921 it was argued that there was no scientific basis was placing prime responsibility for nitrates pollution on farmers. In C-341/95 *Bettani v. Safety Hi Tech Srl*, [1998] ECR I-4435 uncertainty over ozone depleting substances also led to a challenge of a regulation.

[159] E.g. C-53/80 *Officer Van Justitie v. Eyssen BV* [1981] ECR 409 (action in relation to nisin in cheese) and C-473/98 *Kemikalieinspektionen v. Toolex Alpha AB*, 11 July 2000 (Swedish system of chemicals regulation).

[160] E.g. the debates over different sampling techniques in C-147/00 *Commission v. France*, 15 March 2001.

[161] E.g. international debate over the greenhouse effect.

[162] Art 174(2).

[163] CEC, Precautionary Principle, *supra* and see N McNelis, "EU Communication on the Precautionary Principle", (2000) 3 *Journal of International Economic Law* 545 and E Fisher, "The European Commission's Communication on the Precautionary Principle", (2000) 12 *Journal of Environmental Law* 403 for different views on the principle.

[164] Fisher, "Precaution, Precaution, Everywhere", *supra*.

[165] Dryzek, The Politics of the Earth, *supra*.

[166] National Research Council, *Understanding Risk: Informing Decisions in a Democratic Society*, National Academy of Sciences, Washington DC, 1996, at 18.

[167] E.g. See how sustainable development has been interpreted in different jurisdictions: Lafferty & Meadowcroft, *supra*.

[168] L Fuller, "The Forms and Limits of Adjudication", (1978) 92 *Harvard Law Review* 353, at 395-7.

[169] E.g. acid rain and see the transboundary provisions in the directive on integrated pollution prevention and control.

presumes that there is widespread consensus concerning EC environmental law[170]. But while consensus may be the politician's "Holy Grail"[171] it is not a particularly common feature of environmental issues. Consensus is a decision rule that presumes that there can be collective agreement among interested parties[172]. Yet in environmental problems, as already seen, there is often considerable disagreement.

As with scientific uncertainty, these socio-political complexities and conflicts can be seen in many of the cases brought before the ECJ as well as in direct effect actions brought in national courts. Differences of opinions over the relative importance and nature of environmental problems are the core conflict in many cases between Member States, Community institutions and/or between different public and private actors[173]. Following on from this there may be disagreement over who is responsible for a particular problem[174], what are relevant factors to take into consideration[175], and what weight should be given to any particular value[176]. Thus for example in relation to nature conservation the failure of Member States to implement the Wild Birds[177] or the Habitats Directive[178] is due to disagreement over how the protection of nature should be weighed against other social and economic values such as hunting[179], economic development[180], and infrastructure development[181]. These conflicts are made more complex when governance structures within a Member State are decentralised[182] and when the practices that clash with the directive have been carried out over a long period of time[183]. Both directives however give very little room to balance other factors

170 A similar problem is highlighted by McGarity concerning the discourse in the US: T McGarity, "A Cost-Benefit State", (1998) 50 *Administrative Law Review* 7.

171 McGarity, *supra* at 11.

172 C Coglianese, 'Is Consensus an Appropriate Basis for Regulatory Policy?' In Eric Orts and Kurt Deketelaere (eds), *Environmental Contracts: Comparative Approaches to Regulatory Innovation in the United States and Europe* 93-113 Kluwer Law International, The Hague, 2001 at 94-5.

173 E.g. C-302/86 *Commission v Denmark* [1988] ECR 4607 (between Commission and Denmark over bottle recycling schemes) and T585/93 *Stichting Greenpeace Council (Greenpeace International) & ors v. European Commission* [1998] ECR I-1651 (public interest group and Commission).

174 In C-293/97 *R v. Secretary of State for the Environment, ex parte Standley* [1999] I-2921 it was argued, among other things, the nitrates directive was invalid because it placed too great a responsibility on farmers.

175 E.g. *R v. SS for the Environment, ex parte Kingston Upon Hull City Council* [1996] Env LR 248 (factors relevant to what is an estuary) and E.g. *R. v Secretary of State for Trade and Industry Ex p. Duddridge* [1995] 3 CMLR 231 (health issues).

176 C-378/98 *Preussenelektra A.G. v. Schleswag A.G* [2001] ECR I-2099 (renewable energy and state aid).

177 Directive 79/409 on the conservation of wild birds [1979] OJ L33/36 (Art (4)4).

178 Directive 92/43 on the conservation of natural habitats and of wild fauna and flora (Art 6(4)).

179 C-38/99 *Commission v. France*, [2000] ECR I-10941 and C-435/92 *Association pour la Protection des Animaux Sauvages v. Prefet de Maine-et-Loire and Another* [1994] ECR I-67.

180 E.g. C-44/95 *R v. Secretary of State for the Environment, ex parte Royal Society for the Protection of Birds* [1996] ECR I-3805.

181 C-57/89 *Commission v. Germany* [1991] ECR I-883.

182 E.g. See the role local government played in the Lappel Bank case: *R v. Secretary of State for the Environment, ex parte Royal Society for the Protection of Birds* [1997] Env LR 431.

183 E.g. The limestone quarrying in C374/98 *Commission v. France* [2000] ECR I-10941.

with nature conservation[184] and thus problems of divergent views are largely characterised as implementation problems[185]. As such these issues of conflict are rarely elaborated upon because the "strict liability" nature of enforcement proceedings do not require an inquiry into these matters[186].

The disagreements outlined above are the normal controversies inherent in environmental law[187] that administrative bodies[188], courts[189] and those designing legislation[190] must somehow reconcile as part of their decision making process. In the EC environmental law context however, this conflict is made even more acute because it must interact the process of market integration and its "culture of economic expectation"[191]. The rise of EC environmental law is not simply about environmental protection but also about preventing national environment law acting as a non tariff barrier to free trade between Member States[192]. Thus some of the first legislative provisions in environmental law were product standards concerned to harmonise and regulate the free flow of goods[193]. Likewise, the new approach in EC environmental law mirrors that in technical harmonisation where a greater role has been given to private standard setting bodies[194]. The implications of market integration are twofold. It has favoured those regulatory strategies that are based on market mechanisms and thus tends to favour largely deregulatory strategies. Market integration has also created greater pressure for consensus because of the economic need for common standards. Thus a considerable amount of Article 28 (free movement of goods) case law is about adjudicating upon the acceptability of the norms that underlie Member State Action. In cases such as *Bluhme*[195], *Toolex-Alpha*[196] and *Aher-*

---

[184] See the discussion in C-57/89 *Commission v. Germany* [1991] ECR I-883 and C-371/88 *R v. Secretary of State for the Environment, ex parte First Corporate Shipping* [2000] ECR I-9235

[185] See R. Macrory, 'The Enforcement of Community Environmental Law: Some Critical Issues' (1992) 29 *Common Market Law Review* 347.

[186] Macrory, *supra* and see the reasoning in cases such as C-57/89 *Commission v. Germany* [1991] ECR I-883.

[187] E.g. Dryzek, Politics of the Earth, *supra* and T O'Riordan, *Environmentalism*, 2nd ed., Pion, London, 1983.

[188] E.g. The decision as to whether an environmental impact assessment is required under Art 4(2) of the EIA directive, *supra*.

[189] This is particularly so in the national context. E.g. *R. v Secretary of State for Trade and Industry Ex p. Duddridge* [1995] 3 CMLR 231 (precautionary principle and electricity transmission).

[190] E.g. Compare how the derogation provisions become less strict between the Directive 79/409 on the conservation of wild birds [1979] OJ L33/36 (Art (4)4) and Directive 92/43 on the conservation of natural habitats and of wild fauna and flora (Art 6(4)).

[191] S Weatherill, *Law and Integration in the European Union*, Clarendon Press, Oxford, 1995 at 11.

[192] As one commentator has noted: "The lowering of tariffs has in effect been like draining a swamp. The lower water level has revealed all the snags and stumps of non-tariff barriers that still have to be cleared away": Baldwin as quoted in Egan, *supra* at 41. Also see R Dehousse, "Integration v. Regulation?: On the Dynamics of Regulation in the EU", (1992) 30 *Journal of Common Market Studies* 383.

[193] Council Resolution of 21 May 1973 supplementing resolution of 28 May 1969 establishing a programme for the elimination of technical obstacles to trade in industrial products, resulting from disparities between laws, regulations and administrative provisions, OJ C38/1, 5 June 1973.

[194] Egan, *supra* at Chapter Seven.

[195] C-67/97 *Criminal Proceedings Against Ditlev Bluhme* [1998] ECR I-8033 (banning bees from an island to protect the native species).

[196] C-473/98 *Toolex Alpha* [2000] ECR I-5681 (Swedish chemicals regulation).

Waggon[197] unilateral action on the part of Member States was found to be necessary and proportional partly because the norms that underpinned action accorded with wider held norms in the Community[198].

V. – UNPACKING THE PUBLIC LAW NATURE OF THE TOOLBOX

As must be becoming clear, problems of conflict in EC environmental law are ultimately problems of collective decision-making and are in essence about resolving disputes concerning how communities wish to live[199]. As such, much of environmental politics is tied to larger questions of democratic governance and many involved in environmental decision-making are seeking the "wholesale reorientation of state structure"[200] including reform to procedures (a greater emphasis on participatory democracy)[201] and a shift in values (away from anthropocentrism to eco-centrism)[202]. The public/private divide is in no way irrelevant to this discourse but rather highly central to it.

This of course raises an interesting conundrum in the context of the EU because neither is the law-making process nor the majority of Community institutions democratic. That however does not stop issues concerning participation and the exercise of power being constantly raised in the context of EC environmental law. Indeed it intensifies the need for an arena or structure for decision-making that not only allows for collective decision-making but also legitimises any outcome of the decision-making process even though not all may agree with it. Thus lack of consensus must mean that the process by which decisions are made becomes important, albeit subject to conflict. Which ever way one looks at this almost intractable problem one thing is clear, it is an inescapably public law issue and one that once again can be seen being constantly raised in ECJ and national case law.

This interrelationship between governance and EC environmental law has a number of aspects. Environmental law is part of the continuing tension over the respective competencies between the Community and Member States. The principle of subsidiarity was first included in the EC Treaty[203] in regards to the environment and as a wider principle has clearly been influential in making

---

[197] C-389/96 *Aher-Waggon v. Germany* [1998] ECR I-4473 (noise limits for aircraft).

[198] Thus compare with C-302/86 *Commission v Denmark* [1988] ECR 4607 (bottle recycling scheme); C-131/93 *Commission v Germany* [1994] ECR I-3303 (ban on importing crayfish); and C-203/96 *Dusseldorp* [1998] ECR I-4075 (ban on export of waste for recovery). Compare *Dusseldorp* to C-2/90 *Commission v. Belgium* [1992] ECR I-4433

[199] A point well made by the National Research Council, *supra* at 18. Also see more generally M Douglas and A Wildasky *Risk and Culture: An Essay on the Selection of Technical and Environmental Dangers*, University of California Press, Berkeley, 1982.

[200] Dryzek, Deliberative Democracy, *supra* at 143. On new social movements see J Cohen & A Arato, *Civil Society and Political Theory*, MIT Press, Cambridge, 1992, at Chapter 10.

[201] B Hayward, "The Greening of Participatory Democracy: A Reconsideration of Theory", in F Matthews (ed), *Ecology and Democracy*, Frank Cass, London, 1996.

[202] R Eckersley, *Environmentalism and Political Theory: Towards an Ecocentric Approach*, UCL Press, London, 1992.

[203] Art 130r(4).

environmental regulatory frameworks more flexible in the last decade[204]. Likewise, Article 176 allows Member States to introduce more protective measures than introduced by the Community so long as such "measures are compatible" with the Treaty[205]. Even the Nice Treaty adjusted once again the respective competence of the Community[206]. The choice between levels of government is thus simply not one of efficiency and effectiveness but rather is an issue bound up with the intergovernmental constitutional politics of the EU. Environmental problems require decisions to be made concerning which level of government has the final say and the factors relevant to this are many and tied to larger questions[207]. Moreover, environmental law raises similar inter-institutional questions concerning which institutions should be involved in the process of law and policy making[208].

Furthermore, as already noted, the significant governance problem for EC environmental law is that of administrative legitimacy and the "new" approach has largely overlooked those commentators who have argued a greater need for democratic accountability in EC environmental law[209]. Thus for example, the delegation of considerable authority to comitology committees has increasingly led to many commentators to call for a Community version of the US Administrative Procedure Act[210]. While there have been some legal developments in this field[211] it has largely been left out of the mainstream discussion of the "new" approach. Rather questions of accountability have been largely concerned with questions of goal attainability.

As noted above public participation has been viewed as a largely non-controversial issue. Yet for many public interest actors it, along side access to the court system and transparency of decision-making processes, have been the

---

[204] For a discussion see J Golub, "Sovereignty and Subsidiarity in EU Environmental Policy",(1996) 44 *Political Studies* 686-703; Hilson, *supra* at Chapter Three; J Scott, *EC Environmental Law*, Longmans, London, 1998, at Chapter One; and D Freestone & H Somsen, "The Impact of Subsidiarity" in J Holder (ed) *The Impact of EC Environmental Law in the United Kingdom*, John Wiley, London, 1997, at Chapter Six.

[205] C-203/96 *Dusseldorp* [1998] ECR I-4075 and C-318/98 *Fornasar* [2000] ECR I-4785 for a discussion.

[206] It redefined what was included under the unanimous voting provisions of Art 175 (2). Also note the recent C-36/98 *Spain v. Council* [2001] ECR I-779.

[207] Compare for example ECJ's different views on waste for disposal C-2/90 *Commission v. Belgium* [1992] ECR I-4433 and waste for recovery C-203/96 *Dusseldorp*, [1998] ECR I-4075).

[208] E.g. C-300/89 *Commission v Council* [1991] ECR I – 2867 (titanium dioxide case); C-155/91 *Commission v Council* [1993] ECR I-939; C-187/93 *Parliament v Council* [1994] ECR I-2857; and C-164/97 & 165/97 *Parliament v Council* [1999] ECR I-1139

[209] E.g. Hey, *supra*.

[210] E.g. G Majone, 'The Credibility Crisis of Community Regulation' (2000) *Journal of Common Market Studies* 273; F Bignami, "The Democratic Deficit in European Rulemaking: A Call For Notice and Comment in Comitology", (1999) 40 *Harvard International Law Journal* 451; and P Lindseth, "Weak' Constitutionalism? Reflections on Comitology and Transnational Governance in the European Union", (2001) *Oxford Journal of Legal Studies* 145.

[211] See Council Decision 99/468/EC, 28 June 1999 that tightens up the oversight of comitology committees. For a discussion see K Lenaerts & A Verhoeven, "Towards a Legal Framework for Executive Rulemaking in the EU?: The Contribution of the New Comitology Decision", (2000) 37 *Common Market Law Review* 645. Also see more general policy reform in European Governance, *supra* at 11.

central concerns in the development of EC environmental law[212]. These issues have been addressed in a limited and ad hoc way but there is no formal and entrenched legal framework[213]. Court decisions rather than any comprehensive legislative scheme has been the main source of developments on this front[214]. The process of ratifying the Aarhus Convention on Access to Information, Public Participation in Decision Making and Access to Justice in Environmental Matters[215] has been a limited catalyst but again it has not been seen as particularly problematic by Community institutions and mainly a matter for Member States[216]. Likewise, virtually no distinction is made between private actors and those seeking to act in the public interest[217]. There is also little discussion concerning how public participation affects the relationship between Member States and Community institutions beyond a discussion of what is the most "efficient" level for governance. Public participation may be important but under the "new approach" it is presumed to be relatively straightforward. In part this overlooking of the more difficult issues may be due to a desire not to engage in the more sensitive governance issues that are raised by EC environmental law. Such deflection however does not stop these issues causing very real problems for the implementation of environmental law. Again at the heart of many legal actions are questions concerning what is a valid exercise of discretion[218], who can participate[219], who can bring a court action[220], and which authority has the ultimate say[221].

The problem of course with the new approach is that by ignoring these different issues it ignores the central role that public law institutions play in constructing institutions and mediating conflict in environmental law. Public and private actors do not exist in isolation and their interactions are not the product of spontaneous will. The regulatory landscape is not just a level playing field in

---

212 Hey, *supra*. and European Environmental Bureau, EEB Memorandum to the Belgian Presidency and the EC Member States, (2001/13), Brussels, 2001. Also see the following cases: T585/93 *Stichting Greenpeace Council (Greenpeace International) & ors v. European Commission* [1998] ECR I-1651 (locus standi before the ECJ) and T-105/95 *WWF (UK) v. Commission* [1997] ECR-II-313 (access to documents).

213 E.g. Decision 93/71/EC Code of Conduct on Access to Public Documents. The only exception to this is Directive 90/313/EEC on freedom of access to information on the environment but note it is being redrafted: CEC, *Proposal for a Directive of the European Parliament and of the Council on Public Access to Environmental Information* COM, (2000) 402 final. For case law on this directive see C-321/96 *Mecklenburg v. Pinneberg Der Landrat* [1998] ECR I-3809 and C-217/97 *Commission v. Germany* [1999] ECR I-5087.

214 E.g. In the UK see *Berkeley v. SS for the Environment*, [2000] 3 All ER 897.

215 J Palerm, "Public Participation in Environmental Decision Making: Examining the Aarhus Convention" (1999) 1 *Journal of Environmental Assessment Policy and Management* 229.

216 CEC, *Proposal for a directive providing for public participation in respect of the drawing up of certain plans and programmes relating to the environment and directives 85/337/EEC and 96/61/EC* COM (2000) 839 final.

217 E.g. CEC, Environment 2010, *supra* at 20-1.

218 E.g. *R v. SS for the Environment, ex parte Kingston Upon Hull City Council* [1996] Env LR 248.

219 E.g. *Berkeley v. SS for the Environment* [2000] 3 All ER 897 and T-461/93 *An Taisce & WWF v Commission* [1994] ECR II-733.

220 This is not only standing issues but whether a provision has direct effect. See *R v. Durham CC ex parte Huddleston* [2000] CMLR 313.

221 E.g. On the question of the definition of waste. See C-304/94 *Tombesi* [1997] ECR I-3561.

which actors interact according to preordained plans of action that have been designed with considerations of effectiveness and efficiency in mind. Rather, existing legal and institutional frameworks determine the role of both private and public actors whether it is in giving them the right or an opportunity to influence the legal and decision-making process[222]. Moreover the legitimacy of those institutions are not a given but subject to competing views.

VI. – PUBLIC/PRIVATE INTERACTION AND ADMINISTRATIVE CONSTITUTIONALISM

The discussion so far has largely been one of deconstruction, of unpacking the toolbox to show that the simplicity of the "new" approach is largely superficial. The "new" approach overlooks the many and contradictory justifications for the promotion of private actors in EC environmental law, it glosses over the complexities and conflicts in the subject, and it ignores the public law nature of many environmental law problems. These deficiencies are not simply a matter of academic technicalities but rather concern the actual ability of EC environmental law to address problems and be underpinned by a widespread sense of its legitimacy. Indeed, while the "new" approach has promised to overcome the past pitfalls of implementation there is no suggestion that it has done so[223]. Likewise, as seen above, the question of administrative legitimacy is an ongoing and unsettled one that is only likely to become more cumbersome with the increasing consolidation of regulation in the EC[224]. Indeed, ongoing litigation is one example of this.

The "new" approach has very few analytical tools to deal with this question. Ironically, this is due to exactly the same flaws that it highlighted in command and control systems. Just as command and control placed too much faith in formal rules the "new" approach places too much faith in the ability to design regulation to achieve optimal regulatory performance. Neither deal well with the conflicts at the heart of the subject. This is perhaps best summed up by a comment of Wyatt who notes that benefits of the involvement of the EC in environmental decision-making are to be doubted because in many cases EC environmental law is poorly drafted and contains poorly considered objectives[225]. As shown above much of this derives from a failure to appreciate the complexity of the subject[226]. Indeed, as seen above, the "new" approach largely ignores it.

---

222 See the discussion of this in the context of network theory: D Marsh & M Smith, "Understanding Policy Networks: Towards a Dialectical Approach", (2000) 48 *Political Studies* 4 and Richardson (2001), *supra* at 12.

223 C Knill & A Lenschow, "Do New Brooms Really Sweep Cleaner? Implementation of New Instruments in EU Environmental Policy", in Knill & Lenschow, *supra* and Demmke & Unfried, *supra* at 269. One argument that is often used in response is that the "new" approach has not fundamentally altered the command and control nature of the bulk of EC environmental law.

224 C Radaelli, "Governing European Regulation: The Challenges Ahead", (1998) *RSC Policy Paper*, 98/3.

225 D Wyatt, "Litigating Community Environmental Law – Thoughts on the Direct Effect Doctrine", (1998) 10 *Journal of Environmental Law* 9.

226 See also Macrory, *supra* and Demmke & Unfried, *supra* discussing the complexities of enforcement and implementation.

This unpacking of the toolbox leaves an unanswered question, however. What should be the basis of environmental law and policy reform? While there is no room here to enter into a detailed discussion there is a need, at the very least, to suggest both a direction and basis for the future development of the subject. Before doing that however it is useful to reiterate two points made at the beginning of this paper. The first is that nothing said above should be taken as discounting the role of private actors in EC environmental law. There is no doubt that they have an important impact on all aspects of environmental regulation and that to ignore this would be to give an incomplete account of environmental law[227]. The problem of the "new" approach is that it elevates this descriptive feature of environmental regulation to a prescriptive norm and in doing so ignores the many debates concerning what exactly the role of private actors should be. Likewise, the recognition of the actual and potential influence of private actors raises a series of legal questions concerning how and whether they should be accommodated into a decision-making process[228]. The role of private actors thus may be an inherent feature of environmental regulation but it is not an unproblematic one. Likewise and secondly, nothing above should be taken as arguing against the importance of regulatory diversity. Only through regulatory experimentation does legal and institutional evolution take place[229].

The task then becomes constructing a framework for EC environmental law that not only recognises complexity and conflict but also uses it as a constructive basis of reform by accommodating it into decision-making. Such a framework would address questions of discretion, competence and provide mechanisms for balancing different factors. Unlike the 'new' approach the framework would not presuppose consensus over environmental goals or how to achieve them. At the same time, such structures would need to be workable. As noted above, such frameworks will be public and administrative. Likewise the question of legitimacy will be central to them, particularly legitimacy of the decision-making process and the institutions that hold authority. All of this is a tall order and must mean that EC environmental law is more closely interweaved with questions of governance in the EU.

As such, EC environmental law should largely be understood, not as a subject about functional design, but rather as one concerned with administrative constitutionalism[230]. That is, it is about the constituting and limiting the power of

---

[227] This of course being the primary insight of network theory. See Dowding, *supra*.

[228] E Fisher & P Schmidt, "Seeing the 'Blind-spots', in Administrative Law: Theory, Practice, and Rulemaking Settlements in the United States", (2001) 37 *Common Law World Review* 348.

[229] JB Ruhl, "Thinking of Environmental Law as a Complex, Adaptive System: How to Clean Up the Environment By Making a Mess of Environmental Law", (1997) 34 *Houston Law Review* 933.

[230] Also see Fisher, Risk Regulation and Administrative Constitutionalism, *supra* and E Fisher, "From Deliberating Risk to Rationalising Risk: Administrative Constitutionalism and Risk Regulation in the US, UK, and EC", *Oxford-Texas Exchange*, 8 April 2001. Such a definition reflects more ancient rather than more modern understandings of constitutionalism and constitutions in that contemporary accounts have tended to be solely concerned with explicit control in the form of a written constitution. C McIlwain, *Constitutionalism: Ancient and Modern*, Cornell University Press, Ithaca, 1947, at 3. It should also be noted that discussions of administrative constitutionalism need not be limited to legal constraints. See S Gordon, *Controlling the State: Constitutionalism From Ancient Athens to Today*, Harvard University Press, Cambridge, 2000, at 5. This is a particularly

administrative institutions when the legitimacy of those bodies is constantly being contested. The central question that drives the subject is thus not about effectiveness or efficiency but rather about balancing the ability of institutions to address problems with questions of institutional legitimacy. The term administrative refers to the fact that in most cases these public institutions cannot be legitimated by reference to democracy. It does not however make any statement beyond that concerning what those institutions should be like[231]. Indeed, the term constitutionalism signifies that questions of structure and how institutional effectiveness and legitimacy are balanced are subject to considerable debate[232].

In national jurisdictions the questions of administrative constitutionalism are inherently distinct from (although related to) larger questions of constitutionalism. In the EC context however, they are closely interrelated because only the Parliament is directly legitimated by the will of the people. This feature of Community institutions has led some commentators to note that the problems of institutional legitimacy in the EU are largely administrative[233]. As such, questions concerned with EC environmental law are intertwined with two levels of debate. A macro level concerned with large-sale questions of constitutionalism[234] and a micro level concerned with what most public lawyers would associate with administrative law[235]. The former is about questions of competence and the latter with the more difficult issues of decision-making processes.

Understandings of administrative constitutionalism will inform legislative design, institutional structure and the way institutions are held to account. As such, focusing on administrative constitutionalism allows an exploration of the mutually constitutive relationship between law, public administration, and normative theory. Administrative constitutionalism does not negate the role of private actors but rather places their role in a broader governance context. It also acknowledges that there may be deep disputes over what role they do and should play. Thus for example, the use of environmental agreements is not simply construed as a question of performance but rather issues of fairness and participation by third parties are viewed as relevant *and* these issues are presumed to be contentious[236]. Likewise, implementation problems are probed

---

pertinent consideration in light of the fact that public administration is not a wholly legal creation. See R Thomas, "Deprofessionalisation and the Postmodern State of Administrative Law Pedagogy" (1992) 42, *Journal of Legal Education*, 75-102.

[231] Thus it is not presuming that they should be akin to a US style administrative agency. See Majone, Credibility Crisis, *supra*

[232] P Craig, "Constitutions, Constitutionalism and the European Union", (2001) 7 *European Law Journal* 125 at 127.

[233] See P Lindseth, "Democratic Legitimacy and the Administrative Character of Supranationalism: The Example of the European Community", (1999) 2000 *Columbia Law Review* 628.

[234] Craig, Constitutions, *supra*; Weiler, *supra*; I Ward, "Beyond Constitutionalism: The Search for a European Political Imagination", (2001) 7 *European Law Journal* 25; and G Mancini, *Democracy and Constitutionalism in the European Union*, Hart Publishing, Oxford, 2000, at Chapter 4.

[235] Lindseth, "Democratic Legitimacy", *supra* and M Everson, "Administering Europe?", (1998) 36 *Journal of Common Market Studies* 195.

[236] CEC, Environmental Agreements, *supra*.

more carefully and the reasons for such failure analysed and new regulatory schemes developed in light of this. As Seidenfeld notes in the US context, these issues are in no way new to administrative law, just as the important of private actors is not[237].

As such, arguing that EC environmental law should be understood as a matter of administrative constitutionalism is making more a statement concerning how the subject is understood rather than what it should be. From a descriptive perspective the focus is on the structures of governance and how they interact with private actors rather than on developing the optimal regulatory toolbox. Of course, like all paradigms such a description will have a powerful impact on future legal and policy developments and, as such, does have a prescriptive element[238]. In regards to administrative constitutionalism that prescriptive element is directed at developing theories of the state that can encompass actors that have different worldviews.

Meeting that challenge has of course been the whole history of democratic administrative states and that history attests to the fact that it is an ongoing and evolving one[239]. The realisation that that challenge is an important one is also slowly emerging within the EU. Thus while EC environmental law is increasingly being viewed as an instrumental toolbox the question of democratic governance is on other agendas. The recent *White Paper on European Governance* is a prime example of this[240]. That communication makes a number of arguments for reform including the need for greater dialogue between all actors, the need for greater transparency, and perhaps most importantly the need to take the issue of democracy seriously[241]. While there are problems with that White Paper, what is important about it is it puts the question of governance at the centre of debate. At the very least EC environmental law should do the same.

VII. – CONCLUSION

Despite the appeal of the regulatory toolbox the process of unpacking it reveals that environmental problems are far messier than it assumes and the legitimacy of public institutions matters far more than the concept of "shared responsibility" suggests. Neither of these facts should discount the important role that private actors play in EC environmental law nor the worth of regulatory diversity. What it does negate however is the other facets of the "new approach" – the presumptions of consensus, the focus on efficiency and effectiveness, and the

---

237 M Seidenfeld, "An Apology for Administrative Law in *The Contracting State*", (2000) 28 *Florida State University Law Review* 215.

238 A point well made by J Mashaw, *Greed, Chaos and Governance*, Yale University Press, New Haven, 1997, at Chapter One.

239 This has best been charted in the US context see R Stewart, "The Reformation of American Administrative Law", (1975) 88 *Harvard Law Review* 1661 and B Cook, *Bureaucracy and Self-Government*, John Hopkins University Press, Baltimore, 1996 and G Frug, "The Ideology of Bureaucracy in American Law", (1984) 97 *Harvard Law Review* 1276.

240 CEC, European Governance, *supra*.

241 CEC, European Governance, *supra* at 10.

hallowed and unquestioned status given to private actors. As suggested in this chapter, EC environmental law rather than being understood as an instrumental toolbox should be understood as a subject directly concerned with administrative constitutionalism. As such, while there is a "need to reckon with private power"[242] there is also a need to "reckon" with administrative law.

[242] Freeman, "The Private Role in Public Governance", *supra* at 545.

7

CONSUMER LAW AND THE DISTINCTION BETWEEN PUBLIC LAW AND PRIVATE LAW

Simon Whittaker

I. – CONSUMERISM AND THE TRADITIONS OF CONTRACT LAW

While there have been laws which have played a role in the protection of buyers of property or other 'consumers' since ancient times[1], the modern idea of consumerism or consumer protection is a fairly recent one, being traceable to very public campaigns in the 1960s and 1970s, first in the United States and then later in western Europe, both in the interests of the safety of individuals in the face of mass-produced goods, such as motor-vehicles or pharmaceuticals, and in the protection of their economic interests. Consumerism is an idea, then, which is necessarily linked to the market, in that it focuses on the characteristics of one of the parties to market transactions.

Where consumerism is concerned with the promotion of personal safety, it may be seen to fit quite comfortably within the traditional frameworks of the law, either by way of the protective and/or compensatory function of the law of tort or the deterrent function of the criminal law, even if this still leaves much room for argument as to what the substantive rules in either of these areas should be (for example, whether civil liability for harm caused by products should be strict or based on fault). On the other hand, where consumer protection concerned their economic well-being, it was not an idea which fitted at all comfortably into the traditional framework of either the common law or the civilian traditions of contract law. For by the mid-nineteenth century both civil and common lawyers took as their starting-point that contracts were the expression of the parties' intentions (or "wills"), that they were the legal recognition of their "meeting of minds"[2]. This is not to say that civil and common lawyers have necessarily agreed as to what these general propositions mean, as to how

---

[1] The aedilitian edicts of the 1st century B.C. governing a seller's liability for latent defects in slaves and livestock may be seen in this light.

[2] J Gordley, *The Philosophical Origins of Modern Contract Doctrine*, 1991, chap. 7.

the parties' intentions should be determined or their agreement's wider significance, but both French and English lawyers saw as a consequence of these starting-points that it was not the law's function to protect one party from the other. For the majority of nineteenth century lawyers on both sides of the Channel, this general laisser faire approach to contracts was based on respect for the fundamental equality of the contracting parties. This had indeed been very nicely captured by Portalis, in his *Discours préliminaire sur le projet de Code civil*, where he states that:

> "*On gouverne mal, quand on gouverne trop. Un homme qui traite avec un autre homme, doit être attentif et sage; il doit veiller à son intérêt, prendre les informations convenables, et ne pas négliger ce qui est utile. L'office de la loi est de nous protéger contre la fraude d'autrui, mais non pas de nous dispenser de faire usage de notre propre raison.*"[3]

Putting aside fraud, how could the protection of a certain category of persons (consumers) be fitted into legal frameworks which even by the 1960s were still dominated by this way of thinking?

The answer to this question is complex and differs as between French and English law. However, the specifically legal responses to the concerns of consumerism can be seen in four different ways, each of which can be seen in both systems, though in different contexts and to different degrees.

First, both English and French law have adapted their existing legal principles, concepts or techniques so as to protect consumers, whether these find they source in the common law or the *Code civil*. In both systems, this is normally done covertly, so that consumers are protected, though the protection is not linked to (and sometimes not restricted to) consumers. This may be seen in French law in the development of *obligations de sécurité de résultat* in many contracts for the provision of services (these being sometimes loosely pinned to *équité* and article 1135 of the Code civil)[4] and in the "reinforcement" of the legal rights of buyers by deeming *vendeurs professionnels* to know of any defects in the property on sale[5]. In English law, this can be seen in the development of implied terms in a number of contracts, sometimes by the courts and sometimes by statute[6] and in the development of the law of undue influence[7].

Secondly, both French and English law have introduced special legislation which overtly protects consumers. In English law, the Consumer Credit Act 1974 (instituting a broad series of protections, both formal and substantive into consumer credit agreements) and the Unfair Contract Terms Act 1977 (controlling exemption clauses and certain related clauses) come first to mind; in French law,

---

[3] J.-E.-M. Portalis, *Discours préliminaire sur le projet du Code civil*, Paris, 1844, 53.

[4] See below p 251, concerning the liability of carriers of passengers.

[5] Art. 1645 C. civ and for an early example, see Civ. (1) 19 Jan. 1965, *affaire du pain de Pont-Saint-Esprit*, GP 1965.1.359.

[6] As regards sale of goods, the early cases and orientation of the statutory provisions governing the implied terms concerning the goods' quality and fitness for purpose concerned commercial sales, but this changed in the course of the last century and was reflected in 1994 in the revision of the implied term of "satisfactory quality": Sale of Goods Act 1979, s.14 as amended by Sale and Supply of Goods Act 1994 s. 1.

[7] See especially *Royal Bank of Scotland v. Etridge* (No.2) [2001] UKHL 44; [2002] AC 773.

legislation on unfair contract terms in 1978[8], and on a number of other areas subsequently gathered together in the Code de la consommation.

Thirdly, both the UK and France have resorted to the public provision of goods or services (whether directly or indirectly) in part in order to ensure the quality or safety of their provision to consumers, though clearly other, more specifically political reasons have also been prominent.

Fourthly, while the provision of a particular service has remained in the private sector, it may be subjected to a system of administrative control. This is particularly noticeable in the UK as regards those public services which were privatised in the 1980s and 1990s (including gas, water and electricity, and the railways). This administrative control may take a number of forms but typically takes the form of a legal requirement for permission (either a licence or a franchise) to undertake the operation of the service in question, this permission being subject to a series of conditions, some of which are aimed at the protection of consumers of the service. A special public body is then set up to monitor and sometimes to intervene in the provision of the service in the interest of its consumers (these often being called consumer "watchdogs")[9]. However, this sort of administrative control has not been restricted to these newly-privatised industries. So, since the mid-1980s, the UK has possessed an institutional "watchdog" to regulate and to survey the provision of financial services by a wide-range of private sector providers, this body now being the Financial Services Authority[10].

The extent to which these changes in the law have affected lawyers' thinking about *contract law* differs both between French and English lawyers and between lawyers within each of those systems. For some French lawyers, consumer law forms one example of a wider change in French law, presaged by Josserand as long ago as the 1930s in his evocative description of the "publicisation" of contract[11]. From this point of view, the traditional concern of French contract law with the autonomy of the parties is qualified by the modern requirements of *ordre public*: freedom of contract is restricted by a public policy of protection (*l'ordre public de protection*)[12]. On the other hand, there are still some French lawyers who wish to see consumer law kept in its place, *outside* the Code civil and therefore outside the general framework of French thinking about the relations of private law[13].

[8] *Loi* no. 78-23 of 1 Jan. 1978, art. 35. The administrative failure to act under this provision led to intervention by the courts on the same legal grounds on which the legislation had granted power to the administration: Civ. (1) 14 May 1991, *D.* 1991.449 note Ghestin, *JCP*, 1991.II.21763 note Paisant. The 1978 *loi* was first incorporated into the C. consom. and this was amended in 1995 to give effect to the EC directive 93/13 on unfair terms in consumer contracts: art. 132-1 C. consom. as amended by *loi* no. 95-96 of 1 Feb. 1995, art. 1.

[9] See below, p. 253 concerning the position as regards passenger travel.

[10] Financial Services and Markets Act 2000, replacing the Financial Services Act 1987.

[11] L. Josserand, "La 'publicisation' du contrat" in *Recueil d'études en l'honneur d'Edouard Lambert*, Paris, LDGJ, 1938, Tome 3, p. 143.

[12] F. Terré, P. Simler and Y. Lequette, *Droit civil, Les obligations*, 8th ed., 2001, no. 34.

[13] This can be seen in the articles of O. Tournafond in which he opposed the proposed implementation of the EC directive 1999/44/EC on certain aspects of the sale of consumer goods and associated guarantees by a wider amendment of provisions of the Code civil governing contracts of sale: O.

The position of English lawyers as to the effect of consumer law is also quite varied. A very traditional position sees the (general) law of contract as being basically the creature of common law (which contains no protection of consumers as such) and sees all statutory interventions whether consumerist or otherwise as being exceptions to this general position. On the other hand, no modern exposition of general contract law can omit reference to some of the legislative controls introduced in the interest of consumers and many admit their importance more generally. And for some lawyers, these are merely examples of a wider change in the orientation of English contract law towards a more prominently regulatory and interventionist role[14].

II. – RELATING CONSUMER LAW TO THE DISTINCTION BETWEEN PUBLIC AND PRIVATE LAW

How then does this discussion relate to the distinction between public and private law? How is the protection given to consumers different from (or similar to) the protection given by administrative law or indeed, constitutional law to them as citizens? Conversely, if both public and private laws control the exercise of power, how do these controls differ? How is the technique of regulating the content of a contract (either positively by the addition of further obligations or negatively by the striking out of terms actually 'agreed') different from a public law relationship voluntarily entered (on one side at least)? If both are concerned with the regulation of relations "in the public interest" rather than as a matter of private agreement, does the nature of this "public interest" differ, or is there rather the same or a similar set of values at work? These questions all have in common a concern to question the continuing distinctiveness of public law or of private law as a result of changes which can march together under the banner of consumerism.

Clearly, in the scope of this short paper, I can do little more than sketch out a few suggestions as to how these questions may be approached. However, my own tentative position is that there is indeed something distinctive about the regulation of relations by public law and by private contract law even in the context of consumers, but that this distinction is by no means a simple dichotomy. I have come to this view as a result of looking at the legal treatment by French law of the relations between the suppliers of public services (in a broad and non-technical sense) and their recipients, which seems to me to illustrate this point of view even more clearly than does English law. There is, though, here a central paradox. French law is famous for the strictness by which its division between public law and private law is maintained: at a level of substantive law, at the level of jurisdiction and at the level of personnel (both judicial and within the universities). However, underneath this strictness one can see that French public law recognises different elements within or criteria of

---

Tournafond, "Remarques critiques sur la directive européenne du 25 mai 1999 relative à certain aspects de la vente et des garanties des biens de consommation", *D.* 2000, Chron. 159; "De la transposition de la directive du 25 mai 1999 à la réforme du code civil", *D.* 2002, Chron. 2883.

[14] For a leading exponent of this sort of view, see H Collins, *Regulating Contracts*, 1999.

"publicness" depending on the situation and the context. While many French public lawyers still consider that the notion of *le service public* serves a useful purpose in giving a certain unity to the criteria for distinguishing public law, it is also recognised that the balance between the various elements within this distinguishing concept differ in different contexts. In my view there are five important elements present in this balancing.

First, there is an organic or institutional element. Is the nature of the body which supplies the service a public one or a private one?

Secondly, there is a functional element. Are the functions of the supplier of the service in some way different or distinctive from those of suppliers more generally in the market, whether they are public or private bodies?

Thirdly, there is a juristic element. Are the legal rules or techniques used in relation to the relations between the supplier of the service and its 'consumer' typically private or typically public? At first sight, this element appears circular, since it appears to beg the very question with which we are concerned, that is, the distinctiveness of the law in question. However, this misunderstands my point, which is that there are certain types of legal technique which are typical to public law (notably, the quashing of decision-making), even if they may sometimes be found in private law (for example, review of the exercise of a contractual right by reference to a theory of the abuse of rights). By way of an aside, it could be said that it was long the approach of English law to define the limits of its administrative law by reference to a juristic technique of this type, notably, the quashing aspect of judicial review (the former certiorari).

Fourthly, there is the distinctive nature of the powers available to be exercised by the body supplying the service: does it possess special powers of a type or extent not enjoyed by other persons (whether they are institutionally public or private)? For example, can it vary the service despite what it earlier agreed? Does it possess special enforcement powers? The distinctive nature of public power has long been a prominent strand in the thread of French approaches to defining criteria for *le service public*[15].

Fifthly, there is ownership. For the question whether a body supplying a service is *institutionally* public or private does not necessarily answer the question whether it is owned (whether wholly or in part) by the State or by private individuals. As regards French (and English) law, this is particularly clear as regards bodies which are institutionally private (notably, in the form of trading companies) which are owned wholly or in part by the State or other public bodies.

Sixthly, there is the role of the "general interest", (or sometimes, "public utility"), here used as a description of the overall purpose of the activities in question and to be distinguished from those undertaken for the furthering of a private, commercial or particular interest. At times, this has been a dominant element in the French law.

---

[15] See in particular, J. Rivero, "Existe-t-il un critère du droit administratif?", (1953) *RD publ.* 279, 285-9; G. Vedel and P. Delvolvé, *Droit administratif*, Vol. 1, 11th ed., 1990, 36.

The Conseil d'État has struck different balances of these various elements of "publicness" appropriate for the context in deciding whether the area (or aspects of it) belong to public or to private law. So, in some contexts or for some purposes, the functional aspect dominates: it is the purpose of the service provided which makes it distinctively public, whatever the institutional or proprietary nature of its supplier. In other situations, though, it is rather the nature of the powers which a body holds which attracts the distinctive legal treatment of public law. There is no single criteria for the application of *droit administratif*, but a number of distinct ones, where the differing elements of "publicness" are found in different proportions and combinations. The search for a unique criterion is a false Grail, because different administrative *laws* have different purposes and therefore require different criteria.

How does English law's approach compare in this respect? I have suggested earlier that to the extent to which there has been a criterion for the distinctiveness of English administrative law, it has often been seen as the availability of judicial review, itself all but tied to the presence of statutory powers whose exercise is thereby controlled and sheltering under the doctrine of *ultra vires*[16]. These have been the core ideas on which a distinctive category of administrative law was carved out of general English law in the course of the twentieth century, thereby turning against the vision of a general and unified ("ordinary") law of England applicable to public as well as to private persons so ably advocated by Dicey. While this doctrinal framework has been challenged in recent years[17], it remains important to the way in which administrative law is conceived. This way of thinking concentrates attention on the legal nature of the relations between the 'public' suppliers of services and their consumers, only to the extent to which that consumer wishes to challenge some decision which has been made by the supplier. In this way of thinking, the distinction between public and private law protection for the consumer mirrors the availability of judicial review in a fairly unitary way. So, either the supplier is held to be sufficiently "public" in its activity to attract judicial review or it does not, in which case the "consumer" is left to his or her remedy under the ordinary law[18]. However, I would like to look a little further at the way in which both English law and French law treat the provision of public services (again in a broad sense), combining administrative and consumer law techniques. Rather than looking further at these questions generally, I shall look at the particular area of the relations between railway operators and their passenger travellers. I shall start with French law and then turn to English law.

---

[16] See P Craig, *Administrative Law*, 4th ed., 2003, p. 4 *et seq.*

[17] *Ibid.*, p. 20 *et seq.*

[18] This sort of line-drawing may also be seen as regards the review of decisions under the Human Rights Act 1998: e.g. *R. (Heather) v. Leonard Cheshire Foundation* [2002] EWCA Civ. 366; [2002] HRLR 30 (private sector provider of nursing accommodation for local authority).

III. – THE LEGAL NATURE OF TRAVELLING BY RAIL

A. – FRENCH LAW

French rail transport is operated by the Société Nationale de Chemins de Fer Français (SNCF) and by Réseau Ferré de France (RFF) and their history reflects nicely both the degree of continuity of legal treatment of public services and the changing political attitudes to their ownership. The French rail network was started in the late 1830s (though much of it was built under the Second Empire) by private companies, but under *contrats de concession* of a public service by the State, giving these companies the right to build and operate public railway services[19]. While the network continued to grow between 1870 and 1914, the financial difficulties of the private railway companies led the State to intervene in their management. In 1937, the State nationalised the service by an agreement with the private companies for a duration of 45 years (ratified by decree) according to which all the lines were united into one network, placed under the responsibility of the State and with the hope that it would run financially in balance. SNCF came into existence in 1938 as a *société anonyme d'économie mixte,* of which the State owned 51 % of the capital, the rest being owned by the five former private rail companies[20]. Quite apart from the mixed ownership of this class of corporate body and even at an institutional level, *sociétés anonymes d'économie mixte* exist in the borderline between public and private law. So, while (at least in theory) they may become bankrupt and do not make "administrative contracts", the public character of the "public business" (*entreprise publique*) which they carry on affects such matters as the nomination of their directors and the rules of their service[21].

However, this does not complete the institutional history of SNCF; first, in 1971 a new agreement placed the responsibility for balancing the budget on the company itself, but in 1983 SNCF was re-established as an *établissement public à caractère industriel et commercial*[22]. This type of public body (normally) operates a public service which is considered to have an "industrial or commercial" as opposed to an "administrative" character, that is to say, it operates in more or less the same sort of way as do private commercial operators. Where legislation does not (as in the case of SNCF) classify a public body in this way, the Conseil d'État has developed a number of criteria by which it determines this question. Once so classified, a number of legal consequences follow, notably as to the treatment of the legal relationship between the body as supplier of the service and the latter's recipient[23]. However, even though still called a *société* (which is resonant of private law), as an *établissement public à caractère industriel et commercial* SNCF became fully a public body. Finally, in 1997 the

[19] *Loi* 11 Jun. 1842. The following institutional history is taken from SNCF's website: www.sncf.com/co/sncf/histoire.htm.
[20] Décret 31 Aug. 1937.
[21] Vedel and Delvolvé, *op. cit.,* Vol. 2, 614.
[22] Loi no. 82-1153 of 30 Dec. 1982.
[23] Below.

rail network itself was hived-off into the *Réseau Ferré de France*, a new *établissement public national industriel et commercial*[24], this separation of function between the operation of transport services and their infrastructure being required by a European directive[25].

However, all through these institutional and proprietary changes there have been a number of regulatory constants.

First, the rail transport service was understood to constitute a *service public* in the technical sense later crystalized in terms of being "any activity of a public body whose purpose is to satisfy a need in the public interest"[26]. At first sight this definition suggests the dominance of an institutional criteria for the "publicness" of the service, but it has long been clear that a service can be attributed to a public body while not itself supplying it to the public and this may be seen in the important (and long-standing) use of *concessions de service public*, themselves used for the early French railways. One of the effects of treating this provision as a *service public* at this earliest period was that the State felt itself entitled to supervise the charges made for journeys, but in the longer term it has led to the application of the principles applicable to the operation of a *service public*, the so-called *lois de Rolland*: principles of equality, of the continuity and the mutability of the public service.[27]. This means that even where the relationship between a user of a public service and its supplier is classed as contractual and belonging to private law, the provision of the service remains subject to this set of administrative law principles, some of which make a considerable contrast with the classic assumptions of private contract law. So, the principle of equality restricts the scheme of tariffs by which customers are charged for the service and the principle of "mutability" in the public interest *may* allow a supplier to change the service despite any terms agreed by the parties to its use. As one text puts it,

> *"[n]i les agents, ni les usagers, ne peuvent se prévaloir d'un droit acquis au maintien du statut en vigeur au moment ou ils sont entrés en relations avec le service."*[28]

Secondly, the relationships between the suppliers of public services which are classified as "industrial or commercial" are treated as belonging en bloc to the realm of private law and the jurisdiction of the ordinary courts (the contrast being with the suppliers of "administrative" public services whose "users" are in a public law relationship with its suppliers and within the administrative jurisdiction). At first, this classification as private law of relations such as those between SNCF and those who it carried was said to rest on the existence of a contract, contractual relations being thereby contrasted with the "public law relationship" between the supplier of a public service and its "user", but later it became clear that while typical, the presence of a contract was not necessary[29].

---

24 *Loi* no. 97-135 of 13 Feb. 1997.

25 Dir. 91/440/EEC of 29 July 1991 on the development of the Community's railways.

26 A. de Laubadère, J.-C. Venezia and Y. Gaudemet, *Traité de droit administratif*, t. I, 13e ed., 1994, p. 37 *et seq.*

27 R. Chapus, *Droit administratif général*, t. I, 13e ed., 1999, p. 576 *et seq.*

28 J. Rivero and J. Waline, *Droit administratif*, 15e ed., 1994, p. 394.

29 Chapus, *op. cit.*, p. 565 *et seq.* and 799 *et seq.*

On the other hand, even in the private courts, the fact that the defendant is a major public corporation may at times have an effect on the application of the law, even if in a somewhat opaque way. So, for example, the Cour de cassation had decided in 1911 that carriers of persons owed them a strict *obligation de résultat* as to their safety, so that a person injured in the course of travelling could recover damages on the basis of a strict liability, the only defence being *force majeure*[30]. It is this last concept which has been interpreted strictly as regards SNCF. This may be illustrated from a decision of the Cour de cassation in 1953, which considered the liability of SNCF to someone injured in a train crash which had been deliberately caused by unknown striking railway employees[31]. The court held that the act of the strikers did not constitute *force majeure* so as to exclude liability in SNCF, as the latter should have foreseen that such acts would be committed and should have taken greater precautions to prevent them, even though on the facts as presented by the lower court it is by no means clear quite what precautions could have been taken. For Durry, in this sort of case the ordinary courts are in effect treating SNCF as a sort of public compensation fund (*fonds de garantie*) in respect of railway transport accidents[32].

Thirdly, the terms of the (private law) contracts under which people travel on French railways are not the subject of free negotiation, but are set in standard terms as provided by decree[33]. However, their use demonstrates clearly that the classification of the relations between SNCF and its passengers as contractual does not mean that there is no room for their regulation in the public interest.

Fourthly, most of the property (such as railway lines, turntables and stations) used by SNCF count as *ouvrages publics*, as they constitute immovable property which is "the result of human endeavour" and is "set aside for use in the general interest"[34]. This categorisation within the law of *travaux publics* (which possesses its own special balance of factors of "publicness"[35]) brings with it a distinctive regime of administrative liability (but only where liability *is* administrative). So if a person injured by the operation of SNCF does not count as a "user" of the *service public* which it provides (so as to attract private law), then in an appropriate case he or she may rely on the administrative law of *travaux publics*[36], Where this is the case, the strictness of the liability faced by SNCF will depend on the claimant's "status" as "user", "participant" or "third party" to the public works in question[37]. Here, then, SNCF's liability will be administrative but may or may not be strict.

---

[30] Civ. 21 Nov. 1911, *S* 1912.1.73 note Lyon-Caen, *D.* 1913.1.249 note Sarrut.

[31] Civ. 30 Jun. 1953, *D.* 1953.642.

[32] See Durry observations to Civ. (1) 26 Jan. 1971, *RTD. civ.* 1971.863.

[33] Currently, Décret 83-817 of 13 Sept. 1983 (as amended). The standard conditions are known as the *Conditions générales du Tarif Voyageur de la SNCF.*

[34] CE Sect. 30 Sept. 1955, *Caisse rég. de séc. Soc. de Nantes,* Leb. 459.

[35] Thus, a *travail public* must either (i) be done for the account (*"pour le compte"*) of a *public* body and in the general interest or (ii) while undertaken for the account of a *private* person, must "concretize the performance of a public service by a public body", Chapus, *Droit administratif générale,* t. II, 12e ed., 1999, p. 528.

[36] E.g. CE 14 Mar. 1990, *Mme Declerck,* Leb. 965, CJEG 1990.217, concl. Daël, note D. D. (claimant was injured riding a bicycle across a manual level-crossing).

[37] R. Chapus, *Droit administratif général,* t. II, 12e ed., 1999, p. 631 *et seq.*

Fifthly, however, after France's implementation of the Unfair Terms in Consumer Contracts Directive 1993, the terms of the contracts between passengers and SNCF are subject to review on the ground of their fairness[38]. In this respect, French law went further than was required by the Directive in a way of importance where the terms are determined by law. For while article 1(2) of the Directive excluded from its required test of fairness "contractual terms which reflect mandatory statutory or regulatory provisions", no such exclusion appears in the French implementing legislation. In this way, a French passenger could challenge the fairness (and therefore the binding nature) of a term in his or her contract with SNCF on the ground of unfairness, even if it reflected a provision contained in an administrative decree. On the other hand, France has not given to any *public* body (whether special or general) the duty to receive complaints and then if necessary go to court to obtain an order forbidding the use of any allegedly unfair contract term[39], though approved consumers' associations may apply for the same purpose[40].

B. – ENGLISH LAW

While the earlier institutional history of British railways was quite similar to the French, the last twenty years have seen a dramatic divergence. So passenger railways became significant in the 1840s in England, being operated by particular trading companies, which operated their own lines and their own engines and carriages, which sometimes also enjoyed powers under private acts of parliament. By the end of the century, the railway network was a patchwork of lines and companies and this remained the case until 1921, when these companies were consolidated by statute into four new companies, though remaining in private ownership[41]. However, in 1948 these companies were themselves nationalised and operated under a new statutory body, the British Transport Commission[42], and continued in State ownership[43] until 1993 when the railways were privatised[44]. To do so, the legislation distinguished broadly between three functions: the ownership and responsibility for the track, signals and stations (first Railtrack plc, a "public limited company", and then Network Rail, a "not-for-profit" company limited by guarantee), the operation of passenger and goods services (the train companies operating under franchises) and the regulatory institutions created to ensure fair competition and the protection of consumers[45].

---

[38] *Loi* no. 95/96 of 1 Feb. 1995, art L 132-1 C. consom. implementing Dir. 93/13/EEC on unfair terms in consumer contracts.

[39] The Commission des clauses abusives does not have this power, but is limited to making recommendations: art. L 132-2 *et seq.* C. consom.

[40] Art. L. 421-1 to L. 421-6 C. consom. See, e.g., Civ. (1) 5 Oct. 1999, *Bull. civ.* I N° 260, p. 169.

[41] Railways Act 1921 s 1, Sched 1.

[42] Transport Act 1947, Part II and s 39.

[43] Under the Transport Act 1962, the British Transport Commission was abolished and the British Railways Board created.

[44] Railways Act 1993.

[45] This primary regulator is now the Strategic Rail Authority: Transport Act 2000, Part IV.

However, these institutional changes have had a relatively restrained impact on the formal legal nature of the relations between those who operate passenger train services and their customers, which have been seen as a matter of contract, subject only to the requirements of the "ordinary law" in this respect[46]. On the other hand, the regulatory changes put in place on privatisation of the rail industry have certainly affected the terms on which people travel on the railways.

First, no business may operate a passenger rail service without a licence from the relevant statutory authority, the Office of Rail Regulation, and these licences may include provision for determining the terms on which a licence-holder may enter agreements with other persons[47]. As a result, no train operator in the UK may contract on terms less protective of a rail passenger than a standard set of terms, the National Rail Conditions of Carriage[48]. This may be seen as the administrative aspect of the control of the terms on which train operating companies may deal with their passengers.

Secondly, however, these terms may be the subject of challenge on the grounds of their lack of fairness under the English legal measure implementing the European Directive on unfair terms in consumer contracts, the Unfair Terms in Consumer Contracts Regulations 1999[49]. In this respect, while the UK included within its implementing legislation the exclusion contained in article 1(2) of the Directive, so that any terms required by law escape the tests of fairness and transparency[50], the mere imposition of a condition of a legally necessary licence of operation on the supplier of a service as to use of a particular term or set of terms would not appear to be covered: for while such a term may loosely be said to "reflect" legal provisions (the statutory provisions requiring a licence and permitting the imposition of conditions as to the terms on which a licensee may make contracts), the Directive appears to have a clearly determining legislative provision in mind[51]. Secondly, the Office of Rail Regulation has a role in the policing of the contract terms as a "qualifying body" within the meaning of the provisions of the 1999 Regulations. So, the Office of Rail Regulation may consider a complaint from a consumer as to the fairness of a contract term and may, if it thinks the term unfair within the meaning of the Regulations, apply to the court for an injunction to prevent its use[52]. The Office of Rail Regulation shares this policing role with a number of other specialised "watchdog" bodies, with the Office of Fair Trading and with the Consumers' Association, at present the only private body authorised to do so[53].

---

[46] So, where a parent bought a ticket for a child, the latter did not travel under a contract for lack of privity: *O'Connor v British Transport Commission* [1958] 1 WLR 346.

[47] Railways Act 1993 s. 6, 9(2)(b).

[48] (2000).

[49] SI 1999 No. 2083.

[50] *Ibid.*, reg. 4(2).

[51] Dir. 93/13/EEC, art. 1(2) and recital 13 and see S Whittaker, "Unfair Contract Terms, Public Services and the Construction of a European Conception of Contract", (2000) 116 *LQR* 95, 116-119.

[52] Unfair Terms in Consumer Contracts Regulations 1999, regs. 11 & 12, Sched. 2, para. 7.

[53] *Ibid.*, Sched. 2, para. 11.

CONCLUDING REMARKS

In drawing together the various threads of this discussion, I wish to be make the following observations about the line between public and private law in the context of the protection of consumers.

First, both English law recognise that while the institutional nature of the provider of a service to the public may have consequences for the law governing the institution itself, this leaves relatively open the question as the law appropriate for governing the relations between the provider and the recipient of the service: in both systems, the relations between a public sector provider and the 'consumer' of services *may* belong to private law or may (at least in part) be governed by administrative law.

Secondly, even where the relations between the provider of a service and its recipient are held to belong to private law (as in the case of travel by SNCF), in French law this does not prevent the service counting as "administrative" (a *service public*) so as to attract the regulation of *certain* administrative law principles (the *Lois de Rolland*). While English law has not developed an unitary notion of "public service" nor a set of administrative law principles to govern their provision in this way, this does not mean that the provision of services affecting the public interest has been left entirely to the play of the market, but their protection has been generally been particular, some services having their own statutory framework and often their own statutory "watchdog". So, even after privatisation of the rail industry in the UK, Parliament put in place a statutory framework with the aim at protecting the public interest in the private provision of rail services and an aspect of this public interest was the protection of consumers.

Thirdly, and following on from this, both English and French law have intervened for the protection of consumers in the provision of services using a variety of techniques, some of which are *managerially* public (where a service is owned or operated by a public person); some of which are *administratively* public (where a special body is set up to supervise the provision of a service by a private sector body) and some of which are *juristically* public (where the law governing the relations with members of the public formally belongs to administrative law, as in the case of law governing *travaux publics*)[54].

Fourthly, there are juridical analogies between the review of public decision-making by reference to a set of administrative principles (a central concern of both French and English administrative law) and the review of private decision-making in the setting of contract terms by reference to a special standard of contractual fairness under modern consumer law. These have in common that the court is required to assess the quality of a decision which in principle the provider of a service is entitled to make by reference to a set of criteria; they

[54] In French law, a number of other examples may be found as regards the provision of *services publics administratifs* where the consumer of the service is held to be the "user" of a *service public* and within an administrative law relationship with the provider. In English law, an echo of this way of thinking can be seen as regards the relations between the National Health Service and its patients, the statutory duties of the former being incompatible with the existence of a contract even where some payment is provided: *Pfizer Corpn. v Ministry of Health* [1965] AC 512.

differ, though, both as regards the content of these criteria and the consequences of the review[55].

[55] For further discussion of this analogy in the English context see S Whittaker, "Public and Private Law-making: Subordinate Legislation, Contracts and the Status of 'Student Rules' ", (2001) 21 *OJLS* 103; "Judicial Review in Public Law and in Contract Law: the example of 'student rules' ", (2001) 21 *OJLS* 193.